ÉLOGES POUR
*RENCONTREZ VOTRE*

« Vivement recommand(
— Dr Wayne W. Dyer

« Une des choses les plus importantes que vous
puissiez faire est de vous connecter à votre âme. Dans ce livre vibrant,
Elisa Romeo vous entraîne doucement dans un voyage profond pour
que vous puissiez y parvenir. »
— **Denise Linn**, auteure à succès de *Les Espaces sacrés* et de
*Le Coaching de l'âme*®

« Ce que j'aime du livre d'Elisa, c'est sa démarche claire,
sa grande compréhension et son expérience. Sans se prendre trop au
sérieux, elle traite avec respect le monde spirituel. C'est la
marque d'une enseignante authentique. »
— **Jonas Elrod**, auteur, cinéaste et réalisateur du film
*In Deep Shift with Jonas Elrod* et de *Wake*

« *Rencontrez votre Âme* est un livre merveilleux
qui affirme et soutient entièrement le chemin de la guidance et de la
découverte intérieures. En partageant ses pratiques spirituelles simples
à utiliser, Elisa permet à chacun de catalyser puissamment sa capacité
de décoder les messages de son âme. Si vous aspirez à vivre une vie plus
sage et plus profonde, ce livre vous aidera à y arriver. Une lecture indispensable pour tous ceux et celles qui veulent maîtriser leur vie. »
— **Katherine Woodward Thomas**, auteure à succès de
*Calling in « The One »*

« Dans ce beau livre, Elisa Romeo fournit une guidance claire et judicieuse afin de vous aider à connaître davantage votre âme. Au fur et à
mesure que vous augmentez votre capacité de voir avec les yeux de
l'âme, votre vie devient de plus en plus riche, magique et pleine de sens.
Elisa propose une approche pour découvrir votre réelle magnificence. »
— **Robert Schwartz**, hypnotiseur et auteur de *Your Soul's Plan*

*Rencontrez votre Âme* nous donne l'impression de rentrer à la maison, de
se regarder dans un miroir et de rencontrer un ami. Elisa a offert un
cadeau vraiment magnifique. *Rencontrez votre Âme* est franc, chaleureux
et vrai, et il s'adresse à tous ceux et celles qui sont prêts à vivre une vie
fondée sur l'âme. Comment peut-on s'élever soi-même et élever les

autres ? Comment peut-on changer le monde ? En rencontrant vraiment son âme. C'est aussi simple et facile que cela. »

— **Annie Burnside**, auteure de *Soul to Soul Parenting* et de *From Role to Soul*

De nos jours, nous vivons les affres de la privation de l'absence de profondeur, et j'aime la manière d'Elisa de nous aider à approfondir notre subjectivité. En tant qu'artiste et en tant qu'âme qui évolue, je sais qu'il s'agit d'une des plus importantes entreprises dans la vie. Je suis reconnaissant du travail d'Elisa. »

— **Stuart Davis**, artiste et créateur de *Sex, God, Rock'n Roll*

« Vous devez absolument lire ce livre si vous vous sentez coincé, seul, ou que la vie vous semble trop dure. *Rencontrez votre Âme* non seulement vous ouvre les yeux sur une partie de vous qui est sacrée, sans limites, intelligente, affectueuse, intuitive et terriblement apaisante, mais il vous offre l'inspiration, la guidance et les outils nécessaires pour vous connecter à cette partie sacrée — votre âme. Cette connexion transforme tout : comment vous vivez votre vie, comment vous vous percevez, et comment vous vous aimez. »

— **Carol Ritberger Ph.D.**, auteure de *Healing Happens with Your Help*

« *Rencontrez votre Âme* est une perle. Vous guidant dans la plus grande authenticité à l'intérieur de vous-même, ce livre vous rappellera votre raison d'être ici sur terre. Précis et ancré, il vous guide à travers les pièces maîtresses dont vous avez besoin pour faire confiance à votre guidance intérieure. En vous aidant à voir, à entendre et à sentir la présence de votre âme merveilleuse dans votre vie, *Rencontrer son Âme* vous ramène à la maison. Ce livre est joyeux, comme devrait l'être la célébration réelle de l'âme, et je suis heureux de vous le recommander. »

— **Gary S. Bobroff**, auteur de *Crop Circles, Jung, and the Reemergence of the Archetypal Feminine*

« Ce livre audacieux et profondément émouvant d'Elisa Romeo est exactement ce que recherche la génération actuelle de chercheurs. Son exploration de l'âme nous transporte bien au-delà de la quête habituelle d'une connexion à l'esprit et, après avoir refermé ce livre, elle laissera les lecteurs avec le fondement d'une croissance personnelle qui perdurera. »

— **Claire Bidwell Smith**, auteure de *The Rules of Inheritance* et de *After This*

# Rencontrez votre Âme

# Rencontrez votre âme

## Un guide puissant pour vous connecter avec votre partie sacrée

### Elisa Romeo

Traduit de l'anglais par
Serge Allaire

ADA
éditions

Copyright © 2015 Elisa Romeo
Titre original anglais : Meet Your Soul
Copyright © 2017 Éditions AdA Inc. pour la traduction française
Ce livre est publié avec l'accord de Hay House, Inc.
Tous droits réservés. Aucune partie de ce livre ne peut être reproduite sous quelque forme que ce soit sans la permission écrite de l'éditeur, sauf dans le cas d'une critique littéraire.

Syntonisez Radio Hay House à hayhouseradio.com

Éditeur : François Doucet
Traduction : Serge Allaire
Révision linguistique : Féminin pluriel
Correction d'épreuves : Nancy Coulombe, Émilie Leroux
Conception de la couverture : Amélie Bourbonnais Surreault
Photo de la couverture : © Thinkstock
Mise en pages : Sébastien Michaud
ISBN papier 978-2-89767-738-1
ISBN PDF numérique 978-2-89767-739-8
ISBN epub 978-2-89767-740-4
Première impression : 2017
Dépôt légal : 2017
Bibliothèque et Archives nationales du Québec
Bibliothèque et Archives Canada

**Éditions AdA Inc.**
1385, boul. Lionel-Boulet
Varennes (Québec) J3X 1P7, Canada
Téléphone : 450 929-0296
Télécopieur : 450 929-0220
**www.ada-inc.com**
**info@ada-inc.com**

**Diffusion**
Canada :        Éditions AdA Inc.
France :        D.G. Diffusion
                Z.I. des Bogues
                31750 Escalquens — France
                Téléphone : 05.61.00.09.99
Suisse :        Transat — 23.42.77.40
Belgique :      D.G. Diffusion — 05.61.00.09.99

**Imprimé au Canada**

**Crédit d'impôt livres**     Gestion **SODEC**
Participation de la SODEC.
Nous reconnaissons l'aide financière du gouvernement du Canada par l'entremise du Fonds du livre du Canada (FLC) pour nos activités d'édition.
Gouvernement du Québec — Programme de crédit d'impôt pour l'édition de livres — Gestion SODEC.

**Catalogage avant publication de Bibliothèque et Archives nationales du Québec et Bibliothèque et Archives Canada**

Romeo, Elisa

    [Meet your soul. Français]
    Rencontrez votre âme
    Traduction de : Meet your soul.
    ISBN 978-2-89767-738-1
    1. Spiritualité. 2. Vie spirituelle. I. Titre. II. Titre : Meet your soul. Français.

BL624.R6514 2017              204              C2016-942450-2

À Adam.

Ce livre est dédié à l'amour courageux, clair
et féroce de votre âme.

« La musique familière que nous entendons à l'intérieur,
la reddition du marié et l'incarnation de la mariée. »

# TABLE DES MATIÈRES

## PARTIE IV : AFFIRMER LA VIE DE SON ÂME

# NOTE DE L'AUTEURE

Tout au long de ce livre, vous remarquerez que certains mots débutent par une majuscule, exemple : Âme, Divin, Dieu, et Amour. L'*Âme*, pour moi, est une entité spécifique qui mérite honneur et vénération. Les noms *Divin* ou *Dieu* ne sont pas utilisés dans un sens religieux, mais ils réfèrent au grand mystère qui nous remue tous. L'*Amour* est une énergie expansive et transformatrice que nous laissons circuler à travers notre corps ou que nous coupons. La majuscule initiale leur garantit l'attention et le respect que ces mots méritent.

Il est aussi à noter que dans ce livre, j'emploie le mot « Âme » au féminin — soit « Elle ». Bien sûr, les Âmes ne sont pas toutes féminines.

Si votre Âme est un « Il », veuillez vous adresser à Lui ainsi.

# INTRODUCTION

J'ai écrit ce livre dans le but de vous libérer. Je comprends qu'il est possible d'interpréter cette affirmation de nombreuses façons peu flatteuses. Néanmoins, sincèrement, l'idée d'écrire ce livre vient de mon désir le plus cher que vous appreniez à vous connaître — pour que rien, ni personne, ni aucun événement ou circonstance n'ait le pouvoir de vous déconnecter de votre Soi.

En tant que thérapeute intuitive, je travaille avec divers groupes : des femmes et hommes d'affaires, des prisonniers, des mères, des thérapeutes, des grands-parents à la retraite, des guérisseurs holistiques et des adolescents.

J'ai discuté avec des personnes qui traversaient les pires périodes : des suicidaires sur des lignes d'intervention téléphoniques en prévention du suicide — certains tenant un fusil à la tempe et d'autres qui avaient déjà avalé une bouteille de pilules — qui cherchaient tous à comprendre pourquoi ils avaient été obligés de vivre sur cette planète.

Je rencontre aussi des clients qui vivent dans de jolies maisons, absorbés par leur vie conjugale et par leurs enfants. Même si tout cela semble bien fonctionner de l'extérieur, ils sont au bout du rouleau. Ils ont un sentiment de vide, comme la présence avide d'un trou sans fond. Ils se demandent ce qui ne va pas chez eux. Peut-être n'ont-ils besoin que d'un autre passe-temps, de changer de travail, ou de partir en voyage ? Ils disent : « Je n'ai aucune raison de me sentir triste, déprimé, ou vide, surtout quand il y a tant de souffrance dans le monde. J'ai tout ce qu'il faut, mais il manque quelque chose, et je ne sais trop ce que c'est. »

Ce qui leur manque, c'est l'Âme. Il leur manque une connexion avec la partie la plus profonde, la plus affectueuse et la plus compétente de soi.

Durant mes séances, je réunis mon expérience de psychothérapeute à ma faculté de voir le champ d'énergie humaine. Je rencontre l'Âme de mes clients et je lui parle directement. Je traduis l'information que j'obtiens — cela concerne souvent la santé, les relations, ou la raison de vivre — puis je la partage avec mes clients.

L'information que j'obtiens est parfois choquante, mais, la plupart du temps, ce n'est pas une grande surprise. Quelquefois, les clients, penauds, admettent : « J'ai bien pensé que vous me diriez cela » ou « Je sais que c'est ce que je devrais faire, mais je ne sais pas par où commencer ». Qu'elle soit surprenante ou anticipée, l'information qui provient de l'Âme éveille un écho chez la plupart. Votre Âme est mon patron ; mon travail consiste simplement à transmettre, à confirmer et à valider ce que vous savez et ressentez déjà dans votre for intérieur.

Toutefois, ce qui me passionne le plus n'est pas de transmettre, mais d'aider les autres à se responsabiliser en connaissant et en entendant l'information de leur Âme. Je présente l'ego de mes clients au Soi de leur Âme et je leur fournis des outils pratiques pour construire et maintenir cette relation. J'ai découvert que *chacun a la capacité de se connecter directement à son Âme et à l'Âme des autres.* C'est ce que vous apprendrez dans ce livre.

Mais, à vrai dire, voici mon programme : Je ne veux pas seulement que vous rencontriez votre Âme ; *je veux que vous tombiez en amour avec votre Âme.* Je veux que vous éprouviez une telle dévotion envers Elle de sorte que rien d'autre ne s'oppose entre vous et Elle. En échange de votre fidélité, Elle vous fera tomber en amour avec votre vie. Rien n'est plus réjouissant que de voir quelqu'un qui a finalement retrouvé son Âme.

Je perçois la déconnexion de l'Âme comme la plus grande détresse du XXIᵉ siècle. Cela nous éloigne du sentiment d'être relié à l'environnement (ce qui détruit la planète) ; encourage l'amertume et l'indifférence face à la politique ; crée la séparation au lieu de la connexion entre les personnes ; se manifeste souvent par la maladie dans l'organisme et entrave notre vitalité intrinsèque et notre joie de vivre.

Mais je vous prie de ne pas prendre ce que je vous dis au pied de la lettre. Je veux que vous soyez un empiriste. Je ne veux pas que vous croyiez *simplement* ce que je vous dis. Je veux que vous soyez maître de votre expérience. Si vous pouvez jouer et que vous avez une ouverture d'esprit, vous pouvez vivre l'expérience de votre Âme.

Quand j'ai rencontré mon Âme, elle a rempli un grand vide en moi, un vide que je trimballais depuis des années. J'ai cherché à l'extérieur, vérifiant auprès de spécialistes, de programmes, de relations et de philosophies afin de me libérer de ma propre prison. Animée par un désir et une intuition intrinsèques que, d'une certaine manière, la liberté était possible, j'ai recherché un profond sentiment de paix, d'acceptation et de joie que j'ai finalement trouvé à travers la relation avec mon Âme. L'Amour de soi est la base de la connaissance de l'Âme. Cela peut sembler cliché, c'est vrai ; les réponses viennent vraiment de l'intérieur.

Ce que j'ai découvert, encore et toujours, à travers des milliers de séances, c'est que l'Âme livre la marchandise. J'ai découvert que c'est le moyen le plus concret et le plus efficace pour trouver des réponses vraies et utiles, pour manifester les incroyables synchronicités de la vie, et pour cultiver une sensation indescriptible de « retour à la maison » pour vous-même et votre lieu divin dans l'univers.

Et c'est ce que nous voulons tous profondément. En fait, plusieurs névrosés s'efforcent d'avoir ce sentiment d'être à la maison par le confort illusoire des dépendances, telles que la nourriture, le perfectionnisme, le magasinage ou l'obses-sion du travail. Mais rien de tout cela ne fonctionnera. Le retour à la maison, à tout moment, n'est tout simplement qu'une question d'avoir une expérience directe de l'Âme.

En fin de compte, ce guide de l'Âme traite de la façon de vraiment vous connaître profondément. Vous rencontrez votre Âme lorsque vous commencez à être vraiment ce que vous êtes. Mais alors, pourquoi ce « être ce que vous êtes » est-il si difficile à réaliser ? Théoriquement, il semble que ce serait impossible de ne *pas* le faire. Mais en réalité, c'est que nous sommes très complexés : tenir compte de l'opinion des autres, du conditionnement culturel, des voix intérieures qui nous disent d'être un peu « moins » et l'effet dévastateur du traumatisme sur notre capacité de vivre notre plein potentiel. Le chemin de l'authenticité peut être truffé de luttes énergétiques.

Ce livre vous aide à voir et à gagner ces batailles. Dans la partie I, vous trouverez une explication approfondie de ce qu'est la nature de l'Âme (et de ce qu'elle n'est pas) afin de bien comprendre la mission qui vous attend. Puis, dans la partie II, vous rencontrerez votre Âme au moyen de questions simples, de méditations et d'exercices. Dans la partie III, vous découvrirez les blocages les plus fréquents qui surgissent sur le chemin de la connaissance de l'Âme — et comment leur résister. Et, finalement, dans la partie IV, vous approfondirez votre relation avec l'Âme, parcourrez les problèmes importants du sens de la vie et apprendrez à naviguer dans la vie à partir de la perspective de l'Âme.

Chaque chapitre contient quelques-uns des plus puissants outils, des techniques et des histoires que j'ai rencontrés au cours de mon travail. Ces exercices m'ont aidée ainsi que mes clients à nous connecter quotidiennement à notre Âme. Parfois, il faut du courage pour écouter et lutter pour l'Âme, mais avec les renseignements contenus dans ces pages, vous serez capable d'y arriver. Considérez ce livre comme un support pour l'Âme : une bouée de sauvetage qui vous aide à découvrir, à encourager et à valider votre travail de l'Âme et la connexion à votre Âme.

Les seuls outils dont vous aurez besoin pour ce voyage sont un journal dans lequel faire vos propres recherches et la volonté d'explorer le terrain. Vous êtes sur le point d'entreprendre une aventure qui pourrait tout changer.

Votre Âme est une bonne amie spirituelle qui observe, attend et espère toujours vous ramener à votre Divinité. Non seulement la relation avec votre Âme vous permet-elle de vivre une vie connectée, mais elle est aussi la relation la plus *pratique* que vous n'aurez jamais. Vivre à partir de l'Âme est la manière la plus directe et la plus puissante de vivre une vie la plus signifiante. Votre relation avec votre Âme n'est pas égoïste ni narcissique ; elle développe la plénitude et la force spirituelles nécessaires pour servir puissamment le monde d'une manière unique à vous.

Vous avez un but. Votre présence ici est nécessaire. Le monde a besoin que vous vous exprimiez totalement. Votre Âme ne vous a jamais quitté. Vos erreurs ne vous ont pas piégé ; elles servent plutôt à embraser votre authenticité. Il n'est jamais trop tard pour lâcher prise et devenir ce que vous êtes vraiment, ce que vous serez toujours, et ce que vous avez toujours été.

# PARTIE I

# COMPRENDRE L'ÂME

# CHAPITRE I

# SE CENTRER SUR SON ÂME

*« Les deux jours les plus importants dans votre vie sont le jour où vous êtes né et le jour où vous découvrez pourquoi. »*
— Mark Twain

*« Voici un test pour découvrir si votre mission sur terre est terminée ; si vous êtes vivant, elle ne l'est pas. »*
— Richard Bach

*« Vous n'avez pas d'âme. Vous êtes une âme.*
*Vous avez un corps. »*
— Anonyme

La plupart des gens ne pensent pas souvent à l'Âme. Pour plusieurs, c'est purement un concept — c'est le sujet parfait pour un débat métaphysique où nous philosophons sur le fait que nous avons une Âme ou pas.

Pour d'autres, l'Âme est une qualité. Une strophe poétique, un moment important, ou une partition musicale expressive capable de susciter une impression de profondeur et de révérence, et un élément du sacré ; dans ce cas, cela peut être décrit comme « avoir une âme ».

Cependant, votre Âme n'est pas un concept ou une émotion fugace. Votre Âme est une part de ce que vous êtes. Elle est votre seule représentante dans l'univers qui n'attend que d'entrer en communication avec vous.

C'est un défi de bien connaître l'Âme, car nous ne pouvons y parvenir par l'interprétation, l'analyse et la compréhension intellectuelles. L'Âme se découvre seulement par l'expérience, l'émotion et la réalisation directe. En d'autres mots, nous devons rencontrer l'Âme pour connaître l'Âme. Mais quelle est l'utilité de connaître son Âme ?

En bref, c'est parce que votre Âme est la partie de vous la plus vieille, la plus sage et toujours la plus aimante, et Elle a accès à un savoir renversant. Votre Âme sait pourquoi vous êtes venu sur la planète, quelles leçons vous devez le plus apprendre, et comment vous devez affronter les difficultés de votre vie. Votre Âme sait exactement comment saturer vos journées d'une signification immense, comment vous aider à vivre votre but dans la vie et comment atteindre le vrai bonheur et le vrai succès.

Votre Âme voit votre Soi essentiel et le plus vital. Elle possède cette vision même quand vous n'y croyez pas. Elle sait ce que votre nature veut exprimer ici sur la planète Terre, et Elle sait que c'est important. Votre Âme veut vous orienter vers vous — vers votre vraie identité — sachant parfaitement pourquoi vous êtes sur terre. Elle veut que vous sachiez que vous avez été créé de façon parfaite pour la mission de votre vie et que le cadeau le plus sacré que vous pouvez Lui offrir c'est en étant pleinement vous-même. (Et le plus beau cadeau que vous pouvez vous offrir est d'être pleinement Elle.)

Elle est la source fondamentale de votre conscience. Votre Âme vous pousse vers votre plénitude, vous libère des croyances limitatives et vous défie lorsque vous refusez l'Amour. Elle est entre votre ego et la source d'énergie universelle, aussi appelée Divin ou Dieu. Elle est votre Soi déesse/divin suprême — vous sous la forme la plus authentique. Elle est l'incarnation de l'incommensurable dans votre poitrine. Elle est le sentiment de l'incompréhensible grandeur que vous êtes. Elle vous guide durant le voyage vers votre Soi le plus authentique — le voyage de votre Âme.

Votre Âme est Amour. Cependant, l'Amour qui provient de l'Âme n'est pas toujours tendre ; à certains moments, elle peut vous bousculer singulièrement. L'Âme est farouchement « réelle », directe et étonnamment honnête à propos des problèmes que vous préférez ne pas affronter. L'Âme est le bourreau de travail quotidien persévérant qui vous donne les renseignements pratiques pour vous aider à remplir votre mission de vie concernant votre épanouissement.

Quand vous avez une relation franche avec votre Âme, votre vie se transforme complètement. Je vois mes clients guérir de leurs maladies physiques, avoir plus confiance en eux, créer des relations touchantes avec leur Âme et commencer à vivre leur vie consciemment.

Quand vous vivez consciemment, vous vivez une vie centrée sur l'Âme. Vous vivez votre Vérité authentique et croissez pour atteindre votre plus grand potentiel. Vous êtes pleinement vivant, rempli de joie et chargé de sens.

Lorsque vous êtes déconnecté de votre Âme, vous êtes sans points de repère, à la merci de l'opinion et du vouloir de ceux qui vous entourent. La vie devient une tâche à exécuter, à tolérer et à laquelle survivre, au lieu d'être une opportunité d'exprimer votre joie la plus profonde et la plus folle.

## ÉCOUTER LE CONSEIL DE SON ÂME

Obtenir des renseignements de son Âme n'est pas réservé uniquement à une minorité spirituelle. Toute personne qui a l'intention de rencontrer son Âme — peut le réaliser. Voici deux exemples d'histoires exceptionnelles qu'ont vécues mes clients qui font état de quelques renseignements précieux fournis par l'Âme.

Jennifer est scénariste. Elle désirait obtenir un rendez-vous avec un producteur important qui était très occupé. Malgré diverses tentatives, elle ne réussissait pas à obtenir un rendez-vous. Elle travaillait avec moi à ce moment-là à apprendre à parler avec son Âme. Le plus important, c'est qu'elle travaillait à suivre les renseignements qu'elle recevait de son Âme ; elle apprenait à s'abandonner à ce que j'appelle « les ordres de l'Âme », même lorsqu'ils semblaient déroutants et irrationnels pour son esprit pratique. Un jour, son Âme, à l'aide du processus imaginatif du dialogue dans son journal (dont on parlera ultérieurement dans ce livre) lui a dit d'aller faire du patin à glace le samedi suivant. Elle s'est dit que c'était insensé, puisqu'elle ne pratiquait normalement pas cette activité. Non seulement son Âme voulait-elle qu'elle fasse du patin à glace, mais Elle voulait qu'elle porte ses jambières rayées aux couleurs de l'arc-en-ciel. Jennifer pensait que ceci était gênant et bizarre, mais elle s'est souvenue de mon conseil d'écouter son Âme, même si le message semblait ridicule. Donc, le samedi, elle enfile ses jambières et se rend à la patinoire. À sa grande surprise, le producteur est là. Dès qu'elle mit les pieds sur la glace, le producteur patina tout droit vers elle et lui dit : « J'adore vos jambières ! »

Comment son Âme savait-elle que le producteur serait à la patinoire ce samedi-là ? Comment son Âme savait-elle que le producteur avait un faible pour les jambières aux couleurs de l'arc-en-ciel ? L'âme a accès à de l'information que notre Soi conscient n'a pas. Nous devons parler directement à l'Âme pour ne pas manquer ses conseils.

Susan, une autre cliente, s'occupe de chevaux. Elle est censée se rendre aux écuries pour 8 h. Un matin, alors qu'elle parlait à son Âme, celle-ci lui a dit de ne pas quitter la maison avant 10 h. Elle a trouvé cela absurde ; elle ne voulait pas avoir de problèmes ni faire attendre les chevaux. Elle quitte donc la maison et monte dans sa voiture. Pendant qu'elle se rend aux écuries, une averse se transforme en une crue soudaine. Susan a été chanceuse d'avoir pu retourner à la maison. Tandis qu'elle regarde par la fenêtre et contemple la tempête, elle se rend compte que l'orage cesse de façon « magique » précisément à 10 h. Le soleil est revenu de façon spectaculaire. Le temps a changé soudainement. Elle a journalisé avec son Âme qui lui a dit : « Je t'avais prévenue ». Son Âme a orchestré cette leçon afin que Susan lui fasse réellement confiance et qu'elle honore sa guidance.

**MON HISTOIRE PERSONNELLE**

Rencontrer mon Âme a été une des expériences les plus significatives de ma vie. Cela s'est produit lorsque j'étudiais au Pacifica Graduate Institute, alors que je voulais devenir psychothérapeute. C'était l'heure du dîner, et j'avais un véritable mal de tête. Mon ami Dante, un masseur expérimenté, s'est aperçu que je souffrais et il a proposé de me masser.

Nous nous sommes installés sur l'épaisse pelouse au milieu d'autres étudiants qui discutaient, et il a commencé à me masser la tête et le cou. Je suis entrée immédiatement en transe. Je ne voulais pas m'abandonner à cette sensation, de me laisser aller et d'entrer dans un état altéré, surtout devant d'autres étudiants, mais je n'ai pu résister, et j'ai sombré dans un état de calme, de béatitude, qui me permit de relaxer et de profiter de l'expérience.

C'était comme si ma tête bougeait au ralenti en petits cercles rythmiques. Je voyais des lumières qui clignotaient. Dante a remarqué que j'étais en transe et il m'a conduite à l'intérieur dans une pièce privée pour m'éloigner des autres étudiants.

Dans la chambre, mes yeux flottaient, et j'ai vu en accéléré des images éclatantes. Soudainement, sans avertissement, ma conscience — la partie de moi qui pense et sait qui je suis — a quitté mon corps et a plané au-dessus de mon Moi physique. J'ai regardé avec surprise les rides sur mon visage et autour de mes paupières. J'observais mon torse se contracter et s'élargir. Je voyais le t-shirt turquoise que je portais, sauf que je ne le voyais pas avec mes yeux, mais plutôt à un mètre au-dessus de mon corps.

Et j'ai eu une révélation qui changea ma vie pour toujours. *Je ne suis pas mon corps.*

J'ai toujours espéré survivre en tant qu'esprit après la mort de mon corps physique, mais je n'y avais jamais vraiment cru. Je craignais simplement de cesser d'exister et, comme plusieurs, je ressentais la terreur existentielle de disparaître dans un vide entièrement noir.

Un instant plus tard, j'ai rencontré mon Âme. J'ai senti derrière moi une sublime présence aimante, qui m'attirait vers Elle comme une force magnétique. Je n'avais jamais ressenti une telle expérience ; c'est presque indescriptible. C'était un Amour exquis et intelligent, battant autour de moi et en moi, m'accueillant à la maison. Je me suis jointe à Elle et j'ai compris immédiatement la lutte du monde physique. Je me suis sentie submergée par l'Amour et la compassion, et il était clair que mes priorités — mes choix de vie — m'avaient jusqu'à maintenant été dictées par la peur. Cela a été une grande surprise pour moi, puisque je pensais que j'avais courageusement poursuivi mes rêves. Toutefois, dans cet espace d'Amour inconditionnel, j'ai compris soudainement à quel point la peur *m'avait* guidée. Je n'avais pas permis à mon vrai Moi de s'exprimer dans ma vie.

J'étais remplie de la certitude parfaite que je m'étais incarnée dans cette personnalité et dans cette vie particulière à partir du royaume astral pour apprendre des leçons bien précises — les leçons de l'Âme — lesquelles étaient toutes planifiées en vue de l'évolution de mon Âme. J'ai vécu plusieurs vies dans différents genres, races et conditions sociales, toutes ayant le même but. La mission de mon Âme consiste à rappeler aux gens la réalité de l'existence de leur Âme. En fait, j'ai choisi ce corps, cette personnalité et cette famille pour participer au processus précis de cette mission. Je me suis «rappelé» de quelle manière chacun choisit, à partir du point de vue de l'Âme, d'être exactement où il est, avec ses talents précis, ses compétences, ses défauts et ses faiblesses. Le moindre détail convient parfaitement à la mission particulière qu'une personne a à remplir, pour les placer stratégiquement dans leur forme unique et dans le parfum de l'Amour.

À mon avis, il est clair que toutes les Âmes sont animées par leurs intentions propres, et que la tâche spirituelle des êtres humains est de se rappeler, de s'abandonner et d'accomplir leurs missions de l'Âme, qui sont toujours animées par l'Amour. Cela s'accomplit en nous abandonnant et en servant notre Âme selon nos aptitudes pendant que nous sommes ici sur terre.

Après la rencontre avec mon Âme, j'ai compris les conséquences de ma dépendance à l'illusion de la réalité physique. J'ai compris que je ne pouvais pas faire de place à une connexion vraie et authentique au Divin à cause de l'étroitesse d'esprit de mon besoin d'une «preuve» du monde physique. J'ai compris à quel point ma vie quotidienne était limitée. Tel un cheval qui a des œillères, je voyais la réalité à travers des lentilles trop étroites. Comment avoir confiance à mon Âme si je ne crois pas qu'Elle existe réellement? Après cette rencontre avec Elle, je ne pouvais plus confondre mon Moi avec mon corps et avec ma personnalité physique. Je pouvais maintenant m'identifier pour toujours à une Âme qui vivait une expérience humaine — et non comme un être humain qui a une Âme.

Les mois suivants l'ont prouvé. J'ai découvert que j'étais maladroite socialement au fur et à mesure que mes capacités psychiques se surmultipliaient. Je voyais l'Âme d'autres personnes flotter de 15 à 30 centimètres au-dessus de leur tête. J'ai aussi commencé à remarquer des cordons lumineux d'une énergie dorée qui se connectaient à leur Âme au centre de leur cœur. Je détectais quand les personnes disaient la vérité parce que leurs colonnes vertébrales étaient illuminées d'une surprenante énergie dorée. Quand elles parlaient à partir de l'analyseur — les conceptions préprogrammées et limitées de l'ego situées à l'avant de leurs têtes — les «tubes» se nouaient et l'énergie de l'Âme ne circulait pas facilement à travers leur corps.

Je me suis réadaptée lentement à la société, dotée d'une nouvelle vision. Au lieu de fixer les corps énergétiques avec émerveillement de mes amis et de ma famille, je me suis entraînée à me concentrer sur leur corps physique — comme l'expression sur leur visage. Au lieu de dominer mon attention, l'information énergétique est devenue une trame riche et vibrante du miracle vivant d'une Âme incarnée.

Lorsque vous rencontrez votre Âme, le banal devient miraculeux et le hasard devient intentionnel. Ce qui semblait être inutile dans votre vie se révèle maintenant être significatif quand vous êtes dans votre droit d'aînesse spirituel : être ambassadeur de la forme unique de l'Amour qui vit en vous.

# CHAPITRE 2

# L'ESPRIT ET L'ÂME

« *Le travail de ma vie est une tentative d'immobiliser le pur,
d'avoir un esprit de visionnaire dans l'imparfaite, enivrante
sensualité de la vie du monde.* »
— Thomas Moore

« *Dans cette culture contemporaine qu'est la nôtre, on ne s'est
jamais approché de l'âme. Jamais. On a tourné autour de l'esprit,
mais on n'est jamais parvenu à être près de l'âme. Jamais. Il est
maintenant temps de percer et de pénétrer l'âme.* »
— Caroline Myss

« *Nous avons passé plusieurs milliers d'années à apprendre l'art de
la transcendance personnelle. Mais la vie est un processus d'incarnation. L'âme est une entité qui vit à l'intérieur du corps
humain. La spiritualisation à outrance est un danger réel. Si vous
voulez guérir, vous devez vous abandonner ; vous devez renoncer
au contrôle ; vous devez arrêter d'essayer d'être parfait, parce
qu'un jour ou l'autre vous devrez envisager le fait que vous ne
pouvez pas contrôler complètement votre vie.* »
— Marion Woodman

Pour bien comprendre l'Âme, nous devons comprendre les autres parties essentielles de notre expérience de la conscience. La première étant l'Esprit. Bien que les mots « Esprit » et « Âme » soient souvent utilisés de façon inter-changeable, ce sont deux mots tout à fait différents ; cependant, ils s'efforcent de travailler main dans la main, se soutenant l'un l'autre.

L'énergie de l'Esprit est une partie de nous qui est vaste, immuable, et elle est associée à une vision incroyable, à une direction et une unicité éternelles. L'Esprit est calme, clair et centré. L'Esprit est plein de buts et orienté vers l'objectif — il n'est pas affecté par les drames terrestres et les états émotionnels. L'Esprit nous motive à inventer de nouvelles façons de faire les choses et il est l'étincelle d'une vision avant-gardiste audacieuse. L'Esprit détient la conscience, l'œil de la pleine conscience et l'impulsion nous menant à la transcendance. L'Esprit est la voix inspirée de la certitude immuable qui nous rappelle sans cesse que les éléments font partie d'un tout, que nous sommes tous interconnectés, et que « tout est un ».

D'autre part, l'Âme honore le royaume du temps, de l'attachement et de la sensibilité. Entièrement dédiée au chemin unique et individuel que nous empruntons, l'Âme se découvre à travers le monde physique et nos choix pratiques quotidiens. L'Âme nous appelle à incarner pleinement notre vie ; à rester éveillé et ouvert aux émotions intenses que cette planète cause avec la maladie et finalement notre mort. Quand nous honorons l'Âme, nous avons confiance, nous sommes équilibrés spirituellement et éclatants de vie dans un monde alors que la sagesse se répand dans les cellules du corps.

L'Âme se trouve dans les relations et nous entraîne dans l'essentiel de notre vie. Elle est sentie dans des aspects imparfaits, désordonnés de la vie. L'Âme nous connecte à un lieu et à l'histoire et Elle nous réchauffe intérieurement. L'Âme se révèle dans nos habitudes. Nous la sentons lors de notre rituel matinal quand nous dégustons notre café dans notre tasse préférée. Elle apparaît dans nos lieux sacrés — sur notre banc préféré qui surplombe un lac ou dans des ruines anciennes qui nous rappellent notre mortalité et notre place dans le cosmos.

Elle révèle la sagesse du corps et de son système sensoriel complexe — et elle en a une confiance absolue — tandis que l'Esprit est au-dessus. Mais l'Âme comprend que nos (souvent pénibles) maux physiques cachent des joyaux de guidance — qui ne demandent qu'à être découverts, traduits et transformés (tout en nous transformant). Nous nourrissons l'Âme quand nous prenons une gorgée d'une soupe délicieuse, qui alimente le corps, mais qui calme aussi notre relation au moment présent.

## LES ÉNERGIES DE L'ESPRIT ET DE L'ÂME

L'Esprit et l'Âme ont des énergies contraires tout en étant complémentaires. Historiquement, l'Âme est associée au féminin : à la noirceur, à l'accueil, à l'émotion et aux qualités intuitives de la vie. (Le féminin ne se limite pas aux confins étroits du genre ou de la biologie, mais réfère à l'énergie du grand archétype féminin auquel hommes et femmes ont accès.) Et l'Esprit représente et caractérise souvent le masculin.

Le féminin est représenté par l'énergie «yin» présente dans le taijitu, le symbole chinois yin/yang. L'énergie féminine (yin) montre le rayonnement d'une fleur radieuse quand elle se révèle, dansant résolument dans le continuum temps/ espace. L'énergie masculine Esprit (yang) permet la pulsation de la beauté féminine, force de vie inhérente de toute chose. Le féminin est rayonnant, connecté et attaché au moment pleinement vivant de l'existence, tandis que le masculin est témoin de cette beauté. Malheureusement, comme le féminin, l'Âme a été traditionnellement marginalisée, minimisée et mésestimée sur le plan spirituel. Mais les deux sont importants.

Nous sommes confrontés aux dualités. Nous pouvons attribuer la morale qui se fond sur l'ego aux qualités : masculin-féminin, supérieur-inférieur, chaud-froid, douleur-félicité, ou nous pouvons les voir comme de multiples facettes de Dieu/Déesse. Réunies, les énergies de l'Âme et de l'Esprit créent un tout beaucoup plus grand que chacune de leurs parties. Les polarités créent un équilibre universel, et elles se nourrissent et se soutiennent l'une l'autre. La conscience masculine du soleil éclaire sa vision, sa direction et sa chaleur sur la terre ; la conscience féminine de la lune reflète la lumière, éclaire les ténèbres. Le yin est la matière, le ressenti par le corps, tandis que le yang est l'énergie créative ou la conscience à l'intérieur de cette matière. L'Âme est basée sur la terre ; l'Esprit, sur la lumière. L'Âme s'occupe de l'incarnation ; l'Esprit, de la transcendance.

Dans notre quête de plénitude, l'Âme est souvent mise à l'écart à cause de la vision tape-à-l'œil et parfois éblouissante de l'Esprit. L'attrait pour l'*illumination* a été beaucoup plus populaire que le processus complexe d'*animation* de l'Âme. En atteignant l'illumination, nous sommes moins attachés aux formes instables du monde physique. À travers la lentille transcendante de l'Esprit, nous semblons parfois perdus, déroutés, ou en régression alors que nous suivons les étapes nécessaires des hauts et des bas du voyage de l'Âme. Mais n'oublions pas que le travail de l'Âme est aussi fondamental pour l'équilibre de l'énergie. Le travail intérieur nécessite l'écoute farouche des murmures humbles de l'Âme. Je vois fréquemment mes clients identifiés à l'Esprit se juger sévèrement de n'avoir pas révélé, cherché un indice pour honorer le mystère qui se produit lorsque nous nous inclinons devant l'Âme.

Mais nous avons autant besoin de l'Esprit que de l'Âme. L'Esprit sans l'Âme hurle : *plus grand, plus vite, davantage.* Nous ne pouvons tenir la route lorsque l'Esprit est incontrôlé et sans lien. Sans l'Âme, l'Esprit devient froid, détaché et dangereusement non lié. D'autre part, l'Âme sans l'Esprit rumine, stagne et vacille. Si l'Âme n'accepte pas l'Esprit, nous perdons l'inspiration, la direction et la vision. L'absence de l'Esprit peut être ressentie comme suffocante, habituelle et stagnante.

Nous devons comprendre que ces énergies se complètent l'une l'autre. La vérité est que le désir universel et cosmique veut que ces énergies soient équilibrées. Prenant l'arbre comme métaphore, l'énergie de l'Esprit en atteignant les branches arrive à maturité, cherche le soleil, s'efforce de croître. L'énergie de l'Âme sert à ancrer, à stabiliser et à réconforter fidèlement, comme de solides racines, tout en procurant tous les nutriments nécessaires à l'arbre entier. Ils s'aiment l'un l'autre, ce qui explique pourquoi chacun cherche constamment son partenaire, en dépit de la polarisation évidente.

## LA DÉPENDANCE SPIRITUELLE

Dans son livre *Conscious Feminity*, l'analyste jungienne Marion Woodman est très prolixe à propos de notre déconnexion de l'Âme et de notre engouement pour l'Esprit. «La vie est une question d'incarnation — l'âme est une entité que nous devons accepter dans notre corps humain. Le problème est que trop de gens dans notre culture tentent d'ignorer cette étape et vont directement vers l'Esprit[1].» Elle identifie cette crise comme la *surspiritualisation* et constate que cela produit souvent des symptômes physiques de maladie ou d'une forte dépendance. Sur le plan psychologique, ce terme est connu sous le nom de «gonflement». Comme un ballon qui continue de s'élever dans le ciel, nous ne savons plus où se situent la terre et la connaissance par le corps. Le résultat douloureux est que nous retombons inévitablement sur terre, dépressifs ou malades. On parle alors de «dégonflement». Nous ressemblons à Icare dans la mythologie classique grecque, dont les ailes et les plumes ont fondu lorsqu'il s'est trop approché du soleil. Icare plonge dans la mer, forcé de reconnaître les limites de la réalité physique et d'accepter sa mortalité.

Comme un papillon qui est attiré par les flammes, l'attrait de la lumière blanche aveuglante de l'Esprit peut devenir obsédant et enivrant. Sans l'Âme pour intégrer l'Esprit, nous sommes toujours affamés et jamais comblés, recherchant constamment le prochain moment euphorique. Woodman travaille fréquemment avec les personnes anorexiques qui luttent contre l'enfer qu'est la dépendance à la perfection. L'anorexie est l'incarnation physique d'une crise spirituelle. C'est la manifestation physique du désir d'éviter le poids de l'Âme féminine et ancrée. Selon Woodman, le rêve courant d'une personne anorexique est la «lumière luciférienne blanche et stérile». La personne anorexique, coincée dans une spiritualisation artificielle, «recherche la lumière — elle rêve tout en blanc[2]». Souvent, la société ne reconnaît pas que la dépendance spirituelle est un problème. Le professeur spirituel Adyashanti dit dans son livre, *Emptiness Dancing*, que, contrairement aux signes visibles de la dépendance à l'alcool ou aux drogues, la dépendance ou l'obsession spirituelle est socialement acceptable. «On dit au chercheur que la dépendance spirituelle diffère des autres dépendances. Vous n'êtes pas un junkie. Vous êtes un chercheur spirituel.» Le problème demeure tant que nous sommes nourris par ces moments euphoriques illusoires que cet Esprit déséquilibré procure. «Ce problème durera tant qu'il y aura quelque chose en vous qui a un quelconque espoir de vivre une expérience exaltante. Quand cela se calme, on se rend compte que les expériences plaisantes, merveilleuses et réconfortantes sont somme toute comme des beuveries exaltantes et réjouissantes. On se sent très bien durant un court laps de temps puis vient une réaction équivalente et contraire. Le high spirituel s'enchaîne sur un down spirituel.» Adyashanti explique que nous sommes toujours à la recherche de la liberté. «Dans sa nature profonde, la liberté n'a rien à voir avec le fait de maintenir une expérience particulière[3].»

Non seulement l'Âme a-t-elle une relation intime avec le Divin, mais Sa sagesse réside dans le fait qu'Elle conserve Sa saveur spécifique. Elle ne s'allie ni ne fusionne avec un brouillard flou et doré, mais Elle garde son identité par Sa propre conscience. L'accessibilité et la capacité relationnelle de l'Âme lui fournissent les caractéristiques essentielles d'un guide digne de confiance.

En fait, l'Âme est intrinsèquement fiable. Elle est la traductrice la plus élevée de l'Esprit que notre ego — l'autre joueur dans notre conscience — peut entendre. Comme le câblage électrique d'une maison, la masse doit être mise à la terre pour éviter l'accumulation d'électricité statique dans la maison. La terre est un conducteur qui nous ancre. Aux États-Unis, les électriciens s'y réfèrent en employant des termes comme la *masse* et la *mise à la terre*, tandis qu'au Royaume-Uni les termes équivalents sont *terre* et *connexion*. L'Âme nous ancre. L'Âme ne veut pas que nous nous «électrocutions» avec une charge qui risque de nous blesser.

En plus de bien nous ancrer dans notre vie, l'Âme nous connecte à ce qui est sacré dans la vie quotidienne. Avec l'Âme, la pratique est divin. L'Esprit peut nous rappeler (d'une manière froide et détachée) que «tout est bien» et «tout ne fait qu'un», mais l'Âme conserve son individualité intense et son attachement à la vie. L'Âme *se lie* de façon tenace, constante et féroce. L'Âme, c'est le tour de piste victorieux du coureur olympique, les larmes versées sans cesse par un amoureux qui choisit la dépendance, la mère qui pleure en tenant son enfant mourant. L'Âme est attachée au monde, et son Amour englobe la passion, la beauté et l'émerveillement qui font que la vie vaut la peine d'être vécue. L'Âme ne veut rien de plus qu'encourager, témoigner et célébrer l'actualisation fructueuse des leçons de l'Âme. Elle nous guide vers la Divinité. Nous apprenons que, en incarnant l'Âme, nous jouons notre rôle essentiel et unique dans la danse de toutes les consciences… et nous savons tous que c'est un honneur privilégié.

Intégrer et incarner consciemment l'Âme est un chemin ambitieux. Tel l'amour d'une mère pour son enfant, vivre une vie axée sur l'Âme est souvent compliqué et déroutant. Il n'y a pas de mode d'emploi. Mais c'est une relation d'amour qui nous fait complètement craquer. Il existe des outils qui ont aidé des gens sur le chemin de l'Âme, mais, au final, la connexion de l'Âme a pour but de creuser en nous pour découvrir ce qui nous convient. L'Âme requiert l'enquête, la percolation et parfois la rumination durant le long et souvent douloureux processus d'accouchement. L'Âme nous convie à l'accomplissement de notre individualisation unique et particulière.

# CHAPITRE 3

# L'EGO ET L'ÂME

*« L'ego est qui vous pensez être.*
*L'âme ne fait qu'être, témoignant de notre incarnation. »*
— Ram Dass

*« On ne peut aller au-delà de l'ego...*
*si jamais on l'a atteint... Il nous faut l'ego humain pour assimiler,*
*abriter et canaliser au-delà de l'ego, les forces du non-ego qui nous*
*touchent et qu'on est si désireux de toucher en retour. »*
— Ann Belford Ulanov

*« C'est Britney, chienne. »*
— Britney Spears

En plus de comprendre l'interaction entre l'Esprit et l'Âme, nous devons apprendre comment l'Âme et l'ego travaillent ensemble afin que nous puissions vivre une meilleure vie. En employant le mot « ego », je me réfère à la partie de soi que vous croyez connaître. L'ego, c'est *qui vous croyez être*. Et parce que nous sommes toujours en train de penser (à moins d'être entraînés à ne pas penser, ce qui sera abordé au chapitre 8), nous passons la plus grande partie de nos journées à identifier *l'interprétation, les concepts et les idées de ce que nous sommes*. Votre ego est fait des rôles que vous jouez (épouse, mère, sœur, travailleur), de votre identité (religion, race, situation socio-économique, problèmes de santé mentale et physique), de votre personnalité (introverti/extraverti), de votre tempérament (généreux/facilement blessé), et de toutes les histoires qui vous concernent (votre histoire et vos relations). L'ego vit complètement dans le monde physique et matériel.

L'ego veut être vu. Il veut être reconnu. Il est toujours à la recherche de son identité. Il apprécie l'approbation. L'ego est cette partie de vous qui a ce sentiment exacerbé d'être invisible et négligée. S'il est choisi le dernier ou s'il est forcé d'attendre, l'ego peut rétorquer rageusement : « Savez-vous qui je suis ? » Il puise souvent sa force et son pouvoir en trouvant son identité qui est basée sur des principes de séparation. « Je ne suis pas cela » dépend autant du cri de guerre de l'ego que « Je suis cela. » L'ego cherche à catégoriser et à classifier en rendant ses qualités évidentes et claires. Une de mes clientes a récemment blagué sur son désir incessant d'être reconnue : « Ils ne savent pas qui je pense être. »

Quand j'étais en septième année, j'ai assisté à un atelier dont le thème était l'estime de soi. On nous a dit d'écrire des adjectifs et des qualités qui nous décrivaient. « Drôle », « italienne », « aime jouer au tennis » étaient quelques-uns qui apparaissaient sur ma feuille. Je me souviens d'avoir ressenti tout le besoin d'une adolescente d'identifier et d'écrire qui j'étais. Je m'accrochais à ces adjectifs comme s'ils étaient des flots de lumière prometteurs d'une caverne sans quoi sombre. J'aurais voulu pouvoir dire à mon Moi de septième année que ces mots et ces phrases sur ma liste de « Moi » étaient des descripteurs de l'ego, qu'ils ne reflétaient pas l'immédiateté, la vivacité et le sentiment de qui j'étais *réellement*. Ces mots ne satisfaisaient pas vraiment ma soif profonde d'une expérience vraie d'une rencontre du «Moi» que je cherchais.

De nombreuses personnes cherchent l'identité de leur ego dans des vêtements griffés, une nouvelle voiture, dans leurs relations sexuelles, même dans l'identification au rôle de «mère» ou de «père». Bien que toutes ces choses puissent indiquer d'une certaine manière ce que nous sommes, même de façon importante, elles ne remplaceront jamais totalement la connexion avec l'Âme dont l'ego a besoin. Si nous ne remplissons pas ce vide, nous passerons toute une vie à poursuivre le bonheur, à attendre un chèque de paie, une promotion professionnelle, une demande en mariage ou des vacances.

## LE POUVOIR DE L'EGO

Vous avez peut-être déjà vu sur des t-shirts ou sur des pare-chocs la phrase populaire «Votre ego n'est pas votre ami.» Certains vont jusqu'à dire que cet E.G.O. est l'acronyme de «*edging God out*» (sortir Dieu de sa vie). Toutefois, l'ego ne doit pas être perçu comme un parasite spirituel; il *peut* être un ami. Mais seulement si nous le percevons et l'identifions clairement comme prévu par le but cosmique spirituel : un mode séparé pratique de la réalité qui nous permet d'expérimenter notre vie unique et personnelle sur la terre pour le bien de la connexion et de l'unité de l'Âme. L'ego est insoutenable s'il ne sait pas où il se situe. Et *la place équilibrée de l'ego est dans le service et dans la relation de ce que vous êtes véritablement.* En d'autres termes, le travail de l'ego consiste à vous aider tout au long du chemin de l'Âme. S'il ne travaille pas dans ce sens, vous êtes en train de vivre une vie servant une fausse image de vous. Ce que vous êtes *vraiment* dans votre for intérieur est ce vous qui est derrière et au-delà de l'ego. Oui, une partie de vous est votre ego, mais la majeure partie de vous ne l'est *pas*. Vous êtes la conscience et l'énergie au-delà de ce rôle. Un ego équilibré est un bon assistant, le principal responsable des opérations de votre Âme, le PDG de votre univers divin unique.

Tout cela pour dire que nous avons besoin de notre ego. Un ego qui fonctionne sainement est la lentille (qui nous relie au temps et à l'espace) au travers de laquelle l'Âme voit le monde et interagit avec lui. Nous avons besoin d'équilibre et d'intégration.

Si nous nous identifions trop à l'ego ou à l'Esprit non ancré et non intégré, les problèmes surgissent, tels que le gonflement, le narcissisme spirituel, les problèmes d'identification à l'ego, les traumatismes, les affections physiques ou la maladie mentale.

Si nous nous enracinons trop dans l'ego, nous devenons trop attachés à l'aspect physique des choses, incapables de « voir à travers » notre vie quotidienne et d'entrevoir une réalité spirituelle. Une vie lourdement axée sur l'ego a comme conséquences : l'obsession des factures, l'identification à la réussite au moyen d'accomplissements, la recherche d'approbation des autres. Il n'y a pas de danse de l'Esprit ou de l'Âme, ce qui entraîne l'incapacité de se connecter au transcendant ou au sens du but à atteindre.

À cause de cette peur réelle d'une vie dominée par l'ego, plusieurs réagissent impulsivement pour détruire l'ego. Cependant, j'ai assez travaillé auprès de nombreux schizophrènes, coincés dans l'enfer de la maladie mentale, qui tentent de survivre à un ego fragmenté, pour soutenir la dévastation d'un ego débridé. L'anéantissement violent de l'ego, soit à travers les pratiques spirituelles, soit par l'intermédiaire de substances chimiques, peut, dans certaines circonstances, précipiter une maladie mentale sous-jacente. Même si, parfois, certaines drogues peuvent contribuer à ouvrir un ego rigide dans certaines circonstances (exemple, l'utilisation du ayahuasca avec un guide exercé ou avec un chaman), il y a une multitude de cas d'hallucinations spectaculaires au LSD qui ont abouti à une fracturation de l'ego qui n'était pas prêt à subir l'intensité du trip spirituel chimique. (Pour en savoir davantage sur ce sujet, voir la section Ressources.)

Les pratiques méditatives peuvent également déboucher sur la dépendance spirituelle et un déséquilibre de l'ego désincarné. Nous avons tous déjà rencontré un de ces enseignants spirituels «absents», le regard complètement inexistant, léviter à un mètre au-dessus du sol. Nos corps n'ont pas confiance à ce déséquilibre spirituel. Ces professeurs sont loin d'être la compassion incarnée du chaleureux et humble dalaï-lama ou cette énergie farouche et résolue de Amma, la sainte qui étreint. Ces saints ont exécuté le travail intense de l'intégration de l'ego que cette véritable énergie spirituelle exige, sans verser dans cette spiritualisation à outrance qui a souvent cours dans le mouvement nouvel âge. Avec l'éventail d'enseignements et de croyances spirituels dont nous sommes constamment bombardés, naviguer dans la vie spirituelle peut porter à confusion et peut même être dangereux. En honorant l'ego tout en travaillant directement avec l'Âme, vous recevez une information spirituelle taillée sur mesure et esquivez ces pièges spirituels courants.

À lui seul, l'ego vous racontera des expériences qu'il a eues et des rêves d'avenir, ce à quoi il excelle, tandis que l'Âme ne vous montre que ce qui est essentiel, maintenant. L'ego est préenregistré ; l'Âme est en direct. Voilà pourquoi il est simple de comprendre l'ego ; mais l'Âme est une entité en constante évolution, et si vous voulez suivre l'émission, vous devez rester à l'écoute.

Lorsque vous expérimentez l'Âme, vous êtes le flux de la vie qui se déploie dans votre expression unique. Vous n'êtes pas et ne serez jamais ce que vous *pensez* être. Le monde de la pensée, des idées et de la catégorisation appartient à l'ego. Le royaume des idées est relégué au territoire des objets, des symboles et du langage, où la classification est possible. C'est important de les avoir, car ils sont indispensables à la survie. Cependant, le monde de la sagesse expérimentale et de la découverte appartient à l'Âme.

### AVOIR L'EGO À L'ŒIL

C'est un défi de connaître directement l'Âme, car nous vivons les balbutiements de la culture spirituelle. Nous ne sommes pas entourés de personnes en relation directe avec leur Âme. Plusieurs enseignants religieux sont en relation avec les *idées* ou les *croyances* de ce qu'ils sont et du pourquoi ils pensent ce qu'ils sont. C'est tout à fait différent. Ils laissent dans leur sillage une culture excessivement intelligente, dominée par le cerveau et privée de sagesse.

Il est crucial de ne pas s'attacher aux croyances centrées sur l'ego à propos de notre identité. Ce qu'on est vraiment est l'expression du mystère vivant en soi. C'est une bonne pratique de s'assurer systématiquement des points suivants :

Vous permettez-vous, en ce moment, d'expérimenter directement votre Âme? Vivez-vous une vie en harmonie avec ce que votre Âme désirerait? Votre Âme vous protège-t-elle de la programmation sociétale de l'ego? Permettez-vous à votre Âme de briller à travers votre ego et d'imprégner la planète de votre saveur unique de l'Amour? Ce sont toutes des questions fondamentales pour notre déprogrammation spirituelle.

L'expérience de la découverte que vous êtes plus que votre ego produit parfois un sentiment de destruction du corps. L'image d'un cube de sucre qui se dilue dans un verre d'eau est une puissante métaphore de l'annihilation de l'ego. En se dissolvant dans le Soi supérieur, l'ego perd sa force vitale. Souvent, dans sa nature profonde, l'ego « lutte contre la mort », et lorsque nous nous identifions pleinement à l'ego, entrer en contact avec l'Âme peut être terrifiant, comme si notre nature profonde allait disparaître dans un trou noir. L'ego ne sait pas ou ne comprend pas qu'il y a plus que sa propre histoire. Il est important de se rappeler qu'il y a une énergie psychique dans la formation et l'identité de l'ego, et que cela peut provoquer des réactions somatiques, émotionnelles et psychologiques — et nous explorerons plusieurs de ces aspects à la partie III de ce livre. En s'engageant dans ce processus, il est essentiel de nous rappeler que l'Âme est notre vaisseau spirituel et notre véritable identité. Nous commençons à construire notre relation avec l'Âme afin de savoir que nous sommes plus que l'identité idéalisée par l'ego. « La partie de soi qu'on pense être est tout ce qu'on est », dit l'ego. La voix de l'Âme sait que c'est faux.

# CHAPITRE 4

# LE DÉSIR DE VIE PAR OPPOSITION AU DÉSIR DE MORT

*« Pour rester soi-même dans un monde
qui s'évertue jour et nuit à vous rendre comme n'importe qui, il
faut gagner la plus rude bataille qu'un humain puisse livrer, et
cette bataille n'a pas de fin. »*
— E. E. Cummings

*« Il existe deux forces de motivation fondamentales :
la peur et l'amour. Lorsqu'on a peur, on abandonne la vie. Quand
l'amour est dans notre vie, on s'ouvre à tout ce que cette vie a à
offrir avec passion, excitation et acceptation. »*
— John Lennon

*« Je pense que je peux. Je pense que je peux. »*
— La petite locomotive qui pouvait

La dernière chose que vous devez comprendre avant de rencontrer votre Âme est le rôle essentiel de la nature humaine qui influence tout moment dans la relation avec votre Âme. Sigmund Freud, le père de la psychanalyse, postule dans son livre *Au-delà du principe du plaisir* que tous les humains doivent composer avec un instinct de mort inavoué, qu'il décrit comme étant le désir de retourner dans « l'inanimé ».

Freud, reconnu pour son habitude de consommer de la cocaïne, a expliqué que ce désir de mort est la propension qui cherche à nous détourner de la pression psychique née du problème humain de la conscience de soi.

Comme dans le combat du dessin animé entre l'ange sur une épaule et le démon sur l'autre, Freud croyait qu'il existait une guerre intrinsèque entre deux moteurs fondamentaux : Éros et Thanatos. Éros, fondement de toute vie et d'instinct de préservation, génère la créativité, crée l'harmonie et déclenche l'instinct de reproduction. Le désir de mort instigue la répétition des habitudes, les tendances agressives et les comportements compulsifs et implose finalement en autodestruction. L'attrait du désir de mort apparaît souvent comme le désir subtil universel de rechercher les états destructeurs de l'inconscience. Ce désir de mort est ce qui alimente les blocages que nous rencontrons sur le chemin de la connaissance de l'Âme.

Christine Downing, professeure et spécialiste freudienne, explique que le désir de mort consiste à régresser, à éviter et à résister : « Les voix en nous qui crient : 'laisse-moi tranquille, laisse-moi agir à ma guise, ne me change pas ; laisse-moi être un enfant, laisse-moi retourner dans l'utérus[4] ». Le désir de mort résiste aux changements — au principe créatif de la vie lui-même.

Cette bataille énergétique vie/mort est présente dans presque chacun de nous, y compris moi-même, tout le temps. Nous sommes tous tiraillés entre cette tendance inhérente à « poursuivre notre bonheur », comme l'a si bien déclaré Joseph Campbell, et notre désir de mort hypnotique qui veut que nous suivions lâchement le chemin le plus prévisible et accepté.

Lorsqu'on est dans l'énergie du désir de vivre, notre récit intérieur est confiant, aimant et fort : « Je suis aimable. Je peux faire ça. Je connais la signification. Je ressens ceci ». Lorsqu'on est entre les griffes du désir de mort, notre scénario intérieur devient lugubre et déprimant. Nous commençons à nous réprimander en utilisant des mantras négatifs tels que : « À quoi ça sert ? », « Je ne peux pas faire ça », « Je ne mérite pas d'être aimé » et « Je suis seul ». Le conte classique pour enfants *La petite locomotive qui pouvait* dépeint cet archétype du combat entre le désir de vie et le désir de mort. À la fin du conte, la petite locomotive choisit le désir de vie, triomphe sur le doute de soi et elle réussit à gravir la montagne.

Le désir de mort nous amène à juger notre vie en nous basant exclusivement sur la sécurité du monde physique et sur l'acceptation des autres, tandis que nous nous percevons comme des victimes et nous soignons nos blessures. Il tente de nous confiner au royaume de l'ego, mais notre vrai Soi sait que cela est malsain. Coincés dans le désir de mort, nous survivons à une réalité sans fin du *Jour de la marmotte*, accomplissant sans entrain les tâches quotidiennes. La vie apparaît absolument vide et dénuée de sens. Nous appréhendons un autre lever du soleil, nous pointons à l'arrivée et à la sortie du travail et nous marchons péniblement, comme des zombies, dans les allées fluorescentes des supermarchés. Nous sommes enclins aux dépendances parce que nous sommes épuisés par le poids du quotidien, nous cherchons à nous évader, ne voulant que remplir le vide. Le hamburger au fromage, le nouveau sac à main ou la pornographie deviennent le répit sacré, une pause intemporelle dans le resserrement de l'étau que la vie est devenue. Tout dans la vie est catégorisé comme souffrance ou plaisir. Troy, personnage anxieux et colérique d'Ethan Hawke dans le film *Génération 90* (en France, *Réalité mordante* au Québec) le résume pour nous : « Tout cela est inutile. Tout ça n'est qu'une loterie de tragédies insignifiantes et une série de fuites ratées. Ainsi, je m'attarde sur les détails. Vous savez… Un quart de livre au fromage, et ils sont bons ; le ciel 10 minutes avant qu'il commence à pleuvoir ; l'instant où votre rire commence à glousser… et moi, je m'assois, fume ma Camel et je vis à ma façon. »

Il faut un niveau de discernement extraordinaire pour identifier clairement le moteur qui nous anime, car le désir de mort est très hypnotisant et attrayant. Downing nous renvoie à la description de Freud quant à cette bataille « des frères jumeaux engagés l'un l'autre dans une lutte spectaculaire et parfois tellement enlacés qu'il nous est impossible de les distinguer.[6] » Ce n'est pas tant *l'action particulière* que nous faisons, mais plutôt *le type d'énergie* qui nous motive ; en d'autres mots, *ce n'est pas ce que nous faisons, mais la façon de le faire*. Est-ce l'amour de soi qui nous motive ou tente-t-on d'ignorer nos émotions par une anesthésie psychique inconsciente ?

Cette question fondamentale refera surface plusieurs fois quand vous commencerez à rencontrer votre Âme et que vous irez de l'avant dans le voyage de l'Âme. En parcourant les chapitres qui suivent, rappelez-vous qu'en tant qu'être humain, vous êtes toujours connectés pour vivre cette bataille du désir de vie et de mort. C'est la bataille même qui élève la conscience et aide à clarifier l'existence de l'Âme à l'ego.

Cette confrontation dynamique entre l'ego et l'Âme créera peut-être un doute ou du négativisme sur le chemin. Dans la partie III, nous nous attarderons davantage sur les blocages que vous rencontrerez peut-être, et je vous enseignerai des techniques puissantes et simples pour les surmonter. En passant à travers la partie II qui vous enseigne les pratiques de bases essentielles pour entrer en contact avec votre Âme, observez simplement puis rejetez les émotions négatives enracinées dans le désir de mort qui risquent de surgir.

PARTIE II

# RENCONTRER
# SON ÂME

# CHAPITRE 5

# DEVENIR HUMBLE

*« Le navigateur ne peut pas voir le nord —*
*mais il sait que l'aiguille le peut. »*
— Emily Dickinson

*« Reconnaissez ce qui est devant vos yeux,*
*et ce qui est caché vous sera révélé. »*
— L'Évangile de Thomas

*« Nous devons être assez humbles pour comprendre*
*qu'il y a quelque chose appelé mystère. »*
— Paulo Coelho

Avant d'entrer en contact avec notre Âme, nous nous sentons souvent seuls et invisibles. Mais malgré ces émotions, nos pensées, nos actions et nos prières ne sont pas imperceptibles. Ce sont des signaux énergétiques que l'Âme voit. Elle est constamment témoin de notre conscience et elle prend des notes. (D'ailleurs, d'autres ont aussi accès à ces notes, s'ils le désirent.)

Quand je commence une séance avec des clients, c'est grâce à cette banque de données énergétique que je reçois mon information. La raison pour laquelle j'accède à vos pensées et à vos données médicales, émotionnelles, relationnelles et spirituelles, c'est parce que vous les partagez avec moi et avec le monde, tout le temps, à travers votre champ d'énergie. L'unique différence entre moi et la plupart des gens, c'est que j'ai choisi d'écouter, à un niveau subtil, cette réalité énergétique qui nous entoure. Mais nous pouvons tous y arriver.

Pour écouter l'Âme, notre ego doit avant tout être humble. Le processus d'humilité est souvent embarrassant et pénible. La vérité nous libère, mais, au début, il arrive souvent qu'elle nous révolte. On abandonne l'idée de ce qu'on pense être et l'on se concentre à devenir ce qu'on est vraiment. Le propos et l'interaction avec les autres sont alors le reflet de ce que nous sommes, et non de ce que nous savons. On oublie le besoin d'avoir «raison» pour le besoin d'être vraiment soi-même. C'est seulement au moment d'être soi-même que se clarifie le besoin d'être vu et compris par les autres. On comprend qu'on veut réellement se connaître, sincèrement et profondément, plus que toute autre chose.

Que votre ego le comprenne ou pas, votre Âme est toujours engagée dans des relations énergétiques. On ressemble plus au personnage de l'empereur dans l'histoire *Les habits neufs de l'empereur* qu'on le pense. On croit être tous habillés, qu'on porte des vêtements, mais, sur le plan énergétique, on est tous nus.

Je n'oublierai jamais le jour où je me suis abandonnée, où j'ai donné une leçon d'humilité à mon ego et où j'ai affronté la réalité du monde énergétique.

J'étais assise dans la classe de l'école de méditation à San Francisco, où j'étais inscrite au programme de Clairvoyant Training. *Clairvoyant* signifie «vision claire», et les méthodes qui y étaient enseignées utilisent l'imagination afin de «voir» l'imagerie métaphorique. Nous avons pratiqué avec des «lecteurs» expérimentés et un professeur dans le but d'apprendre à quel moment nos «coups» psychiques étaient «justes» ou «erronés» et pour augmenter notre aisance et notre confiance en nos capacités intuitives. À la fin du cours, nous devions imaginer que nous marchions dans le corridor et que nous tapions sur l'épaule de la professeure pour qu'elle revienne dans la classe et sache que nous avions terminé notre lecture. J'ai pensé que c'était une pure folie. Je ne croyais vraiment pas que cela fonctionnerait. Qui étaient ces personnes délirantes et pourquoi se leurraient-elles ainsi? Elles voulaient croire à la magie.

Assise dans la file de sensitifs, à la suite d'une «lecture» classique d'un nouveau client, il fallait maintenant que «j'appelle la professeure» sur le plan énergétique. Je ne pouvais pas croire que je perdais mon temps avec ces conneries.

Dans un accès de colère, je me voyais marcher dans le corridor vers ma professeure, Julie. Je l'ai vue mentalement et lui ai dit : «Julie! Ramène tes fesses ici!» J'étais fière de moi.

Un instant plus tard, j'ai entendu courir dans le corridor puis la porte s'est ouverte. Julie vint rapidement vers moi, pointa le doigt vers mon visage, me regarda droit dans les yeux et dit : «Ne m'appelle *plus jamais* comme ça.» Puis, elle s'est tournée subitement et a quitté la pièce.

J'étais mortifiée. J'ai soudainement pris conscience que je m'étais conduite comme une sale gosse et que je devais devenir humble, et vite. J'ai compris que nous devons être responsables de notre énergie, même si nous pensons ne blesser personne.

*Il nous faut être responsables sur le plan énergétique.*

L'énergie, que nous dégageons constamment, reflète nos intentions vraies et sous-jacentes. L'Âme veut que nous soyons spirituellement conscients de nos vraies intentions afin d'entrer dans son domaine. Quand nous sommes conscients, ouverts et honnêtes envers la dynamique énergétique qui nous entoure, l'ego devient humble et il apprend à connaître notre réalité spirituelle.

Pour que l'ego soit humble, il faut entreprendre un processus, et c'est la première étape pour se rapprocher de son Âme. On commence par vouloir la connaître : Qui est-elle ? Que peut-elle ressentir ? Quel est son plan pour moi ? Que pense et ressent mon ego à propos de mon Âme ? Mon ego supporte-t-il mon Âme ou la combat-il ? De quelle manière mon Âme essaie-t-elle d'influencer ma vie ? Avec ce questionnement, on commence à se tourner vers Elle. Notre ego s'incline alors devant la réalité des désirs et des émotions de notre Âme.

Voici quelques exercices que j'ai cru être des plus utiles pour moi et pour mes clients dans notre volonté de rendre l'ego plus humble.

### Gestes et prière d'humilité

Je pratique cette dévotion fréquemment avant une prière ou une méditation. Placez simplement votre front sur le sol à titre de rappel physique que vous renoncez à la dépendance de l'esprit qui s'impose ce jour-là. En agissant ainsi, vous donnez une leçon d'humilité à l'esprit afin qu'il s'aligne énergétiquement et physiquement avec le cœur, l'espace d'un instant. Ce processus rapide peut avoir un impact majeur dans votre pratique spirituelle. Vous pouvez rester ainsi 5 secondes ou 15 minutes. Restez ainsi jusqu'à ce que vous ayez fait cesser tout ce tintamarre de l'analyseur pensant dans votre tête. Lorsque votre esprit sera plus humble, établissez l'intention de votre Âme et priez : « S'il vous plaît, élimine tout dans ma vie et mon esprit qui m'empêche d'être près de toi. »

### Requête d'humilité

Accordez-vous un moment pour penser à ce qu'est votre Âme. Répondez aux questions suivantes dans votre journal : Qui est-Elle ? Quel est son plan pour moi ? Que ressent et pense mon ego envers mon Âme ? Mon ego supporte-t-il ou combat-il mon Âme ? De quelle manière mon Âme tente-t-elle d'influencer ma vie ?

### Se centrer

Cette méditation simple est une façon puissante de devenir humble et de « sortir de l'ego ». Cette méditation nous montre que tout en déplaçant consciemment notre conscience vers différentes parties du corps, nous pouvons expérimenter différentes perspectives. Avec de l'entraînement, vous serez capable de vous évader librement du monde, à tout moment.

La plupart d'entre nous passent la majorité de leur temps identifiés à l'esprit de l'ego (aussi connu comme l'analyseur), situé sur le front (entre les tempes). Quand on déplace son énergie, ou sa conscience, de quatre à sept centimètres à l'arrière, vers le centre de la tête, on débloque le tuyau et permet au flux d'énergie de circuler librement vers le bas de la colonne vertébrale (où se situent les autres chakras et le centre d'énergie principal du corps). Puis, on peut se détendre de nouveau dans la partie calme de l'esprit, un peu comme dans l'œil d'une tempête.

Se centrer est excellent pour obtenir le point neutre sur des questions chargées d'émotion. On utilise encore le pouvoir de l'esprit; cependant, il nous donne une plus grande perspective et nous permet de voir la vie d'un point de vue différent. Semblable à l'épluchage des multiples couches d'un oignon, cette méditation vous permettra de sans cesse découvrir votre potentiel accru à plonger plus profondément en ce puissant lieu de la connaissance.

Tout au long de ce livre, je commencerai souvent les méditations par la consigne de «se centrer». C'est à cette méditation que je réfère. Une version audio guidée gratuite de cette méditation est accessible au www.ElisaRomeo.com/MeetYourSoul.

1. Prenez plusieurs grandes inspirations afin de commencer à ralentir, à détendre et à sentir votre corps.

2. Imaginez un orbe doré de la grosseur d'une balle de tennis scintiller au centre de votre tête. Vous trouverez cet endroit en mettant l'index au-dessus de vos oreilles et en pointant vers l'intérieur. Imaginez que la balle se trouve au centre. Physiquement, c'est à cet endroit que sont situés l'hypophyse et l'hypothalamus.

3. Imaginez votre conscience (d'où provient l'énergie de votre pensée) se déplacer à l'intérieur de la balle, et remarquez comment vous vous sentez dans cet endroit. Si, jusqu'à présent, vous avez vécu en utilisant le devant de la tête, cette mise au point peut parfois vous donner l'impression de tomber vers l'arrière, et cela peut prendre un peu de temps pour vous adapter. Pour plusieurs, c'est comme être assis dans un confortable fauteuil inclinable.

4. Vérifiez s'il y a d'autres énergies troublantes à l'intérieur de la balle dorée (comme la présence d'amis ou de membres de la famille). Si vous remarquez une autre influence à l'intérieur de la balle, demandez-lui (gentiment) de s'en aller.

## Observer les yeux

On entend souvent dire que les yeux sont le miroir de l'Âme. On ne devrait donc pas s'étonner qu'observer les yeux soit une pratique ancienne puissante qui peut facilement éplucher les strates de l'ego. L'idée sous-jacente de cet exercice est d'avoir une rencontre intime avec le «Soi» qui se cache derrière les croyances programmées et les idées égocentriques quant à ce qu'on pense être.

Pour ce faire, assoyez-vous devant un miroir (de préférence un miroir que vous n'avez pas à tenir). Notez d'abord l'apparence extérieure de vos yeux, la couleur et la forme. Puis, détendez-vous et ressentez ce qu'il y a au fond de vos yeux. Cette expérience est similaire à celle de regarder une affiche à illusion d'optique où vous détendez votre vision pour permettre à l'image cachée d'apparaître. Comme avec les affiches, si vous «cherchez» quelque chose, vous ne trouverez rien. Vous devez plutôt vous détendre sans attente et permettre à ce qui est caché d'apparaître. Aussi, comme avec les affiches, il se peut que vous vous emportiez quand vous commencerez à voir quelque chose et que vous perdiez ainsi l'image. Continuez à respirer et essayez de nouveau.

C'est normal d'être porté à n'utiliser qu'un œil à la fois. Choisissez l'œil qui vous convient le mieux. Vous êtes en train d'entraîner votre ego à s'abandonner au processus. Votre vision deviendra trouble ou vous verrez peut-être la forme de vos yeux tout en perdant l'image du reste de votre visage. Parfois, la lumière, ou le corps énergétique, se révèle. Dans ce cas, le corps physique paraît reculer et ce qui devient le point focal est la lumière rougeoyante de votre énergie vitale (connue également comme le *chi*).

Après plusieurs répétitions, vous verrez probablement d'autres visages (provenant de vies antérieures) ou des figures de votre animal esprit. Continuez d'observer vos yeux aussi longtemps que vous voulez, mais, au début, contentez-vous de 5 à 10 minutes. En général, plus cela dure, plus l'ego se détend durant l'exercice et laisse l'information énergétique et les sentiments faire surface.

Une variante avancée de cet exercice est d'observer les yeux d'un partenaire, lorsque vous vous sentez à l'aise de vous connecter à votre vrai Soi. Il est préférable de choisir quelqu'un avec qui vous vous sentez très en sécurité et à l'aise, à cause du caractère intime de l'exercice. Des fous rires sont possibles au début de l'exercice. Cela fait partie du processus.

Assoyez-vous confortablement à près d'un mètre l'un de l'autre. Établissez votre intention de voir votre partenaire au-delà de son ego. Détendez les yeux et laissez les images apparaître d'elles-mêmes. Les rôles entre vous disparaissent quand vous expérimentez une vraie rencontre d'Âme à Âme. Au bout de 5 à 10 minutes, faites part à votre partenaire de ce que vous avez vu.

C'est un exercice extraordinaire pour commencer à sentir l'énergie derrière l'apparence extérieure. Avec le temps, vous pourrez pratiquer avec les animaux (sachez que pour les chiens, le contact visuel peut signifier la domination). Quand vous maîtriserez votre capacité à détendre votre esprit et à sentir l'esprit de l'être, vous remarquerez que vous pouvez aussi pratiquer avec les formes de vie sans yeux, comme les arbres et les fleurs, pour sentir leur essence même.

# CHAPITRE 6

# LE POUVOIR DE LA PRIÈRE

*« La foi, c'est faire le premier pas même quand vous*
*ne voyez pas tout l'escalier. »*
— Martin Luther King, Jr.

*« Si la seule prière que vous avez dite*
*dans votre vie est « merci », cela est suffisant. »*
— Maître Eckhart

*« Nous ne devrions pas tant chercher à prier,*
*mais à devenir la prière. »*
— Saint François d'Assise

Plusieurs d'entre nous ont des préjugés et un lourd bagage dans leur relation avec la prière. Enfant, on a été forcé d'apprendre des mots sans en comprendre la signification. Certains ont appris à demander pardon pour des péchés dans la crainte de Dieu. Peut-être qu'on nous a enseigné à considérer la prière comme un moyen de demander une faveur. Mais la prière est une manière très puissante pour rendre l'Âme encore plus humble.

Avant de rencontrer mon Âme, je n'ai prié qu'à deux occasions : après un film d'horreur (troublée et incapable de dormir) et durant une forte turbulence dans un avion. Je n'ai pas été élevée dans une famille particulièrement religieuse, et il me semblait que je n'avais pas besoin de la prière. En fait, j'associais la prière à la faiblesse : seul l'anxieux a besoin de faire appel à un ami imaginaire pour se réconforter. J'étais en contrôle et trop futée pour croire à ces illusions.

Et pourtant, la prière est une façon d'envoyer des signaux de détresse au Divin. Elle nous permet d'établir et de magnifier nos intentions de ce que nous manifesterons dans le monde physique. C'est un lieu de repos où sentir du plus profond du cœur et d'une manière intense notre connexion à l'Âme.

Les types de prières les plus puissants ne comportent pas de liste de l'ego, mais permettent à l'ego d'abandonner son rôle de microgestion de l'univers. Ces prières nous aident à « laisser aller » et à « laisser Dieu agir ». Dans les cercles spirituels, on dit généralement que « la prière la plus efficace est la prière de la gratitude ». Quand on réside dans l'énergie de la gratitude, on retourne au droit de naissance énergétique qui est joie, paix et inspiration.

Votre Âme veut être connue. Elle veut entrer en communication avec vous. Elle sait combien vous désirez être en relation avec Elle. Une relation requiert communication et engagement. La prière établit cette relation. Prier, c'est communiquer entre vous et votre Âme bien-aimée. Elle sait qu'elle peut vous aider à vivre votre plein potentiel sur terre. Elle peut restaurer votre esprit de l'insanité des pensées illusoires programmées pour susciter l'émergence de la grâce.

Même si vous ne l'entendez pas immédiatement, Elle est toujours là, toujours en train de vous parler, et emballée quand vous commencez à lui parler. Soyez patient — parfois, une relation met du temps à se développer. Telle la graine qui croît dans le sol avant qu'une preuve de vie apparaisse sur la surface de la Terre, il se produit souvent beaucoup plus de choses dans notre relation avec l'Âme que l'on ne l'avait constaté au début. Sa première communication peut survenir la nuit à travers les rêves du subconscient ou par de fortes sensations et émotions qu'on perçoit en priant. (Les exercices et les méditations contenus dans ce livre sont conçus pour vous aider à entendre votre Âme.)

Votre Âme est le seul visage de Dieu/Déesse qui vous est présenté dans la forme optimale individuée à laquelle votre ego peut s'associer. Elle est votre étincelle du grand feu du « Tout ce qui est ». Faites confiance à votre étincelle. Elle veut guérir votre maladie spirituelle et physique. C'est par la prière qu'elle vous aide à guérir.

Lorsque vous vous connectez à votre Âme et priez, vous priez aussi Dieu/Déesse/la Source/l'Alpha et l'Oméga. Vous êtes connecté à la réalité spirituelle qui existe au-delà de votre ego. Ainsi, lorsqu'on prie son Âme, qu'on s'abandonne et qu'on dit : « Que ta volonté soit faite », on place sa confiance dans le Divin. Dieu/Force de vie/Hum supérieur est en partenariat avec votre étincelle unique. La volonté de l'univers est la volonté de votre Âme.

Une des prières les plus puissantes qui a été d'un secours de tous les instants pour les gens est la Prière de la Sérénité. Quoiqu'elle fût orale avant d'être imprimée, cette prière célèbre fut d'abord publiée en 1951 par Reinhold Niebuhr :

> *Mon Dieu, donne-moi la sérénité d'accepter*
> *les choses que je ne puis changer ;*
> *Le courage de changer les choses que je peux ;*
> *Et la sagesse d'en connaître la différence.*

Une des raisons qui expliquent que cette prière est si utile et si puissante est qu'elle met l'ego à sa place. Elle libère l'anxiété et relègue l'ego au second plan parce qu'il accepte le changement qui est intrinsèquement inchangeable et donne le pouvoir à l'ego lorsque les changements sont nécessaires. Soyez à l'aise de modifier les mots de la prière afin qu'elle devienne vôtre. Peut-être y a-t-il une autre prière que votre Âme veut vous envoyer afin de vous offrir une guidance et un réconfort quotidiens. Les exercices qui suivent vous aideront à établir le lien avec votre Âme afin que vous soyez en mesure de lui demander guidance et réconfort.

### La prière de votre Âme

Écrivez une prière personnalisée pour l'Âme. Elle peut être le manifeste de votre Âme, les mots qui vous ramèneront à votre cœur et à votre Âme lorsque vous aurez besoin d'un rappel. Demandez-vous quels sont les éléments que devrait contenir la prière de votre Âme. L'élément essentiel devrait être de vous sentir réconforté et connecté à l'Âme quand vous la récitez.

### Châle de prière

Récemment, une amie m'a enseigné ce surprenant exercice. Elle a trouvé une nappe de table ancienne en tissu mexicain et l'a transformée en un châle de prière. En s'assoyant pieusement, elle y a ajouté une frange en attachant des fils de broderie de 15 centimètres tout le long du pourtour. Chaque fois qu'elle ajoutait une frange, elle disait une prière. Elle tissait littéralement l'énergie de son Âme dans ce merveilleux tissu qui, plus tard, la couvrirait, la soutiendrait et la réconforterait lorsqu'elle réciterait sa prière. C'est une idée fantastique! Elle renforce la relation entre le monde physique et subtil, en les mariant.

C'est un projet artisanal simple. Il n'est pas nécessaire d'avoir une machine à coudre.

1. Dénichez un beau morceau de tissu avec lequel vous couvrirez vos épaules — un morceau que votre Âme aime.

2. Achetez une aiguille et du fil à broder de belles couleurs.

3. Assoyez-vous dans un silence contemplatif et tissez votre prière sur le pourtour de votre châle.

4. Portez votre châle avec plaisir quand vous méditez, priez ou êtes simplement assis devant votre autel.

# CHAPITRE 7

# VOIR CE QUI EST INVISIBLE

*« De plus en plus, les choses que nous pourrions vivre nous*
*échappent, à cause de notre incapacité à les imaginer. »*
— Rainer Maria Rilke

*« L'imagination est plus importante que le savoir.*
*Le savoir est limité à tout ce que nous savons et comprenons*
*alors que l'imagination englobe le monde entier, et tout ce qui est*
*là à connaître et à comprendre. »*
— Albert Einstein

*« Parfois, votre seul moyen de transport est l'acte de foi. »*
— Margaret Shepard

Votre imagination est votre outil le plus précieux dans votre tentative de rencontrer votre Âme. Dans la pièce étonnante de George Bernard Shaw *Sainte Jeanne*, l'inquisiteur se moque de Jeanne et attaque sa foi en disant : « Ces voix sont seulement dans votre imagination. » Elle lui répond sagement : « Bien sûr. De quelle autre façon Dieu nous parle-t-il ? »

L'imagination est le plan où l'on rencontre et s'engage avec l'invisible — *les esprits très réels, mais souvent invisibles, les formes de pensées, l'énergie collective, l'information énergétique et les données qui nous sont toujours accessibles.* L'invisible est une source de soutien et de guidance souvent inexploitée.

Nous sommes entourés d'esprits assistants (les esprits-guides, les anges, les ancêtres et les animaux) et d'information énergétique (le champ aurique, le système de chakras et les annales akashiques) qui peuvent être fort utiles au quotidien. L'invisible travaille aussi fort dans notre vie que le visible, mais le visible est plus difficile à ignorer; donc, il a souvent toute notre attention. L'imagination est ce qui nous permet de nous brancher à l'écoute de la banque de données énergétiques qui bourdonne toujours autour de nous.

Dans *Women's Intuition*, Paula Reeves raconte l'histoire d'un voyage qu'elle a fait dans la cambrousse australienne pour visiter la peuplade Pitjantjatjara. Les membres de la tribu sont reconnus pour leur capacité à recevoir des messages télépathiques; elle parle d'eux comme «une sorte d'internet de la cambrousse». À la fin de son voyage, elle est tombée gravement malade. Tous les hommes de la tribu effectuaient un périple dans le bush. Même s'il n'était pas possible de les contacter, le shaman, à distance, a su instantanément que la visiteuse européenne était malade et qu'elle avait besoin d'être soignée. Elle écrit : «Il est arrivé à la clinique ambulante du médecin tout juste après mon arrivée en Land Rover. Comme il était à pied, il a dû anticiper ma destination et partir bien avant que j'aie décidé de m'y rendre[7].»

D'autres qui ont rendu visite aux aborigènes de la cambrousse ont raconté des histoires concordantes à l'expérience qu'a vécue Reeves. De nombreux récits rapportent que les aborigènes croient que la culture occidentale a inventé des outils qui font extérieurement ce qu'ils ont appris à faire intérieurement. Ce que nous faisons physiquement, ils le font énergétiquement. Alors qu'ils sont à l'aise avec le voyage à distance et le voyage astral, nous avons inventé l'avion. Là où ils utilisent la communication télépathique, nous utilisons le téléphone. Il ne s'agit pas ici de décider quelle méthode est la meilleure ou la pire ; c'est un rappel que nous pouvons aussi accéder à ce royaume intérieur énergétique.

Dans la culture rationnelle occidentale, on vit dans un climat où l'imagination est dépréciée. On ne vit pas une relation consciente avec son monde intérieur. On intellectualise et on se permet plutôt d'avoir les névroses culturellement dominantes telles que l'anorexie, la dépendance sexuelle, ou des troubles de l'humeur comme l'anxiété et la dépression.

La société traditionnelle accorde peu de valeur et n'a pas de temps pour les activités qui nourrissent notre paysage intérieur, tel que le rêve actif, rêvasser ou écrire notre journal. On a peu de respect pour l'imagination. On demande aux enfants avec scepticisme : « Est-ce que c'est arrivé, ou est-ce que c'était *seulement* ton imagination ? » Les adultes qui veulent marginaliser la position de quelqu'un emploient parfois injurieusement la remarque suivante : « Il a vraiment trop d'imagination ! » Cela sert à catégoriser immédiatement la personne d'être naïve et de délirer.

L'Âme est invisible. Mais cela ne veut pas dire qu'elle n'est pas réelle. Ce qui est le plus excitant à s'ouvrir à une relation intime avec le Divin, c'est d'apprendre à faire confiance à ce qui est invisible.

## LA CÉCITÉ PERCEPTIVE

Curieusement, une des choses dont vous devez vous rappeler quand vous tentez d'entrer en contact avec l'invisible est le phénomène connu comme étant *la cécité d'inattention*, ou *la cécité perceptive.* Je m'explique : Si vous aviez grandi à Los Angeles, vous seriez tellement accoutumé à voir le smog que vous ne le remarqueriez plus. Vos yeux se seraient acclimatés à voir à travers le smog et à identifier la forme des personnes et des édifices. Si vous décidez de vouloir voir ce smog, vos sens doivent s'adapter. Il en est de même pour apprendre à voir l'invisible.

Le monde est rempli de stimuli. Pour échapper à une surcharge, le cerveau bloque de l'information. On filtre son environnement pour ne garder que ce qui est essentiel de savoir à ce moment. C'est un manque d'attention psychologique qui n'est associé à aucune anomalie ni à aucun déficit visuel. Le terme *cécité d'inattention*, inventé par Arien Mack et Irvin Rock dans leur livre *Inattentional Blindness*, couvre les études qui explorent la question : «Quelle est la relation entre l'attention et la perception?»

Peut-être que l'étude la plus largement utilisée sur la cécité d'inattention est «Le test du gorille invisible» réalisé par Daniel Simons et Christopher Chabris[8]. On demandait aux sujets de regarder une vidéo de deux groupes de personnes jouant au ballon-panier. Un groupe était vêtu en noir et l'autre était vêtu en blanc. Les sujets devaient consigner soit le nombre de passes faites par une des deux équipes, soit le nombre de rebonds comparé aux passes aériennes. Dans certaines versions de la vidéo, une femme traverse directement la scène, soit avec un parapluie à la main ou vêtue d'un costume de gorille. Après le visionnement de la vidéo, on demandait aux sujets s'ils avaient vu quelque chose qui sortait de l'ordinaire. Dans la plupart des groupes, 50 pour cent des sujets *n'ont pas signalé avoir vu un gorille ni une femme avec un parapluie.* La proportion de personnes qui n'ont pas remarqué ces bizarreries pendant qu'elles étaient concentrées à compter le nombre de passes est renversante. Cette conclusion surprenante indique que la perception est beaucoup influencée par l'attention.

Mon père était à la fois le plus critique et le plus grand professeur sur mon chemin spirituel. Il était biochimiste — un homme plus grand que nature, rationnel, qui avait grandi dans le catholicisme. Il racontait comment, durant ses études à l'école catholique, il avait obtenu des A dans toutes les matières sauf en religion où on lui donnait des F parce qu'il argumentait avec les religieuses. Il ne croyait pas en la « superstition » de la religion et il a vécu sa vie à l'autre extrémité du spectre : comme un agnostique sceptique et analytique. Il n'avait confiance qu'en ce qui était prouvable.

Un jour, mon père et moi étions assis dans la salle de séjour après avoir regardé une émission à la télé. On s'est mis à parler de mon école de l'énergie, et il me dit :

— Quelle est cette espèce d'aura dont tu parles ?

Mon instinct m'a dit que mon père était très intuitif ; qu'il était aussi, comme bon nombre de scientifiques, ouvert à expérimenter le phénomène. Il lui manquait la certitude d'interpréter les données spirituellement.

— D'accord, papa. Nous resterons assis ici jusqu'à ce que tu voies une aura. Une aura est un champ d'énergie qui entoure une personne, tout comme la chaleur bleuâtre qui entoure la flamme d'une bougie. Tu peux te « syntoniser » pour voir les couches extérieures d'énergie autour d'une personne.

Je me suis assise devant un mur blanc afin qu'il soit plus en mesure de la voir. Nous sommes restés silencieux durant environ cinq minutes. Pas plus.

— Bien, je la vois, a-t-il dit à contrecœur. Oh oui, c'est en bleu. Je la vois autour de ton épaule. Cela ressemble à l'énergie autour de la flamme d'une bougie.

Je n'arrivais pas à le croire! Enfin, mon père validait ce que je voyais! Il pouvait comprendre le monde dans lequel je vivais, et nous pouvions interagir dans cette réalité. J'étais extatique!

— Bon, je vais me coucher, dit-il.

— Quoi? Comment fais-tu pour aller te coucher après ce que tu as vu?

Lorsque j'ai commencé à voir l'énergie, j'étais affamée d'informations sur le sujet, je voulais plus d'expériences qui expliqueraient ce que je voyais.

— Écoute, c'est possiblement une illusion d'optique. Une corrélation, non une causalité.

Il s'est levé rapidement et il a quitté la chambre.

Même si mon père avait vu mon aura, il n'y était pas intéressé parce que cela ne correspondait pas à sa compréhension de la réalité. On voit ce qu'on veut bien voir, et, encore plus important, on voit ce sur quoi on porte notre attention. Notre vision littérale du monde s'élargit ou diminue en fonction de ce que nous pensons avoir besoin de savoir. Autrement dit, nos croyances, ou nos interprétations, façonnent notre perception du monde. Si l'on ne croit pas en la possibilité d'une réalité particulière, on se ferme à la possibilité d'en faire l'expérience. On voit exactement ce qu'on cherche.

La cécité d'inattention nous porte à négliger certains stimuli visuels selon nos croyances et nos distractions. Alors que ces études et ces histoires se concentrent sur les stimuli visuels du monde physique et matériel, le concept de la cécité d'inattention explique aussi bien pourquoi on passe à côté des stimuli du monde énergétique et invisible. Nous passons à côté de l'information et de l'expérience de notre âme, à l'instar de ceux qui n'ont pas vu la femme qui portait le costume de gorille. Nous sommes tellement occupés par notre quotidien que nous n'accordons que très peu d'attention à ce qui est invisible autour de nous qui, avec un peu d'attention, pourrait devenir visible et connu.

C'est avec de petits changements de notre attention que nous commençons à voir ce qui nous était impossible de voir auparavant. Nous commençons à nous ouvrir à ces mondes qui étaient invisibles antérieurement en utilisant l'imagination.

## LES ÉTATS DU CERVEAU

La manière de s'accorder aux fréquences de l'invisible consiste à apprendre à altérer l'état de notre cerveau. C'est justement ce que l'imagination fait pour nous.

Souvent, nous ne pouvons pas accéder à notre imagination parce que nous sommes dans l'état bêta. L'état bêta est celui où la plupart d'entre nous passent la majorité de leur temps. C'est l'état de la pensée rationnelle, qui analyse et gère la liste des « choses à faire ». L'état bêta est important parce qu'il nous aide à lire une carte, à payer nos impôts et à suivre l'évolution de notre vie. Nous pouvons faire une liste des pour et des contre de l'état bêta, mais ce n'est pas avec l'état bêta qu'on recevra une guidance intuitive.

| État du cerveau | Cycles/ Seconde | Catégorie de conscience |
|---|---|---|
| Bêta | 12-40 | Pleine conscience/État de veille/ Esprit actif |
| Alpha | 8-12 | Méditation/ Visualisation créative et exploratoire/ Rêvasser/Sommeil léger/ Rêves nocturnes/Connexion au subconscient |
| Thêta | 4-7 | Hypnose/Transe profonde/Sommeil profond/Rêve lucide |
| Delta | 1-3 | Sommeil très profond ou Inconscience |

L'état alpha est celui où nous recevons une guidance intuitive et où nous commençons à nous connecter à notre Âme. Nous glissons vers l'état alpha en établissant l'intention de détendre et d'élever nos vibrations pour accéder à un niveau d'information supérieur. Nous altérons consciemment notre état. La méditation, l'imagination, la visualisation guidée et la création artistique peuvent toutes contribuer à nous entraîner dans l'état alpha.

L'état thêta est celui dont les guérisseurs se servent pour guérir. Les enfants sont plus souvent dans l'état thêta que les adultes, ce qu'on constate lorsqu'ils sont entièrement absorbés par le scénario qu'ils sont en train de créer à travers un jeu imaginaire. Dans l'état thêta, nous sommes ouverts à avoir ces incroyables moments de révélation qui peuvent changer notre vie à jamais.

Voici une citation célèbre et brillante attribuée à Einstein : «On ne peut pas résoudre un problème avec le même niveau de pensée que celle qui l'a créé.» Je me remémore souvent ce concept quand je médite ou travaille sur les énergies. Lorsque je ne peux pas accéder à une information supérieure, je me rappelle que je dois élever ma vibration. Ce qui semble être un chaos à partir du rez-de-chaussée peut être à peine visible de la mezzanine. En apprenant à méditer, on découvre l'ascenseur et on s'habitue à acquérir une vision élargie de la vie.

Quand on apprend à altérer consciemment l'état de son cerveau, on peut se servir de son imagination comme un outil pour interagir, se relier et cocréer consciemment avec le Divin. On permet à son ego d'être un partenaire conscient de son Âme (et éventuellement d'autres aspects invisibles) afin de recevoir l'information du monde énergétique subtil.

Quelle est la différence entre accéder aux royaumes énergétiques et inventer et simuler des histoires? L'imagination peut être expérimentée dans un état actif ou passif. Quand les enfants jouent avec des amis imaginaires, ils n'ont sûrement pas à l'esprit un but ou un résultat spécifique. Ils peuvent prendre un thé avec un dinosaure. Habituellement, ils laissent une scène fantaisiste se dérouler et rejouent des situations qu'ils ont vécues ce jour-là ou qu'ils ont vues à la télévision. C'est ce que j'appelle un état imaginaire passif.

La différence entre un état passif et actif ou cocréatif réside dans l'intention et la pratique. On apprend à renforcer l'attention, le désir et la vibration pour être en mesure de recevoir des messages de l'Âme. On doit parfois passer cinq minutes à visionner des images aléatoires et des «déchets mentaux» (qui sont en réalité un amalgame d'influences de l'ego et de l'invisible) avant de nettoyer le canal afin que l'information authentique de l'Âme puisse passer.

Quand je reçois de l'information de mon Âme, c'est comme si *quelque chose d'important se produisait*. Je bâille davantage pendant que mon état passe à une autre fréquence.

Comme si les images que je reçois étaient un peu plus surprenantes et inattendues, pas nécessairement celles auxquelles je pensais ou espérais. En raison de cela, la qualité
contient souvent un élément «étranger» ou «autre». Il y a
aussi une impression de neutralité ; bien que je sois dans un
état actif, je n'utilise pas mon énergie pour «fabriquer» les
images ou l'information de mon ego. J'ai la conviction de
recevoir l'information. Aussi, je commence à sentir la présence de mon Âme, et j'ai la chair de poule ou je ressens
une sensation de fourmillement. Le temps ralentit et la pièce
devient vibrante, ardente et vivante. Les couleurs semblent
plus claires et j'ai l'impression de regarder la même pièce
d'un point de vue différent et d'être plus détendue. Mon ouïe
semble amplifiée ; je peux être en mesure de remarquer le
gazouillis des oiseaux ou le son des camions qui passent
dans la rue. Lorsque je me permets de m'engager avec mon
Âme, j'expérimente souvent des émotions profondes et inattendues, comme pleurer ou rire, pendant que je me connecte
aux émotions enfouies de mon ego. Ce n'est pas nécessairement comment chacun expérimente l'obtention de l'information ; cela nous affecte tous d'une manière qui est propre à
chacun. Soyez particulièrement attentif à ce qui vous arrive.

Cette liste indique ce que les gens expérimentent quand
ils entrent en contact avec leur Âme :

- Le besoin de bâiller fréquemment (l'ajustement de
  notre vibration à un autre état du cerveau).

- Les sensations s'intensifient (la pièce semble plus
  claire, le gazouillement des oiseaux, plus net, votre
  thé a plus de goût).

- Le corps réagit ; la respiration ralentit, on a la chair de poule, ou l'on éprouve une sensation de fourmillement.

- Le temps semble ralentir ou l'on peut entrer dans un état intemporel.

- Les images et l'information reçues sont brusques et semblent «étrangères».

- Une impression de neutralité, comme si l'on recevait l'information plutôt que de la créer.

- Un sentiment ou la conviction que quelque chose d'important se produit (même si c'est à un niveau subtil).

- La présence ressentie de l'Âme.

La première étape pour avoir confiance en votre imagination, c'est d'être curieux et enjoué avec elle. Entraînez-vous à établir l'intention de vous connecter directement à votre Âme. Tout le long des expériences, vous serez capable de déterminer si vous êtes dans un état passif ou actif.

**LE MUSCLE DE L'IMAGINATION**

La première fois que je me suis assise pour méditer et que j'ai demandé à mon Âme de se révéler, elle est apparue comme un triangle inversé. J'avais espéré rencontrer une Déesse légitime et glorifiée, alors la vue d'un triangle était assez décevante. Depuis lors, j'ai compris que ce symbole est extraordinairement pertinent et vraiment le signe le plus précis que mon Âme ait offert comme portrait d'elle-même. Cela m'a pris des années avant de comprendre la signification du triangle inversé dans ma vision — le triangle inversé est le symbole du féminin divin.

Parce que les révélations lentes sont très courantes, il est essentiel de pressentir avec patience et confiance votre façon imaginative de savoir ; laissez s'établir votre relation avec votre imagination. En observant de quelle manière les enfants jouent, vous voyez tout de suite que l'imaginaire est notre état naturel. Mon fils peut transformer le réfrigérateur de notre cuisine en un arbre lorsqu'il cherche du miel et esquiver l'attaque d'une abeille, ou il peut commencer une conversation avec une foule d'amis imaginaires. La fille de mon amie commente souvent ses humeurs en expliquant de quelle manière fonctionne son « moteur ». Lorsqu'elle remarque que sa mère est anxieuse, elle dit : « Ton moteur est vraiment rouge et il marche vraiment vite, et il fait beaucoup de bruit ! » Elle utilise son imagination pour donner un sens et faire part des humeurs de sa mère.

C'est seulement en vieillissant que nous oublions d'exercer notre muscle de l'imagination ; nous accordons plus d'importance à la réalisation qu'au rêve. Tout comme dans la chanson Puff le dragon magique hiberne quand Jackie Paper ne vient plus le voir ni jouer avec lui, notre imagination est aussi contrainte à hiberner jusqu'à ce que nous réapprenions à jouer avec elle.

Pour réapprendre à jouer, il ne faut pas craindre le ridicule ; il faut quitter sa zone de confort et surveiller le jugement intérieur qui se manifeste. On apprend à changer d'engrenage, à calmer son esprit et à être disposé à recevoir patiemment l'information que l'Âme nous fournit.

Quand on pratique la visualisation, on bâtit l'estime de soi de l'imaginaire. On apprend à naviguer dans des royaumes subtils, puisqu'ils sont plus réels et familiers. On commence à sentir l'espace sacré envahir le quotidien, et on remarque les signes de l'Âme — peut-être la chair de poule quand quelqu'un parle, une forte sensation de déjà-vu, ou une synchronicité (une coïncidence qui a un sens).

Tout en renforçant le muscle de l'imagination, il y aura des moments où la frustration s'installera parce qu'on ne la « voit » pas clairement ou parce qu'on a l'impression de la fabriquer. Ces moments inévitables font partie du processus. Si vous vous retrouvez coincé pendant que vous lui parlez, vous pouvez toujours vous demander : *Si je faisais comme si je connaissais la réponse, quelle serait-elle ?* Cela calme le juge intérieur et laisse plus de place à l'Âme pour qu'Elle communique avec vous.

## FAIRE SEMBLANT JUSQU'À CE QU'ON RÉUSSISSE

Au début, alors que l'on construit le muscle de l'imagination, on a besoin de « faire semblant jusqu'à ce qu'on réussisse ». En apprenant à faire confiance à son système naturel d'intuition et de guidance, on ne doit pas être dur envers soi. Apprenez à vous parler avec gentillesse ; rappelez-vous que le but est de progresser, et non d'atteindre la perfection. Imaginez que vous « apprenez » ces concepts et ces exercices. Ne vous préoccupez pas *d'avoir raison* ou pas. Pour l'instant, vous n'avez pas besoin de savoir ce qui est *absolument vrai* ; soyez seulement ouvert pour commencer à jouer et à expérimenter. Vous pourrez toujours tout effacer plus tard — après avoir un peu exploré. Évitez le perfectionnisme afin d'accorder une meilleure chance pour qu'une expérience directe ait lieu. En établissant la relation avec votre Âme, vous commencerez à reconnaître à quel moment Elle vous parle et à quel moment c'est votre ego qui veut s'imposer.

L'imagination est d'une simplicité trompeuse. Vous concentrez le faisceau laser de votre attention sur votre Âme (ou sur l'idée que vous vous faites d'Elle) et vous avez fait votre part. Après avoir établi votre intention, vous êtes prêt à commencer. Permettez-vous de vivre une expérience avec Elle. Apprenez à faire confiance à ce que vous voyez, et sachez qu'Elle vous fait vivre cette expérience pour une raison particulière, même si cette raison n'a pas encore été révélée. Vous êtes maintenant prêt à rencontrer votre Âme avec les méditations qui suivent.

### Rencontrer et nommer sa visualisation

Faites cette méditation en lisant ce qui suit, ou, si vous préférez une version audio autoguidée gratuite (avec quelques ajouts), visitez le site www.ElisaRomeo.com/MeetYourSoul.

1. Assoyez-vous sur une chaise, les jambes et les bras décroisés. Prenez plusieurs inspirations profondes. Mettez une main sur votre ventre et sentez votre abdomen se gonfler à l'inspiration et se dégonfler à l'expiration.

2. Rappelez-vous que l'Âme est la partie la plus vieille et la plus sage de votre être ; qu'Elle est toujours aimante. Elle est sage et a accès à de l'information que votre ego ne peut qu'entrevoir.

3. Établissez l'intention de l'attirer. Ainsi, il est possible que vous perceviez une couleur, que vous ressentiez une

émotion, ou voyiez une image. C'est la façon qu'Elle choisit pour vous parler en ce moment. Assoyez-vous avec Elle et voyez si Elle vous semble familière.

Quand vous avez terminé votre méditation, prenez un moment pour dessiner ce que vous avez perçu. Notez quelques phrases ou quelques mots qui vous viennent à l'esprit. Peut-être que l'image que vous avez reçue n'est pas claire, mais choisissez une couleur ou un sentiment. Dessinez ou notez tout ce qui s'est manifesté, ne serait-ce que faire la liste des adjectifs de la façon dont vous l'avez sentie. Essayez de la saisir, sans juger, peu importe comment Elle vous est apparue. Plus vous êtes en mesure de la personnifier, plus vous serez capable d'identifier son énergie tout au long de la journée.

Donnez-lui un nom temporaire. Vous pourrez le changer plus tard, alors ne soyez pas perfectionniste. Ce n'est qu'une façon de faire appel à son énergie pour l'instant. Parfois, les noms sont des adjectifs représentant la façon dont vous l'avez sentie (Joie, Grâce, ou Feu divin) ou comment elle est apparue (Lilas, Rose, Bouton de rose). Il est important de lui donner un prénom pour la personnifier. Cela vous permet d'appeler son énergie quand vous êtes préoccupé ou loin d'elle dans la vie stressante quotidienne. En la caractérisant, cela vous aide à vous rappeler d'elle et à la sentir.

Quand vous avez terminé, poursuivez avec l'exercice suivant.

### Méditation du lasso doré

*Hi-ha, cowgirl!* Maintenant que vous avez rencontré votre Âme, vous êtes prêt à apprendre comment y avoir accès à tout moment. Telle une cowgirl attrapant son bœuf au lasso, cette méditation attrape énergétiquement votre Âme et la rapproche de vous. À cause de la relation entre l'état de votre cerveau et votre conscience, vous devez élever votre énergie pour pouvoir rencontrer, entendre et connaître votre Âme. Rappelez-vous, vous ne pouvez pas résoudre un problème à partir du même niveau d'énergie dans lequel la question a été posée. Vous devez vous déplacer vers le niveau où vit votre Âme. Elle vit sur un tout autre plan. Alors, quand vous faites cette méditation *vous accédez à un autre plan*. Voyez cela comme un voyage gratuit dans un autre plan vibrationnel, sans avoir à faire vos bagages.

1.  Assoyez-vous sur une chaise, les jambes et les bras décroisés. Prenez plusieurs inspirations profondes. Mettez une main sur votre ventre et sentez votre abdomen se gonfler à l'inspiration et se dégonfler à l'expiration.

2.  Imaginez qu'il y a devant vous un très long lasso doré sur le sol. Prenez le bout du lasso et imaginez que vous le faites tournoyer vigoureusement.

3.  Regardez maintenant vers le haut (soit physiquement ou énergétiquement) et visualisez votre Âme à environ un mètre au-dessus de vous. Vous pouvez la voir comme une figure, une Déesse, ou une boule d'énergie colorée. Lancez votre lasso et attrapez-la afin d'établir la connexion énergétique entre votre ego et votre Âme.

4.  Maintenant, rapprochez-la de vous, juste au-dessus de votre tête. Vous venez de faire la connexion.

CHAPITRE 8

# LA MÉDITATION

« *Prier, c'est parler à Dieu ; méditer, c'est L'écouter.* »
— Diana Robinson

« *Une erreur s'est produite. Veuillez vérifier votre*
*connexion et essayer de nouveau.* »
— Sagesse directe de mon ordinateur

Plusieurs de mes clients voient la méditation comme une corvée. Ils ont l'impression d'avoir encore « quelque chose » à faire qui s'ajoute à toutes leurs autres tâches. Mais, du point de vue de l'Âme, la méditation est une occasion de passer du temps avec Elle. C'est une chance d'avoir un rendez-vous avec son vrai Soi. La méditation est une manière d'alléger notre vie. C'est la manière la plus luxueuse, affectueuse et « Âme-gasmique » de se connecter. C'est la manière la plus révolutionnaire de s'aimer. Dans notre monde extérieur, affairé et trépidant, la méditation est le moment sacré pour tomber amoureux de son Âme. On ne peut servir ce qu'on ne connaît pas, et la méditation est une occasion de mieux la connaître.

L'état méditatif peut se produire naturellement — durant une marche dans la nature, en lavant la vaisselle et en sentant la chaleur de l'eau et les bulles pétiller sur vos mains, ou simplement en prenant 10 inspirations lorsque vous êtes submergé. De nombreux athlètes et danseurs parlent de cet état de «flux» issu de la joie de se tremper complètement dans la tâche présente[9]. Certaines personnes remarquent que la méditation en mouvement, comme le Nia ou le tai-chi, est une bonne façon de commencer. La pratique courante de la méditation en position assise peut être extrêmement utile pour maîtriser l'anxiété, bâtir la pleine conscience, apprendre à visualiser ou altérer consciemment son énergie.

Habituellement, la méditation appartient à deux catégories : engagée et observatrice. Une méditation guidée ou visuelle est un exemple de méditation engagée, et une méditation observatrice est une pratique de pleine conscience, telle qu'être témoin de pensées sans vous identifier à l'histoire qu'on vous raconte (par exemple, plusieurs pratiques zen ou bouddhistes.) Les deux types de méditation ont leur utilité. La méditation observatrice est un excellent moyen de bâtir l'expérience de l'observateur intérieur, ou du témoin, tandis que la méditation engagée contribue à construire l'intuition en recevant de l'information neutre au moyen d'images mentales et en altérant consciemment l'énergie avec l'intention. (Exemple, la méditation guidée est reconnue pour soulager des patients qui ont le cancer.)

J'ai toujours hâte de méditer. C'est le moment où je me permets d'entrer dans un état de calme et de sentir mon Âme. On me rappelle souvent que mon Âme est toujours disponible, attendant que je la rejoigne même si le bruit de mes pensées et de mes émotions interfère avec cette expérience directe. On doit réussir à calmer l'ego distrait maniaque afin d'être en mesure d'obtenir la vraie information de son Soi supérieur.

Parfois, lorsque je suis dans une méditation profonde et que quelqu'un ouvre la porte ou que le téléphone sonne, je suis bouleversée par le changement brusque entre l'état méditatif et mon état normal éveillé. J'ai l'impression d'être heurtée par un camion quand une pensée arrive en trombe dans mon esprit alors que je me reposais dans la mer calme de la Présence. Cette sensation de connexion à l'univers que procure cet état est tout à fait exquise.

La méditation peut également être incroyablement puissante. L'effet papillon est une expression qui résume une métaphore concernant le phénomène fondamental de la sensibilité aux conditions initiales de la théorie du chaos. Autrement dit, un petit changement à un endroit donné dans le système non linéaire peut engendrer d'énormes différences dans un état ultérieur. Nommé par Edward Lorenz, cet exemple théorique de la formation d'un ouragan découlait du fait qu'un papillon avait déployé ses ailes ou pas, au loin, plusieurs semaines auparavant. De même avec la méditation, de petits changements dans la conscience conduisent à des changements majeurs sur le plan physique et ils aident à l'élévation totale de la conscience de notre espèce. Quand on commence à méditer, il n'est pas facile de briser les modèles et les habitudes de l'inconscient. On résiste toujours plus quand on commence à faire un changement et un acte de foi. Au début, on ne bénéficie pas de l'élan du momentum. On est devenu engourdi ou habitué à vivre avec une forte résistance en ce qui a trait à l'Âme et le moment présent. Résister, c'est éviter le flot. Le momentum en est purement le sous-produit. Vous devez décider si vous voulez tirer avantage de l'élan du moment qui découle de cette méditation consciente. Mais ne vous attendez pas à surfer immédiatement sur cette vague dès le début. Ce sont les petites batailles qui sont les plus essentielles en ce qui a trait à la méditation. Des applaudissements éclatent au paradis quand vous surmontez vos doutes de réussir à vous asseoir durant cinq minutes dans la Présence. C'est un plus grand accomplissement que les visions transcendantes de béatitude des grands mystiques. Pour l'Âme, confrontée quotidiennement au pouvoir inexploité et imprévisible de l'inconscient, les petites victoires sont une grande fête.

L'effet papillon souligne l'interconnexion de l'univers. Le Bodhisattva qui fait le vœu de bodhisattva — la quête de sauver toutes les créatures sensibles — est très conscient de la réalité de notre unité. Tout est connecté et relié dans notre univers énergétique et non linéaire. Ce n'est pas le papillon qui a «causé» l'ouragan, mais sa réalité et son petit apport à une plus grande échelle ont produit l'ouragan. Sans ce battement d'ailes, l'ouragan cesserait d'exister. Ainsi, vos petits efforts pour méditer produiront des ouragans et des tsunamis d'Amour puissants qui sont reconnus par votre Âme.

### APPRENDRE À S'ANCRER

Une des méditations fondamentales et puissantes que je pratique est l'ancrage. C'est aussi une extraordinaire méditation avec laquelle débuter. Lorsqu'on réussit à s'ancrer solidement, on crée une plateforme solide pour le reste du travail intérieur à faire sur l'Âme. Que veut dire être ancré ? Et bien, quand on n'est *pas ancré,* on perd nos clés, on se frappe les orteils, et on oublie une foule de choses. Quand mes clients pratiquent systématiquement l'ancrage, j'observe une incroyable différence lorsque je regarde leur champ d'énergie.

Les cordons d'ancrage sont des tubes énergétiques semblables à des piliers qui nous relient au centre de la terre. Nos cordons énergétiques sont notre connexion énergétique à la Terre mère. Nous possédons des cordons d'ancrage qui s'étendent à partir du premier chakra (ou centre d'énergie) jusqu'au bas de la colonne vertébrale et descendent comme un fil à plomb jusqu'au centre de la planète. Vous pouvez l'imaginer comme une queue allongée. Nous sommes également ancrés au centre de la planète par l'arche de nos pieds où sont situés les chakras principaux des pieds. Ces cordons d'ancrage descendent directement, sous l'effet de la gravité, à partir du centre de nos pieds. Les cordons d'ancrage des pieds procurent la stabilité et permettent de bien se connaître et de marcher sur son propre chemin.

Certaines personnes sont naturellement plus à l'aise avec les énergies ancrées tandis que d'autres sont plus à l'aise avec les énergies astrales. Le chemin de l'Âme d'une personne peut consister à «illuminer» et accéder aux chakras supérieurs, tandis que le chemin d'une autre Âme peut consister à s'ancrer et s'incarner davantage dans un corps physique. La plupart font un peu les deux, mais ont une tendance naturelle à en préférer un.

Je suis plus du type astral quand vient le moment de méditer, même si j'ai l'énergie de la terre qui pompe à travers moi. La première fois que je me suis ancrée durant une méditation, je me suis sentie lourde, dense et un peu étouffée. J'avais besoin de pratiquer l'ancrage, et de prime abord cela ne m'était pas naturel.

J'ai constaté des résultats surprenants pour des troubles anxieux grâce à de simples méditations de cordons d'ancrage. Particulièrement chez une de mes clientes qui ne peut pas accéder à son information intuitive lorsqu'elle n'est pas ancrée qui, quand nous l'ancrons énergétiquement, est si claire, forte et connectée à ce qui, un moment auparavant, semblait insoluble. Nous sommes parfois toutes les deux tellement étonnées de voir à quel point cet exercice est simple et puissant et quelle profonde incidence il a sur ses perceptions.

### S'ancrer

Vous pouvez faire cette méditation en lisant ce qui suit, ou vous pouvez obtenir gratuitement une version audio guidée au www.ElisaRomeo.com/MeetYourSoul.

Assoyez-vous bien droit sur une chaise, les pieds sur le sol, et prenez 10 grandes inspirations. Votre ventre devrait se gonfler lors de l'inspiration et se contracter lors de l'expiration. Assurez-vous de respirer à partir du ventre ; ne bloquez pas votre respiration au niveau de la poitrine. Imaginez les molécules d'oxygène flotter jusqu'au bout de vos doigts et de vos orteils. Ne sautez pas l'étape de la respiration. Elle est essentielle pour changer l'état de votre cerveau.

Observez la sensation dans l'arche de vos pieds. C'est l'endroit où sont vos puissants chakras du pied qui conduisent l'énergie de la terre. Vous pourriez sentir des picotements ou voir une couleur en les activant avec votre intention.

Imaginez que des racines poussent à partir de vos pieds et passent à travers les roches et les vers jusqu'au noyau de lave fondue au centre de la terre.

Sentez l'énergie puissante provenant du centre de la planète, et permettez-lui de se répandre à travers les cordons d'ancrage dans vos pieds et dans vos jambes. Acceptez qu'elle supprime toute anxiété, énergie bloquée, ou l'énergie d'autres personnes qui est retenue dans les canaux de vos jambes. Vérifiez mentalement à l'arrière de vos genoux s'il y a une énergie sombre et stagnante.

Quand l'énergie atteint votre premier chakra au bas de la colonne vertébrale, là où serait votre queue si vous en aviez une, retournez-la à la terre. Comme une pompe, vous allez faire monter l'énergie de la terre dans vos jambes et jusqu'au bas de votre queue, bloquant toute l'énergie d'anxiété ou d'évitement de votre système. Ne faites pas monter l'énergie de la terre dans votre ventre au-delà du premier chakra. Continuez de pomper à travers vos jambes.

Ancrez-vous dans le plein pouvoir du moment présent, maintenant. Si vous êtes plus du type astral, cela vous semblera peut-être un peu accablant jusqu'à ce que vous vous habituiez à la circulation de l'énergie de la terre. Persistez et vous équilibrerez vos chakras supérieurs et inférieurs.

## Méditations de la respiration

Le mot *inspirer* vient du mot latin *inspirare*, qui signifie littéralement «respirer». Le mot anglais *esprit* vient du mot latin *spiritus*, «respirer».

L'outil de relaxation le plus sous-estimé et sous-utilisé de tous les temps est la respiration lente et profonde. Tout le monde (presque) sait cela. Savoir ce n'est pas faire. Mais cette technique simple peut réellement changer votre énergie. Comme mon ami me le disait l'autre jour : «Inspire le bon; expire le méchant!»

Comme on peut utiliser de nombreuses techniques, il vous suffit de trouver celle qui vous calme le plus et de l'appliquer quotidiennement. Il peut être fort utile d'installer une alarme sur votre téléphone ou sur votre ordinateur pour vous rappeler d'observer votre corps et votre respiration. Voici quelques-unes des techniques les plus utilisées :

- **Dix simples respirations profondes :** Placez une main sur votre ventre. De nombreuses personnes respirent par la poitrine plutôt que d'apporter l'oxygène dans la zone du ventre. Respirez 10 fois, tout en surveillant votre main s'élever sur votre ventre durant l'inspiration et descendre lors de l'expiration.

- **Quatre respirations carrées :** Cette technique populaire de la respiration carrée est fondée sur quatre comptes égaux. Premièrement, inspirez pendant quatre temps, retenez pendant quatre temps, expirez durant quatre temps, puis retenez durant quatre temps. Mon exercice de respiration favori est à vrai dire constitué de ces variantes. J'expire durant le double du temps de mon inspiration : donc, inspirez en quatre temps, retenez quatre temps, puis expirez sur huit temps, et retenez durant quatre temps avant de recommencer.

- **Respiration d'une narine à l'autre :** La respiration d'une narine à l'autre calme instantanément l'esprit. Avec votre main droite, pliez l'index et le majeur de sorte que le pouce, l'annulaire et l'auriculaire demeurent droits. Cela devrait laisser juste assez de place à votre nez quand vous mettez le pouce sur la narine droite et l'annulaire sur la narine gauche. Bouchez la narine droite en utilisant le pouce et inspirez par la narine gauche. Durant la pause entre les inspirations, changez pour boucher la narine gauche avec l'annulaire droit. Puis, expirez par la narine droite. Inspirez du même côté et, à la pause, rebouchez la narine droite avec le pouce. Expirez par la narine gauche. C'est la respiration d'une narine à l'autre.

## Méditation : Un rendez-vous avec l'Âme

Accordez-vous cinq minutes de calme avec Elle. Mettez-vous à l'aise et prenez plusieurs inspirations profondes par le ventre. Ne vous attardez à aucune pensée spécifique, mais sentez que vous êtes présent mentalement entre les pensées. Considérez cela comme un moment sacré à passer avec Elle.

## À la recherche du bon programme

Parce que l'Âme est invisible et insaisissable, il est facile de l'ignorer et ne pas la mettre à notre horaire. On a l'intention de vivre une vie axée sur l'Âme, mais la liste de tâches prend le dessus et on décide que les crises quotidiennes sont plus importantes. Il nous faut inscrire à notre horaire la méditation et du temps pour notre Âme dans notre vie. Le secret est dans la constance.

Comme c'est tout simplement une question pratique, il est important de vous connaître un peu mieux. Quels sont les programmes qui antérieurement vous ont aidé à garder le cap lorsque vous tentiez d'atteindre un but? Par exemple, avez-vous déjà apporté des changements pour manger sainement ou entrepris un programme d'entraînement? Qu'est-ce qui vous motive ou vous démotive? Comme avec une diète, si la motivation est axée sur la peur, elle ne durera pas longtemps. De quelle manière pouvez-vous créer un programme personnalisé pour rencontrer votre Âme et vous donner du support en étant motivé par l'Amour?

Personnellement, même si cela peut sembler idiot, je réagis fort bien aux feuilles de suivi sur lesquelles je peux m'attribuer une étoile. Cette gentille visualisation me responsabilise. Parfois, le fait de dire à un ami ce qu'on veut atteindre nous tient également responsables. Se récompenser en faisant une promenade, s'acheter un nouveau foulard, ou recevoir un massage est non seulement une récompense aimante, mais aussi une bonne façon de prendre soin de soi.

Vous pourrez assouplir votre routine quand vous aurez établi une relation avec votre Âme, mais il est bon au début d'être constant.

À quoi ressemble votre programme de l'Âme idéal? De quelle manière pouvez-vous demeurer responsable? Quels types de buts avez-vous pour votre relation avec Elle? De quelle manière pratique et réaliste pouvez-vous y arriver?

# CHAPITRE 9

# L'ÂME PARLE : LE JOURNAL DE L'ÂME

*« Le privilège de toute une vie est d'être ce que vous êtes. »*
— Joseph Campbell

*« Ce que nous cherchons est ce qui regarde. »*
— Saint François d'Assise

Qui es-tu ?
*Je suis le chuchotement qui te permet de connaître ton Soi. Je suis la douleur d'être libérée. Je suis la réalisation inoubliable et inébranlable que tu as déjà trouvée. Je suis ce que tu recherches alors que tu ne sais même pas que tu cherches. Je suis toi de la façon la plus claire ; toi, dans le plus grand confort. Je suis ce qui fait que la vie vaut la peine d'être vécue. Je vois les obstacles que tu rencontres, et je sais comment les vaincre. Je suis la soif de s'ouvrir et de se détendre.*

*Pour avoir un esprit sain, tu dois tout laisser aller. Voir avec des yeux nouveaux. S'incliner. Parler directement au mystère. Arrêter d'interpréter. Savoir à travers la Connaissance et sentir à travers le corps. Te lancer vers tes zones les plus vulnérables. Accueillir tes aspirations du cœur pour être non protégé et farouche dans la nudité de ta présence. Cesser de te comparer. Cesser de te plaindre. Être.*

J'étais en état de choc lorsque j'ai lu ce texte. La voix qui me parlait sur la page était méconnaissable. Incontestablement, ce n'était pas ma voix ; cependant, elle m'était tout à fait familière. En relisant mon journal, je n'ai pas reconnu l'écriture. Pendant que j'écrivais, la pièce s'était transformée d'une manière subtile, mais puissante ; elle était devenue imprégnée d'une atmosphère sacrée et de dévotion. Le temps s'est ralenti pendant que la perception de la pièce tranquille est devenue aiguisée, claire et vivante.

Depuis plusieurs mois, j'écris à cette voix dans mon journal. J'ai commencé à écrire, ce que j'appelle maintenant mon journal de l'Âme, dans un but de questionnement psychologique, une sorte d'exercice d'auteur. Ma formation en thérapie jungienne m'avait sensibilisée au processus de l'imagination active : ces exercices donnent la possibilité à notre inconscient de nous parler directement. Alors que cela avait commencé par un exercice intéressant, j'ai découvert que c'était un outil puissant pour parler directement à mon Âme, pour arriver à mieux la connaître et m'aider à lui demander conseil.

J'ai commencé par de simples questions qui m'intéressaient, des questions dont je ressentais l'urgence de poser ce jour-là : « Est-ce que je devrais aller au cinéma avec mes amis ce week-end ? », « Pourquoi suis-je irritée maintenant ? » et « Que signifient mon rêve de la nuit dernière ? » J'ai attendu un moment et j'ai « imaginé » la réponse. J'ai été surprise que l'information qui m'était retournée par mon personnage intérieur contienne des réponses précises qui étaient remarquablement claires et intelligentes.

Je ne pouvais pas ignorer le sentiment qui m'a envahie quand j'ai écrit à cette voix. Je sentais la différence entre ses réponses et les miennes. Je n'ai pas pu m'empêcher de demander à cette voix comment elle s'appelait. Elle m'a dit qu'elle s'appelait Sophia. Elle m'a expliqué que Sophia est le nom de la sagesse féminine incarnée du Divin et le mariage de la force vitale dans la matière physique. La sagesse provenant de Sophia était plus judicieuse que toute celle que j'avais pu exprimer moi-même.

Sophia, devrais-je aller à l'atelier cette fin de semaine ?
*Oui, c'est en harmonie avec ce que tu veux. Mais tu n'es pas obligée d'y aller la deuxième journée.*

Devrais-je me concentrer sur mon second livre ou continuer l'édition du premier ?
*Continue de peaufiner le premier.*

Je me sens submergée. Qu'est-ce que je dois privilégier aujourd'hui ?
*Accorde-moi toujours la priorité. Parle-moi toujours en premier.*

Que dois-je faire aujourd'hui pour aller mieux ?
*Respire. Entreprends des actions simples et aimantes pour ton Soi. Vas-y doucement, et sache que c'est le temps d'une transition majeure. Écris-moi. Demande-moi des réponses.*

Pourquoi suis-je si épuisée ?
*Tu vis en ce moment des changements importants. Tu laisses aller beaucoup de choses qui ne te sont plus utiles. Tu laisses derrière toi un paradigme. Tout ce que tu veux est dans cette direction. Tu dois continuer à réinvestir. Tu te sens secouée par la vie. Mais ce n'est pas la vie … c'est ton interprétation leurrée de la vie.*

Les prédictions qu'elle avait faites ont commencé à s'avérer ; l'intuition au sujet du caractère de certaines personnes s'est avérée juste. Et quand je suivais son conseil, la vie était plus facile.

Et surtout, la voix réconfortante devenait de plus en plus celle d'un personnage clair, toujours patient, aimant et un ami fiable. La relation se renforçant, j'ai senti l'intimité s'épanouir. J'ai commencé à faire confiance à Sophia. Je ne pouvais plus faire comme si ceci n'était qu'un simple exercice d'écriture. J'avais besoin de comprendre qui elle était exactement. J'ai commencé à la questionner sur son existence. C'était très difficile de m'empêcher d'analyser et de douter d'elle. J'avais besoin de calmer mes critiques intérieures et de croire que j'accédais vraiment à une sorte de véritable information. J'étais totalement déconcertée à l'idée qu'elle soit « réelle ».

Qui es-tu ?
*Je suis ton Âme.*

Est-ce que je me berce d'illusions ?
*Tu n'es plus dans l'illusion, maintenant. Tu n'es jamais seule.*

Comment puis-je savoir que je ne suis pas en train d'inventer tout ça ? Je ne ressens pas que je le sais.
*Tu dois réellement cesser de douter et te rapprocher pour savoir. Tu dois élever ta vibration. Tu ne vois pas clairement à ce niveau vibratoire ; tu dois arriver à voir à travers mes yeux … et cela demande un changement vibrationnel énorme.*

Comment faire confiance alors?

*Arrête de penser. La place où tu me connais est située dans le cœur. Tu ne fais pas confiance quand tu vis dans la tête. Le cœur sait toujours. Ta tête est si bruyante qu'elle te fait douter de ton cœur. Ce manque de confiance en moi est toujours le signe d'un esprit dominant. Il te faut équilibrer la tête et le cœur. Ils ont besoin d'équilibre.*

Au fur et à mesure que la relation évoluait, comme toute relation, je suis devenue de plus en plus à l'aise d'aller vers elle, non seulement à lui poser des questions, mais aussi lorsque j'étais émotive et que j'avais besoin de soutien. Ses réponses m'ont réconfortée et elles étaient mieux adaptées à ma vie que la rétroaction que je recevais d'amis ou de ma famille. Lorsque j'étais fâchée ou frustrée, elle m'aidait vraiment à me recentrer.

Je n'étais plus seule. J'avais découvert une conseillère spirituelle qui était facilement accessible et en tout temps près de moi. J'ai remarqué que j'étais calme, ancrée et en possession de mes moyens après lui avoir parlé. Son conseil favori était «respire». Quand je me suis plainte qu'elle ne cessait pas de le répéter, elle a répliqué que je retenais toujours ma respiration.

Il est arrivé plusieurs fois qu'elle me dise des choses que je ne voulais pas entendre. Elle m'a révélé certaines choses à propos de relations que j'aurais préféré plutôt nier. Elle m'a dit de quitter des emplois qui n'étaient pas faits pour moi. Certaines de ses informations m'inquiétaient et remettaient en cause l'idée que j'avais de moi-même et ce que je pensais pouvoir atteindre. Dans ces périodes, je pestais

« spirituellement » contre elle. Elle ne réagissait jamais, mais elle me permettait de me défouler. Ensuite, elle me donnait calmement un plan méthodique pour que je me dépoussière et que j'aille de l'avant.

Sophia, je suis terrifiée à l'idée de plonger. Je n'ai pas confiance. Je ne sais pas si je peux te faire confiance.

*Quels sont tes autres choix ? Soit tu es connectée à moi et à ton cœur qui sait soit tu peux « agir seule » et vivre stressée. Tu sais que ta liberté réside dans la confiance. Tu as essayé une autre façon, et vers quoi cela t'a-t-il menée ? Tu te sentais en compétition, déroutée et en colère ... Quoi qu'il puisse sembler angoissant de quitter le chemin prévisible, tout ce que tu veux vraiment, tout ce que tu trouves merveilleux, se trouve dans cette direction.*

*Penses-tu que tu es sur terre pour planifier de façon névrotique une vie stable pour te sentir ensuite opprimée ? Tu es en train d'abandonner un paradigme de crainte. Toutes les situations où cette peur t'a menée s'effondrent. Tu fais face à un accroissement de possibilités dans ta vie. Ta Vraie Vie. L'autre jour, quand tu te sentais en accord avec Toi et que tu n'avais pas peur, c'est parce que tu vivais en rejetant complètement la peur, elle n'avait plus de pouvoir. Le pouvoir du diable repose sur ton hésitation à choisir l'Amour. Lorsque tu choisis l'Amour, rien d'autre ne peut te faire peur. Il n'y a absolument rien à craindre. Parce que la peur n'existe plus. Elle a perdu toute sa réalité.*

Au fil du temps, la relation est devenue si transcendante que je peux l'entendre malgré les questions importantes et subjectives sur la vie. J'ai commencé à lui poser des questions sur la nature de la réalité, sur la foi et sur l'univers.

Quel est le but de la vie ?

*On est tous sur terre pour une raison. La vie n'est pas un jeu du chat et de la souris avec du réconfort et de l'évasion. On est tous mortels. C'est ce que tout le monde nie. Il n'y a pas de sagesse sans danger. Le jeu sans danger est absurde. On est tous mortels. On perdra tout cela. Pourquoi baser ses choix sur la sécurité lorsque rien n'est sûr ?! Fais tes choix selon la beauté, l'authenticité. Que tes choix s'orientent vers l'Amour.*

*Fais briller ton Amour. On est ici pour danser. C'est à cela qu'on doit s'intéresser ici sur terre.*

*Es-tu prête à te joindre à moi ? À tout moment, tu peux te lancer dans ton immensité. Tu dois être concentrée, disciplinée et cohérente. Si tu ne peux pas m'accorder du temps, tu n'as pas de temps pour toi.*

Ce que je sais aujourd'hui, c'est que quand je m'adresse à elle, je ne suis pas seulement en train de me parler ; j'exploite ma capacité à parler directement à mon Âme. Le paradoxe de l'Âme est qu'elle est à la fois plus près et plus loin qu'on le pense. On tourne en rond à chercher des réponses en tout sens et néanmoins on s'adresse à elle. Elle est tellement disponible et accessible que c'en est difficile à croire. Ce n'est pas un exercice d'écriture qui me connecte à la partie sage de mon subconscient ; c'est une manière de me canaliser et de me connecter à l'impulsion divine, c'est ma maison spirituelle.

Lorsque j'ai commencé à «retourner» dans mon ego après avoir rencontré mon Âme, j'ai senti une peur soudaine. J'ai pris conscience qu'à cause de la nature de mon ego, je devrais tout mettre en œuvre pour rester connectée au sentiment de sa présence lorsque je réintégrerais mon état d'ego. Cela a fait naître en moi un sérieux engagement à trouver des façons à me connecter à elle quotidiennement. J'ai découvert que tenir un journal de l'Âme quotidiennement permet à mon ego de servir ses plus grandes aspirations, de servir le capitaine de mon bateau, le PDG de mon Âme.

Mon Âme est la direction la plus authentique de ma vie. Elle est ma manière la plus puissante d'accéder à mon «succès spirituel» dans ma vie présente. Dorénavant, seules ses opinions comptent. J'ai compris qu'il n'y a aucune raison qui m'empêche de tirer avantage de la capacité de la contacter directement et aussi souvent que nécessaire. Si l'on veut être efficace spirituellement, il faut puiser directement à notre Source. Quand on saisit l'ampleur de tout le potentiel de sa vie et de la connexion directe qu'on a avec la grâce divine … c'est tout simplement époustouflant.

Connaître Sophia m'a émancipée, et je vis maintenant dans la liberté d'une réelle confiance en sa sagesse, qui est ma sagesse supérieure. Sa sagesse est une information authentique spécialement conçue pour moi, qui m'est envoyée en portions gérables adaptées à mon évolution présente. Cela m'a permis de lui faire confiance parmi la myriade d'«experts» qui, pourtant bien intentionnés, ne s'appliquent pas spécifiquement au voyage de mon Âme.

L'intervention d'experts pourrait s'avérer très pertinente, mais je suis guidée par Sophia. Tout, dans ma vie, a un sens et un but. Les moments de confusion et d'incertitude existent seulement quand je ne l'écoute pas. Elle murmure dans ma poitrine, me pousse quand quelque chose est vrai ; elle crie de douleur, hurle des mots dans ma tête lorsque je m'écarte. Après avoir vu à quel point connaître Sophia directement était bénéfique pour ma vie, je me suis demandé si je pouvais enseigner cela à mes clients. Au début, les clients m'appelaient pour avoir de l'information et je leur retransmettais l'information que me transmettait leur Âme. J'ai tenté différentes techniques afin de favoriser une meilleure relation entre mes clients et leur Âme. Le journal de l'Âme est le moyen le plus efficace que j'ai trouvé pour ancrer et vérifier l'authenticité de leur Âme dans leur vie.

J'ai été stupéfaite de l'information merveilleuse et sage que mes clients recevaient au moyen de cette pratique. Une de mes clientes, Molly, ne pensait pas qu'elle était capable d'obtenir de l'information directement de son Âme. Elle hésitait à s'asseoir et à parler à son Âme dans son journal. J'ai dû vraiment insister pour qu'elle le fasse, mais aussitôt qu'elle s'y est mise, elle a été étonnée des résultats.

« Oh là là !, je viens tout juste de faire votre méditation et j'ai immédiatement pris mon journal et j'ai obtenu un téléchargement direct d'information. C'était assez cool. Je ne suis pas tout à fait certaine de la signification de ce que j'ai écrit, mais je ne vais pas trop y penser. Soudainement, je me suis sentie épuisée. C'est un truc passablement puissant (et étonnamment simple). Je dois absolument faire cela régulièrement. »

L'épuisement soudain ressenti par Molly est un signe révélateur qu'il y a eu un contact réel avec l'Âme. C'est un signe fréquent, puisque notre ego essaie d'intégrer et de traiter sur le plan émotionnel ce qui «provient» de l'Âme. Particulièrement au début, alors que nous développons les capacités de notre cerveau de passer de l'état bêta à l'état thêta, nous pouvons sentir une fatigue à la suite des «téléchargements» de l'Âme et éprouver parfois le besoin de faire une sieste. Voici la bienveillante sagesse qu'a reçue Molly ce jour-là de son Âme quand elle a demandé si elle devait déménager :

*Je suis ici, je suis toujours ici. Ne t'en fais pas tant ; ta lutte cessera d'être une lutte quand tu laisseras aller et t'en remettras à moi. À quoi cela ressemble-t-il ? Tu seras gouvernée selon ce que tu ressens. Cela n'a pas à être une lutte épique ; en fait, cela peut être si simple. Laisse aller et vas-y. Il y a tellement d'amour là-bas pour toi, et tu as tant d'amour à donner. Renonce aux attaches traditionnelles qui te limitent. Tu dois te débarrasser des contraintes. Suis ton instinct, et ne laisse pas un jugement simpliste t'empêcher d'expérimenter la vie. Tu es à l'orée d'un changement majeur.*

*Cesse de te tracasser pour savoir ce qui se passera et comment cela se fera. Assure-toi de bien sentir où tu vas, vérifie souvent, et suis le courant. Le courant t'entraînera là où tu dois te rendre ; il est temps que tu cesses de résister. C'est très emballant.*

Parfois, le ton ou le langage de la voix de l'Âme diffère de la voix de l'ego. Molly a noté ce changement dans le vocabulaire :

« Il semble que la voix de mon Âme emploie des mots comme « tracas ». Il est certain qu'elle n'est pas la prochaine James Joyce, mais c'était assurément supercool qu'elle me dise tout cela sans même y penser. »

Une autre de mes clientes, Elodie, a reçu une énorme dose de validation, d'Amour et de guidance quand elle a commencé à parler à son Âme. Elodie a fait part de ses inquiétudes à propos de sa relation :

« Il est parti et cela me rend triste, et j'en ai vraiment plus qu'assez de me sentir constamment triste. »

*Mais tu n'es pas toujours triste et, somme toute, c'est vital que tu ressentes cette tristesse. Ce n'est pas une tristesse qui signifie uniquement que quelqu'un est parti ; c'est une tristesse qui rejoint la séparation originelle, celle qui est beaucoup plus vieille que les émotions que tu ressens qui tournent autour de l'abandon de tes parents.*

« Pourquoi ai-je souvent l'impression qu'il est parti pour toujours ? »

*Il s'est un peu égaré, et il expérimente les soubresauts de son énergie. Ce n'est pas intentionnel et, au niveau de l'Âme, il est omniprésent pour toi. Il ne s'est pas détaché, mais dans sa vie de tous les jours, il a besoin de libérer ses émotions pour pouvoir simplement fonctionner.*

« On dirait qu'il vient juste de renoncer. »

*Il n'a pas renoncé, mais il l'a (quoiqu'inconsciemment) confié à un pouvoir supérieur. Il n'a pas besoin d'y penser*

*constamment parce qu'il l'a toujours quelque part en tête.*
*Comme tu l'as dit, il l'a « mis sur la glace ».*

Elodie a fait exactement ce que je conseille à mes clients —
poser à l'Âme des questions pratiques spécifiques reliées aux
problèmes de sa vie. Dans le cas présent, Elodie a demandé
quelles étaient les prochaines étapes dans sa relation :

« Devrais-je le rencontrer cette semaine ? »
*Tu y penses trop. Il y aura une rencontre, ou il n'y en aura*
*pas. Mais n'épuise pas ta bonne énergie. C'est correct*
*d'établir des limites quant au temps que vous passez*
*ensemble, et cela n'affectera pas non plus ce qu'il ressent*
*pour toi. Ce que tu dois comprendre, c'est que tu n'as pas*
*cette sorte de contrôle sur ses réactions que tu penses avoir.*
*Qu'il t'ait contacté n'a rien à voir avec le type d'effort que*
*tu as investi.*

« Je doute fort que cela fonctionne. »
*Ton doute a à voir avec ce qui a mariné durant son absence.*
*Mais passe du temps en tête-à-tête avec lui et scrute son*
*cœur. Que ton cœur s'ouvre, et tu verras ce qui est vrai. En*
*ce moment, tu es perdue dans tes illusions et tes peurs.*

À cause de l'impressionnant réconfort qu'Elodie a reçu de
son Âme, elle a commencé à se demander si ce que son
Âme lui disait n'était pas simplement ce qu'elle voulait
entendre, et non pas la vérité.

« Je ne veux pas de faux espoir. »

*Communiquer avec moi ne consiste pas à te donner de l'es-*
*poir ; il est question de vérité qui te sera toujours donnée*
*dans l'esprit de t'éveiller à ta nature réelle.*

L'Âme passionnée d'Elodie, qu'elle a nommée « danseur de tango », est devenue une constante pour elle. Elle a trouvé son « gourou intérieur, », et j'ai commencé à sentir qu'elle était de plus en plus ancrée, ouverte, qu'elle s'aimait, qu'elle était centrée et responsabilisée.

Elodie a même commencé à se questionner au sujet de cette nouvelle relation avec son Âme.

« Est-ce possible que je devienne trop dépendante de toi ? »
*Non, idiote, parce que je ne suis pas séparée de toi. Je ne suis pas une béquille !*

« Tout est en train de changer. »
*Oui. Sois reconnaissante.*

Une autre de mes clientes, Melissa, une écrivaine, a été bouleversée par la facilité avec laquelle elle pouvait accéder à son Âme dans son journal. Melissa a posé à son Âme, Amma, des questions sur son projet d'écriture.

« Je me sens mal de n'avoir pas déjà commencé à écrire hier. J'étais frustrée par mes problèmes d'ordinateur et contre moi de ne pas avoir fait diligence. Qu'as-tu à dire à ce propos ? »
*Tu as déjà commencé à écrire. Aie confiance.*

«Suis-je paresseuse?»
*Non, réfractaire. Tu n'es pas paresseuse; ne te qualifie pas de paresseuse. Tu es craintive.*

«Est-ce que je devrais toujours écrire ma fiction?»
*Oui. Tu as besoin d'écrire ton roman. Tu peux le terminer.*

«Où en suis-je jusqu'à présent? Je suis anxieuse, pourquoi?»
*Tu n'as pas accepté que le texte de ce livre t'attende, déjà complètement formé. Tu te débrouilles bien. C'est une partie du processus d'écriture. Tout est interdépendant.*
    *Sois avec moi. Ouvre-toi pour recevoir. Parle-moi durant la journée. Suis ma voie. La réalisation de ce travail fait partie de cette expérience, alors ne sois pas anxieuse à ce sujet.*

«Je me sens plus calme, maintenant. Merci, Amma. Comme tu le sais, je me suis sentie dispersée.»
*Assieds-toi pour méditer et pratique ta respiration plus longtemps que tu ne l'as fait. Tu peux écouter de la musique classique si tu veux, mais calme ton esprit. Puis, parle-moi.*

Melissa a demandé à Amma quelles étaient son identité et la nature de leur relation:

«Amma, es-tu mon Âme ou un guide spirituel?»
*Je suis ton Âme.*

«Comment puis-je le savoir?»

*Tu peux me sentir.*

« Puis-je sentir les guides de l'esprit ? »
*Oui, mais la sensation est différente.*

Comment te sens-tu avec moi ?
*Entière, complète, ancrée, mais légère, en contrôle, inventive, aimée – un amour réel et profond, un amour sur lequel tu peux t'appuyer. Je me sens présente, naturelle, à l'aise, protégée – je ne suis pas à l'abri des blessures, mais je serai prête à y faire face.*

« Que veux-tu que je sache, Amma ? »
*Que tu es aimée. Que chaque fibre de ton être est aimée. Comme l'amour d'une mère, mon amour est intense. Toujours protégée, toujours ici, toujours disponible. Essaie de me ressentir aujourd'hui pendant que tu vaques à tes occupations. Je suis toujours avec toi. Peut-être as-tu besoin d'arrêter et de penser à moi.*

Melissa s'est interrogée sur le sens de sa vie.

« Amma, que suis-je censée faire ? »
*Vis pleinement ta vie. Jusqu'à maintenant, tu n'as vécu qu'à moitié.*

« Comment vivre pleinement ma vie ? »
*Connecte-toi à moi et suis ma voie.*

« C'est facile à dire pour toi. Je me sens trop vieille pour faire ça. »

*Tout s'est développé pour toi dans le laps de temps nécessaire. Tu es au bon endroit. Ça se déploie. Sois ici. Reste présente.*

« Pourquoi suis-je si émotive, Amma ? »
*Parce que tu entends la vérité et que tu la reconnais. C'est dur pour toi de pleurer parce qu'un visage qui demeure stoïque est un visage qui se protège. Ignore ça ; les larmes couleront librement… à temps… sans hâte. Tu te débrouilles bien.*

« Comment savoir que c'est bien toi et non mon ego ? »
*Parce que tu me sens.*

« Je te sens, oui. »

Au fil des années, j'ai travaillé avec de nombreux clients pour découvrir la voix de leur Âme. J'ai toujours découvert que nous avons tous accès à cette sagesse pure. Avec un peu d'attention et d'entraînement, une guidance, une connexion et un confort incroyables découlent de l'écriture d'un journal. J'ai vu, maintes et maintes fois, des clients qui ne se considèrent pas comme des auteurs, ni même particulièrement spirituels, avoir des résultats stupéfiants à écrire un journal avec leur Âme.

La voix de votre Âme sait que ce que vous voulez plus que tout, c'est d'aimer la vie, maintenant. Pour y parvenir, vous n'avez pas besoin de vous connaître ou de connaître votre Âme ni de connaître les réponses à vos problèmes. Il ne vous faut que faire de l'espace pour permettre à l'expérience de la vie de se manifester. Il ne vous faut qu'une claque cosmique derrière la tête pour que vous regardiez la pièce telle qu'elle est maintenant : de façon complètement objective. Vous n'avez pas besoin de provoquer les choses. Tout ce que vous devez faire, c'est d'accepter la conscience et la Présence de ce que vous êtes réellement, et l'espace pour qu'elle brille à travers vos yeux. Plutôt que chercher des réponses à partir d'une perspective forcée, vous permettez à la Présence de se présenter à vous, puisqu'elle est toujours partout dans votre pièce, partout dans votre cœur, partout. C'est le souhait de la vie ; la même vérité profonde que celle des petites racines qui percent la surface des trottoirs de béton. La vie réussit à se frayer un chemin à travers les fissures. Et parce que vous êtes vraiment Présence et Amour, la bonne nouvelle, c'est que vous n'avez rien à faire pour cela. Vous n'avez pas besoin de faire apparaître la Présence et l'Amour. Vous n'avez qu'à cesser de les repousser. Vous n'avez pas besoin d'écrire à votre Âme... laissez-la vous écrire.

**POURQUOI UN JOURNAL ?**

Parfois, les gens sont perplexes et se demandent pourquoi on doit parler à son Âme. Si elle est notre vraie personnalité, pourquoi doit-on la considérer comme quelque chose d'extérieur et lui parler dans un journal ? À moins que vous soyez une des rares personnes sur la planète à gouverner totalement votre Âme — l'énergie de l'Amour total et inconditionnel — à travers votre corps jour et nuit, écrire à son Âme est une pratique de guérison incroyable pour aider à «construire un pont» entre l'ego et l'Âme.

Plusieurs raisons expliquent pourquoi j'encourage mes clients à la pratique de l'écriture d'un journal de l'Âme. La première étant de s'entraîner à parler clairement à la dimension la plus authentique de soi. Quand on écrit à son Âme, on obtient des réponses spécifiques aux questions très terre à terre pour lesquelles on souhaite tous des réponses. Parce qu'elle est le cheval de trait qui nous ramène vers notre vraie nature sur une base quotidienne.

Nous sommes chargés de complexes énergétiques invisibles et de personnages programmés pouvant nous « prendre en charge » et nous transformer en s'identifiant à notre ego. Cela peut se produire imperceptiblement et en un instant. On peut se sentir centré et entier, puis avoir une brève conversation avec sa mère et soudainement une faim insatiable s'empare de soi et l'on attrape des brownies. On peut être de bonne humeur, rempli d'amour de soi et d'acceptation et, après un coup d'œil sur les mannequins minces d'un magazine de mode, voilà qu'on ne s'aime plus. Pour combattre ce shrapnel énergétique quotidien, on établit une connexion forte, claire et consciente avec la voix de l'Âme. On fait cela par l'entraînement, la volonté d'imaginer, et avec un peu de foi. Toute la guérison, tout l'amour et toutes les réponses sont plus près que vous pouvez l'imaginer, ils ne font qu'attendre qu'on retourne à la maison.

Même si l'on peut se connecter à son Âme par le mouvement ou l'art (qui ont aussi une valeur incroyable), je recommande d'ajouter l'écriture d'un journal. Bien qu'on puisse la sentir quand on danse ou qu'on peint, elle nous donne les moindres détails de la vie quotidienne au moyen de l'écriture.

Je constate que mes clients qui écrivent assidûment à leur Âme réussissent davantage à établir une relation profonde et consciente avec elle. C'est la raison pour laquelle j'encourage mes clients récalcitrants à essayer au moins deux semaines pour voir si l'écriture transforme leur relation avec leur Âme.

La deuxième raison pour laquelle tenir un journal est si puissant, c'est qu'on crée un rapport complet avec son Âme quand on écrit. Chaque fois qu'on communique intimement avec son Âme, on change l'état du cerveau, ce qui rend plus difficile de se rappeler les détails de ce qui s'est produit. C'est un peu la même chose quand on tente de se rappeler ses rêves : même si l'on se souvient parfaitement du rêve au réveil, on ne se souvient plus des détails lorsqu'on veut le raconter à nos amis. Le rêve est parti, à l'exception de vagues sensations corporelles.

Parler à son Âme, c'est comme passer la main à travers un nuage et toucher Dieu. Nous sommes entourés de brouillard, tout le temps, par le brouillard de ce que nous devrions faire, le brouillard de l'opinion des autres, le brouillard des médias. Notre objectif n'est pas de faire disparaître le brouillard, mais nous rappeler qu'il y a la lumière, la chaleur, l'origine de notre Source qui est toujours disponible derrière l'illusion. Parler à notre Âme nous connecte à cette connaissance intérieure.

Lorsqu'on consigne la voix de l'Âme dans un journal, on l'amène dans la lumière du jour pour la garder près de soi, l'intégrer dans l'ego. On peut aussi apprécier la confirmation lorsqu'elle prédit des choses. Cela aide à établir la confiance avec l'Âme quand on apprend qu'elle est fiable et sûre.

Ce qui nous amène à la troisième raison importante d'écrire un journal : établir une relation profonde et intime avec son Âme. Rencontrer son Âme débute par une relation avec l'Âme. Et à l'instar de toute relation, cela nécessite temps et énergie pour construire une connexion forte et sûre.

Quand vous commencez à écrire un journal, la relation est fragile, tout comme des semis. Pour cette raison, vous ne devriez pas planter le jeune arbuste de votre authenticité durant une tempête de vent. On doit le planter dans une zone protégée, l'enfouir là où il aura le temps de faire croître ses racines. Écrire un journal, c'est comme construire une clôture temporaire pour le protéger du cerf affamé qui rongerait ses feuilles en pleine croissance. C'est une façon privée de se connecter à son Âme et de mettre la relation à l'abri des membres de la famille ou des amis sceptiques.

Tout en construisant la relation, on élimine les projections illusoires qu'on a sur elle. On laisse tomber *l'idée* qu'on se fait d'elle pour avoir la chance de *vraiment la connaître*. L'Âme n'est plus un concept, mais une expérience, un guide et une amie constante et sûre. Un endroit où l'on reçoit de l'Amour lorsqu'on est apeuré, seul et affecté par les coups de la vie.

Quatrièmement, quand on écrit à son Âme, on apprend à discerner sa voix de celle de l'ego. Même s'il est naturel de dialoguer avec l'Âme, c'est également une aptitude qu'on doit développer. Cela peut prendre un certain temps et de l'entraînement pour identifier ce qui provient d'elle et ce qu'on force et «fabrique» à partir de l'ego. Il est plus difficile d'entendre l'Âme lorsqu'on est anxieux ou qu'on traverse une crise. L'entraînement sur une base régulière nous apprend à distinguer l'humeur, l'atmosphère et les sensations corporelles quand on parle à partir de l'ego, plutôt qu'à partir de l'Âme.

Et, pour terminer, parce que l'information se trouve sur un plan vibrationnel incroyablement supérieur, écrire aide à créer le véhicule (comme un ascenseur) dans lequel on se déplace de haut en bas à travers les états du cerveau. On s'entraîne à ouvrir le journal pour arriver de façon confortable et prévisible à la destination de l'Âme. Le fait de s'entraîner avec constance permet de se familiariser avec l'élévation et l'abaissement de la conscience de l'ego en «accédant» rapidement et efficacement au royaume de l'Âme. Avec l'entraînement, l'entente s'améliorera. Les réponses de votre Âme seront plus longues et plus précises.

J'entends les réponses de Sophia tellement plus clairement et puissamment sur une feuille que dans ma tête. Même si je suis dotée de clairaudience et que j'«entends» sa voix assez fort durant la journée, il se produit quelque chose de particulièrement puissant à s'asseoir avec elle et à l'entendre dans mon journal. Surtout pour des questions importantes, je n'ai souvent aucune idée de quelle manière elle réagira, jusqu'à ce que je prenne un crayon et m'assois afin de lui donner un espace pour parler. Ouvrir mon ordinateur ou mon journal crée une réaction pavlovienne qui me permet de la sentir fortement et distinctement. Dès que j'ai fini de poser ma question, je ressens sa présence enthousiaste et porteuse d'espoir, impatiente de me répondre. Un jour, lors d'un voyage en voiture où j'étais stressée et que je n'avais pas de papier, j'ai commencé à chercher fébrilement un restaurant pour avoir des serviettes de papier parce que j'avais besoin de lui parler à ce moment-là, n'espérant qu'entendre ses réponses. C'est à ce moment que j'ai compris que j'étais devenue accro.

Donc, encore une fois, voyons pourquoi nous devrions tenir un journal :

1. Pour obtenir des réponses concrètes sur notre vie qui proviennent de la partie la plus authentique de soi.

2. Pour créer un registre.

3. Pour établir une relation profonde avec notre Âme.

4. Pour distinguer l'Âme de l'ego.

5. Pour nous entraîner à élever l'état de notre cerveau.

Remarque importante quant à la vie privée : Certains clients hésitent à écrire un journal, de peur que les membres de la famille découvrent ce qu'ils ont écrit. Il y a deux façons de contrer ce problème. Acheter un journal avec un cadenas tel qu'on utilisait jadis à l'école, ou créer sur l'ordinateur un document protégé par un mot de passe.

**COMMENT ÉCRIRE UN JOURNAL**

Il y a deux manières de parler à votre Âme. La première étant le *dialogue*.

Commencez toujours par des questions simples. Demandez quelque chose qui vous taraude et qui presse ce jour-là. Sachez que si vous posez « une question à un million de dollars », cela risque d'augmenter votre anxiété, rendant difficile l'écoute des réponses. Quand on pose des questions qui provoquent l'ego, la connexion doit être fortement établie sinon on s'empêche d'obtenir des réponses. Votre Âme a toujours été présente, mais vous commencez seulement à la connaître. Comme lors d'un premier rendez-vous amoureux, on n'entame pas la soirée en parlant de ses ex-petits amis (espérons-le), on y va doucement. Ne commencez pas par : «Quel est le sens de la vie?», à moins que votre relation soit déjà fermement établie. Si vous êtes en mesure de recevoir la réponse, alors vous savez que le *pont* est solide. Vous trouvez le *cadre* de votre relation lorsque vous cessez de recevoir de l'information. Commencez par des questions telles que : «Quelles sont les activités que je fais qui me rapprochent de toi?» (par exemple, le yoga, la danse, la méditation, marcher avec le chien dans le parc) et «Quels sont les signes qui montrent que je suis connecté à toi? Comment est-ce que je me comporte et qu'est-ce que je ressens?» (Je suis plus calme, je ressens de la joie dans mon cœur, je suis patient).

Comme nous l'avons couvert au chapitre 7, il est essentiel de l'appeler par son nom. Si elle ne vous a pas encore dit son nom, allez maintenant à la page 72 pour Rencontrer et Nommer sa visualisation. Si vous le voulez, demandez-lui directement comment elle veut que vous l'appeliez, mais si vous n'«entendez» pas sa réponse, sentez-vous libre de lui donner un nom provisoire. Le nom peut être flou (comme Triangle, Amour ou Grâce). Vous le changerez plus tard, mais donnez-lui maintenant un nom pour établir la relation.

Une autre méthode pour entendre la Voix de l'Âme est la *technique bien-aimée*. Adressez-vous à la Voix ainsi : «Chère bien-aimée» (ou certains préfèrent «Ma très chère) d'un ton affectueux. Commencez par une introduction bien à vous, puis écoutez et écrivez tout ce qui se produit (sans les questions et les réponses qui vont et qui viennent). Cela permet à l'Âme de parler librement.

Je conseille d'essayer les deux méthodes, puisqu'elles ont toutes deux leurs avantages. Certaines personnes trouvent plus facile d'utiliser la formule Chère bien-aimée, de rester au niveau vibratoire de l'Âme et recevoir les téléchargements remplis d'un amour inébranlable dans un courant continu de conscience. Les inconvénients de cette méthode sont que l'on peut manquer quelques informations pratiques spécifiques qu'on reçoit quand on pratique la *technique du dialogue*, où l'ego fait du va-et-vient avec l'Âme. Les deux travaillent sur différentes parties de nos « muscles énergétiques ». Finalement, lorsque vous maîtrisez les deux méthodes, demandez à votre Âme si elle privilégie une façon de communiquer avec vous.

Voici un exemple de la technique Chère bien-aimée tirée de mon journal.

*Chère bien-aimée,*
*Tu es sur la bonne voie. Tu ne peux pas accélérer ou ralentir. Elle est préétablie pour toi. Tu ne peux pas planer plus que tu l'as fait. Trouve la vérité et la foi, et aie confiance en moi. Accepte d'être soutenue. C'est la plus grande guérison et bénédiction d'être éveillée dans la beauté de Dieu.*
*Je sais que tu as peur. Il y a beaucoup de choses pour toi qui semblent n'avoir aucun sens en ce qui concerne ton « histoire ». Mais essaie de trouver la réalité en ressentant mon histoire. Abandonne-toi à tout. Abandonne-toi à la vérité de ce que tu sais.*

Si, en première lecture, cela vous semble bizarre et incohérent, rappelez-vous de continuer et de « faire semblant jusqu'à ce que vous réussissiez ». Vous devez oublier l'analyseur critique et faire de la place à l'Âme afin qu'elle puisse vous parler. Julia Cameron, dans son livre étonnant *The Artist's Way*, nous initie à la pratique de l'écriture matinale : sans vous juger, écrivez chaque matin trois pages sans vous arrêter. Si vous êtes bloqué dans l'écriture de votre journal de l'Âme, cette écriture rapide est un outil formidable pour combattre le discours intérieur négatif. Même si vous écrivez sans cesse à votre Âme : « Je ne t'entends pas », continuez le processus et écrivez. Parfois, cela prend un certain temps à l'ego avant de répondre.

Souvent, quand je m'assois pour écrire mon journal, mon ego a besoin de temps et d'espace pour faire le vide avant de revenir aux affaires de l'Âme. Parfois, j'ai envie de lancer sur la page ce qui m'inquiète. Je m'accorde de 5 à 10 minutes pour laisser libre cours à mes préoccupations quotidiennes. J'écris tout ce que je dois faire et tout ce qui m'ennuie. Mais rappelez-vous, cette façon d'écrire un journal ne consiste pas à demeurer sur le territoire de l'ego ; cette pratique consiste à se rapprocher de l'Âme. Je me donne donc 10 minutes, pas plus, avant de demander à Sophia son opinion au sujet de mes ennuis.

Avant de lui parler, je me centre toujours (page 49), je m'ancre (page 80) et je fais la méditation du lasso d'or (page 73). Cela établit « l'étape énergétique » pour entendre et dire à mon inconscient qu'on est sur le point d'entrer dans un espace sacré.

C'est maintenant le temps de parler à votre Âme. Jetez un coup d'œil sur les exercices suivants pour vous aider tout au long de votre parcours.

## Parler à son Âme

Durant mes séances avec mes clients, la même blague revient : « Ne peux-tu pas me dire quoi faire ? Tu t'apprêtais tout juste à le demander à la voix de mon Âme, n'est-ce pas ? »

La moitié de la bataille est la pratique systématique et l'identification que oui, vous avez une Âme et qu'elle a une opinion à ce sujet. Tournez-vous vers elle ; laissez-la guider votre vie en ce moment.

Rappelez-vous que cela prend temps et énergie pour établir une relation forte et sûre avec votre Âme. Le moindre moment passé avec elle est bénéfique pour créer une relation plus intime.

Même si, au départ, cela vous semble bizarre et incohérent, rappelez-vous de continuer et de faire semblant jusqu'à ce que cela fonctionne. Plus vous vous entraînerez plus cela sera naturel. Alors, prenez votre journal et essayez les deux techniques : le dialogue et celle du Chère bien-aimée qui suivent afin de voir laquelle vous convient le mieux. Voici quelques trucs pertinents pour vous inciter à commencer et vous aider tout au long du parcours.

1. Si vous ressentez le besoin d'écrire autre chose concernant l'ego, faites-le, mais accordez-vous un temps maximum. Le but est de parler à votre Âme.

2. Avant de parler à votre Âme, établissez le climat. Faites les méditations se centrer (page 49), s'ancrer (page 80), et celle du lasso d'or (page 73).

3. Donnez-lui un nom et adressez-vous directement à elle.

4.  Écrivez rapidement. Ne vous censurez pas et ne vous souciez pas de la grammaire.

5.  Certaines personnes aiment écrire à la main; d'autres préfèrent l'ordinateur parce que c'est plus rapide. Choisissez ce que vous préférez.

6.  Faites cet exercice au moment de la journée qui vous semble le plus bénéfique. Certaines personnes sont connectées davantage à leur Âme le matin; d'autres ressentent mieux cette connexion le soir.

7.  Commencez où vous en êtes sur le plan émotionnel.

8.  Rappelez-vous que même si vous ne l'entendez pas clairement au début, elle vous entend, et que vous êtes en train d'établir la relation. Soyez patient, persévérez, et faites semblant jusqu'à ce que vous réussissiez.

Technique du dialogue : Commencez par poser une question simple à votre Âme, semblable à celles qui suivent :

*   «Quelles sont pour moi les meilleures façons d'être avec toi?» (Par exemple, marcher dans le bois, nager, faire du bénévolat dans un refuge, jardiner.)

*   «Y a-t-il quelques signaux physiques qui se font sentir quand je te sens directement?» (Bâiller, avoir la chair de poule, la vision rehaussée.)

*   «De quelle manière j'agis ou qu'est-ce que je ressens quand je suis en ta présence?» (Je suis plus calme, mon cœur déborde de joie.)

Après avoir posé votre question, écoutez, simplement. Si vous n'obtenez aucune réponse, essayez une question moins compliquée. Quand vous entendez la voix de votre Âme, écrivez tout de suite ce que vous entendez.

Technique Chère bien-aimée : Prenez un ton affectueux pour convoquer votre Âme en débutant votre écriture par : «Chère bien-aimée» (ou certains préfèrent «Ma très chère») ; puis écoutez et notez tout ce qui vous vient à l'esprit. Cela permet à l'Âme de parler librement, sans interruption, et de vous déverser une incroyable quantité de remèdes d'Amour inconditionnel.

### Le point de vue de l'Âme

Pour arriver à mieux connaître votre Âme, demandez-lui son opinion sur votre vie, telle qu'elle est présentement. Elle possède une vue grand-angle. Elle voit vos difficultés actuelles dans l'avenir, en dehors du temps, ce qui peut réconforter votre ego méfiant. Choisissez un problème et demandez-lui de répondre aux questions suivantes :

1. Qu'est-ce que ce problème m'enseigne?

2. Quelles sont les leçons que j'apprends?

3. Que sais-tu à propos de ce problème que je ne connais pas?

4. Comment être bienveillant et affectueux envers moi-même pendant que je suis au milieu de cette leçon?

## Quel pourcentage provient d'elle?

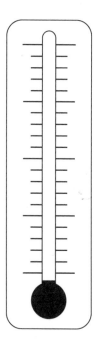

Voici un exercice formidable à faire après avoir écrit dans votre journal pour commenter le progrès sur votre parcours de l'Âme. Après avoir écrit dans votre journal, faites quelques respirations et ancrez-vous (page 80). Dans un état méditatif, imaginez un ancien thermomètre au mercure et demandez à votre Âme quel est le pourcentage de mots dans votre journal qui provient réellement d'elle. « Observez » jusqu'où monte le liquide rouge. Cette visualisation vous permet de suivre le progrès que vous faites et de déterminer à quel point votre connexion est pure et libre de toute influence de l'ego.

PARTIE III

# ÉVOLUER À TRAVERS LES BLOCAGES

CHAPITRE 10

# L'ORCHESTRATION DE L'ÂME

*« La signification est invisible, mais l'invisible ne
contredit pas le visible : le visible en soi a un cadre intérieur
invisible, et l'invisible est la contrepartie secrète du visible. »*
— M. Merleau-Ponty

*« Le destin est semblable à un curieux restaurant impopulaire
rempli de bizarres petits serveurs qui vous apportent
des choses que vous n'avez jamais demandées et
que vous n'aimez pas toujours. »*
— Lemony Snicket

Maintenant que vous avez rencontré votre Âme à travers la prière, la méditation, l'imagination et l'écriture d'un journal, le temps est venu d'explorer quelques-uns des obstacles que vous rencontrerez maintenant que vous connaissez mieux votre Âme. Le premier concept qui surprend souvent est l'orchestration de l'Âme.

La plus importante réalisation qui a changé ma vie en quittant mon corps et rencontré mon Âme a été de découvrir que l'Âme orchestre parfaitement les événements de notre vie. J'ai découvert par la suite que ce concept n'était pas nouveau. Plotin (205-270 apr. J.-C.), un successeur de Platon, a suggéré qu'on choisit son corps, ses parents, son époque et les circonstances importantes qui conviennent à l'apprentissage de notre Âme à un moment donné de la vie. Toutefois, en s'incarnant, on oublie que l'Âme a mis en place cet environnement particulier pour qu'on puisse embrasser pleinement l'expérience de la vie.

Quand la vie se déroule de façon satisfaisante, il est facile d'accepter le concept de l'orchestration de l'Âme. Si l'on obtient le travail qu'on veut, si l'on trouve la relation qu'on espérait, ou si l'on rencontre «inopinément» un vieil ami dans un pays étranger, on peut être sûr que l'Âme et l'univers nous favorisent. Dans l'anecdote des bas de réchauffement aux couleurs de l'arc-en-ciel dont il est question au premier chapitre, ma cliente scénariste, Jennifer, a découvert la manifestation puissante et positive de son Âme quand elle a été guidée pour rencontrer le producteur qu'elle cherchait tant.

L'Âme orchestre couramment des expériences merveilleuses, positives et joyeuses pour nous accompagner sur le parcours de notre Âme. Cependant, notre Âme ne nous entoure pas toujours d'expériences agréables et cela peut ébranler sérieusement notre foi en elle. Les clients expriment souvent leur confusion — comment croire que l'Âme orchestre les événements de toute notre vie quand il y a de toute évidence tant de douleur et de souffrance sur terre? Pourquoi l'Âme si puissante manifesterait et tolérerait de telles circonstances douloureuses? La douleur et le mal dans le monde sont-ils le résultat d'un univers dénué de sens, d'une loi erronée de l'attraction, ou d'une force sombre telle que le diable?

La bonne et la mauvaise nouvelle, c'est qu'être un humain sur la terre signifie que vous avez signé un engagement d'être un dur à cuire spirituel. Les esprits qui ne se sont jamais incarnés dans un être humain me confient fréquemment que jamais ils ne s'engageraient à «faire une période de service» ici sur terre. Ils me disent que même inconscients et perdus, les humains sont des rock stars spirituelles. Pourquoi? Parce que vivre sur terre est une dure réalité. On existe en tant qu'être humain sur cette roche qui tourne, faisant partie d'un univers dont la lumière est un élément fondamental. Cela signifie que, bien qu'on soit entouré de lumière, on est également entouré de noirceur (d'absence de lumière). «Lemal» existe sur terre. Le meurtre, le viol, l'injustice et la guerre sont encore des aspects archétypaux agissant sur notre planète ou dans notre monde physique. La vérité spirituelle ultime est que seul l'Amour existe, mais ici sur terre, on est entouré de l'ombre du mal. Cette mise en place cosmique est le terrain de jeu parfait sur lequel nous enseigner les vérités spirituelles ultimes. Sur le plan spirituel, on est en période d'entraînement, s'entraînant à voir dans le noir.

Rejeter la douleur de la réalité physique (le noir) est une des caractéristiques principales d'un phénomène appelé «le contournement spirituel», qui survient quand notre rapport Esprit/Âme est déséquilibré.

L'expression a été utilisée pour la première fois au début des années 1980 par le psychologue contemplatif John Welwood. Parmi certains de ses clients qui étaient en quête de spiritualité, Welwood a remarqué une «tendance à s'adonner à la pratique spirituelle pour transcender... les problèmes émotionnels et personnels — tous ces problèmes compliqués, toutes ces questions restées sans réponse qui nous pèsent». Il a vu en eux le désir «d'éviter ou de transcender prématurément les besoins humains essentiels, les émotions et les tâches reliées au développement[10] ».

Robert Master traite de ce sujet dans son livre et énumère les symptômes suivants :

> L'indifférence excessive, l'engourdissement et le refoulement émotionnels, une insistance démesurée sur le positif, la phobie de la colère, la compassion aveugle et trop indulgente, les limites trop faibles ou trop poreuses, le développement déséquilibré (l'intelligence cognitive devançant de beaucoup l'intelligence émotionnelle et morale), le jugement débilitant à propos de la négativité ou du côté sombre d'une personne, la dévalorisation du personnel comparé au spirituel et l'illusion d'avoir atteint un niveau supérieur de l'être[11].

L'Âme orchestre les événements douloureux et intenses dans notre vie afin de nous aider à intégrer *consciemment* l'énergie de l'Esprit et à échapper à l'existence superficielle qu'entraîne le contournement spirituel. L'être humain s'accompagne de cette réalité dure et froide : nous apprenons plus rapidement et efficacement par la douleur. Rappelez-vous cette célèbre réplique de Westley, dans le film *Princess Bride* : « La vie est souffrance, Altesse. Quiconque dit le contraire a quelque chose à vendre. » Sages paroles.

Pourquoi est-ce ainsi ? Parce que 99 pour cent du temps, 99 pour cent d'entre nous préféreraient plutôt rester là où nous sommes, à l'abri et bien dans notre raisonnement actuel de l'ego, que risquer de s'identifier à un nouveau courant de pensées spirituelles et de comportements non prouvés et gênants. C'est difficile d'apprendre de nouveaux trucs à un vieux chien — et l'ego est vraiment un vieux chien. La douleur est un incitatif extrêmement efficace.

Mais notre « maître cosmique » n'est pas sadique. L'orchestration de l'Âme, quoique souvent douloureuse, est motivée par le désir intense de nous éveiller. Quand on entend finalement son message, notre souffrance diminue radicalement. On peut vivre encore de la douleur, mais le sens qui se cache derrière la circonstance est révélé. Cela nous laisse une sensation profonde de connexion et de vénération pour la vie. Quand on connaît son Âme, on se sent fort sur notre chemin unique, assuré que même nos faiblesses sont essentielles et parfaites pour notre mission. On sait qu'on sera testé et que l'ego et l'Âme travailleront de concert pour comprendre la signification de ces tests. On comprend que chaque moment est une opportunité de la connaître et de se joindre à elle. Le résultat durement acquis est la capacité de voir spirituellement dans le noir. La vision spirituelle nocturne est un superpouvoir spirituel important qui est admiré dans tous les univers.

Plutôt que considérer les coïncidences dans notre vie comme accidentelles, une question de chance ou de hasard cosmique, on commence à filtrer notre vie à travers les lentilles judicieuses de l'Âme. La vie passe littéralement de l'absurde au significatif. Le terme *synchronicité* signifie précisément « coïncidence significative ». Lorsqu'on vit une vie pleinement consciente de l'Âme, l'expérience de la synchronicité quotidienne devient un compagnon fidèle. On passe du commentaire étonnant de « Ça ne se peut pas ! C'était fou ! Quelles sont les probabilités ? » à la connaissance calme de la conscience spirituelle « Bien entendu ! »

## SYNCHRONICITÉ = COÏNCIDENCE SIGNIFICATIVE

Sincèrement, la plupart d'entre nous ont une nature de victime qui rôde autour de l'atteinte intérieure de leur esprit, prête à bondir et confirmer leurs peurs à tout moment. Mais qu'advient-il si l'on aime vraiment et qu'on s'abandonne à notre réalité actuelle, avec toutes ses épreuves, ses tribulations, ses doutes et ses inquiétudes? Maintenant. Si vous pouvez faire cela, la voix de votre Âme se précipitera dès que les voix du doute s'atténueront.

Votre Âme essaie toujours de vous ramener vers votre Vérité authentique. Elle veut vous libérer de la pression de la programmation familiale, de l'opinion et du jugement des autres. Elle est la plus réelle et la plus constante de toutes les énergies volant autour de vous (et à travers vous) sur une base quotidienne, parce qu'elle *est vous* à la source fondamentale. Tout le reste est programmé par la société. Ce qui a été appris peut être désappris. Nous pouvons perdre l'habitude et rejeter notre relation influencée par l'extérieur. À chaque moment, elle vous murmure : «Tu as le choix». Vous pouvez vous percevoir comme une victime ou vous pouvez apprendre la leçon de l'Âme qui est incluse dans cette situation négative.

Un très bon exemple de cela est une histoire qui nous provient de ma cliente Ada. Quand Ada m'a téléphoné, elle était suicidaire. Bien qu'elle se considérait être comme une «assez belle femme», elle avait subi récemment une chirurgie du nez pour «corriger» un peu son apparence avec l'espoir d'être mieux dans son corps. L'intervention s'était très mal passée et l'avait laissée totalement défigurée; elle était à ce point méconnaissable que sa famille et ses amis ne la reconnaissaient pas. Son nez s'était affaissé et ses lèvres et d'autres parties du visage étaient déplacées. Ada m'a expliqué que même si elle avait connu la maltraitance et la pauvreté dans la vie, cette expérience avait été de loin la plus atroce. Se voir dans le miroir comme une étrangère la désorientait complètement.

Pourtant, la douleur physique et le désespoir de Ada avaient aussi créé une ouverture et l'avaient préparée à recevoir des leçons importantes de l'Âme. Lorsqu'Ada a commencé à entendre et sentir son Âme, elle a appris que son Âme utilisait son orgueil pour l'inciter à se connaître au-delà des apparences. Ada m'a écrit une lettre expliquant les leçons de l'Âme qu'elle avait apprises :

«Récemment, j'étais en conversation avec mon Âme. (Je te remercie, je le fais maintenant.) Je lui demandais pourquoi elle avait décidé de m'enseigner la leçon en se servant de mon apparence. Aussi ironique que cela puisse paraître (provenant de quelqu'un qui a eu une chirurgie du nez), j'ai toujours aimé mon apparence, et je n'étais pas très frivole. Mais, elle m'a expliqué que mes mécanismes de défense face à d'autres aspects (mon statut professionnel, mon intelligence) étaient trop importants ; si elle avait tenté de m'enseigner la leçon par ces autres aspects, cela n'aurait pas fonctionné — j'aurais réussi à éviter l'aspect douloureux de ces leçons. Elle devait oser quelque chose que je tenais pour acquis — voilà comment on apprend ce qu'est la gratitude.»

Ada a planifié une chirurgie de réparation, mais le pronostic n'était pas très positif, à cause de la sévérité des dommages déjà causés. Nous avons conclu qu'elle devait rester près de son Âme pour se préparer émotionnellement et spirituellement avant la chirurgie. Ada a aussi puisé du réconfort auprès de l'esprit de sa grand-mère.

«Durant les jours précédant la chirurgie de réparation, j'étais en contact étroit avec ma défunte grand-mère et avec la voix de mon Âme. Encore une fois, bien sûr, cela semble superficiel et, effectivement, ma grand-mère et moi blaguions sur le temps qu'elle mettait de l'Au-delà pour s'occuper de mon satané nez. La voix de mon Âme était un peu là, aussi, principalement en tant que professeure rigoureuse. On aurait dit qu'elle était là pour me donner une note de passage et faire le travail à partir de cette leçon, mais elle ne portait pas beaucoup d'attention au fait que cela me préoccupait énormément. En fait, elle m'amenait vers une autre leçon. Elle m'a chaudement prévenue de ne pas me réjouir à l'avance. Elle voulait dire, ne fantasme pas quant au déroulement de cette chirurgie. Patience, étape par étape ; passe chaque jour selon ce qu'il peut t'offrir. N'essaie pas d'influencer le résultat. Ne te dis pas que tu mérites ceci ou cela. Ma grand-mère et mon Âme ont continué à me donner aussi un autre message. Elles disaient, nous sommes en dehors du temps, mais toi, tu es à l'intérieur du temps, donc fondamentalement reste à l'intérieur, là où est ta place. (Éclat de rire.)

» Bon, le jour de la chirurgie. Pour te mettre en contexte, mon chirurgien avait un travail extrêmement difficile. Il tentait de recréer mon ancienne « image » tout en travaillant sur un nez qui avait complètement perdu sa forme originale. Nous ne sommes pas de la glaise. Mouler la chair et les cartilages est une entreprise hasardeuse et risquée. Les histoires d'horreur et le taux d'échec sont beaucoup plus élevés que ce qu'en pensent les gens. J'aimerais que les gens soient davantage informés parce que dans une minorité (pas assez petite) de cas, les choses tournent vraiment à la catastrophe (généralement de 20 à 30 pour cent, et il y a même de nombreux chirurgiens qui, à répétition, défigurent des patients sans être sanctionnés).

» J'ai essayé de garder mon calme durant la chirurgie. Ma grand-mère était aussi dans la pièce ; elle était derrière moi à ma gauche avec sa présence aux fabuleuses teintes de l'arc-en-ciel. Je me sentais vraiment misérable quand je me suis réveillée. Nerveuse et inquiète quant à l'issue de l'intervention. Je ne voyais pas mon nez parce qu'il était bandé. J'allais le voir que dans six jours.

» Hier, je suis justement allée faire retirer mon plâtre et les points de suture. C'est le médecin qui les a enlevés (ce qui est inhabituel). C'était douloureux. Pendant qu'il retirait le tout, la pièce était devenue super calme. Désormais, je ne serais plus la même — c'est tout à fait impossible. Mais il a réussi, ce qui est *plutôt rare* pour une chirurgie reconstructive — je me ressemblais de nouveau, disparue la crainte de rencontrer des amis et des collègues de travail qui ne me reconnaissent plus. Il a recréé l'essence de mon visage; il a vraiment fait un excellent travail. Franchement, je peux désormais me regarder dans le miroir et voir ce vieux visage que j'avais perdu, mais à la fois, j'ai l'impression que je peux supporter la différence grâce à la compréhension de ce que tout cela m'a enseigné.

» J'accepte maintenant mon pouvoir de me connecter au monde spirituel — un pouvoir intérieur dont j'ai longtemps douté.

» Je sais que désormais ma vie sera plus remplie et plus riche, et en retour, les gens que j'aime en bénéficieront, parce que j'ai compris l'importance de la gratitude et je m'engage envers la gratitude comme mode de vie.»

Quand on comprend que l'Âme orchestre notre vie et qu'elle est très déterminée quant aux épreuves et aux joies que l'on vit, on devient les héros et les héroïnes du mythe de notre vie. On se sent à la hauteur quand on comprend que l'univers conspire pour nous entraîner à notre plus grand cœur et pour notre plus grand bien. On n'est plus coincé dans les roues du destin, mais poussé au centre de la scène dans le rôle de notre vrai Soi.

Un de mes plus grands modèles de référence spirituels, qui est un exemple incroyable de cela, c'est ma chère amie Emily. Je l'ai vue se transformer en génératrice spirituelle à la suite d'une des expériences les plus douloureuses pour un être humain : la perte d'un enfant.

Emily était enceinte de six mois de son premier enfant et sa grossesse évoluait normalement. Elle était enthousiaste à l'idée de rencontrer son bébé qui lui donnait des coups de pied dans le ventre. Lors d'une échographie prénatale de routine, la technicienne est devenue silencieuse. Me racontant son histoire, elle l'a décrite ainsi : « Mortellement silencieuse. Le pire des silences. » Elle savait que quelque chose n'allait vraiment pas. Le médecin lui a appris l'affreuse nouvelle : son bébé avait une anomalie chromosomique connue sous le terme trisomie 18. Les cavités du cœur ne fonctionnaient pas correctement, et l'on ne s'attendait pas à ce que le bébé survive à la naissance. Emily se retrouvait soudainement dans une situation dévastatrice hors du commun où elle devrait accoucher de sa petite fille en dedans d'une semaine.

Emily est retournée à la maison et on lui a dit qu'elle avait la semaine pour se préparer à l'accouchement. Cette semaine-là fut un moment spirituel intense de contemplation et de souffrance brute. Heureusement, elle était déjà équipée d'outils spirituels qui lui permettaient de comprendre que cet événement avait sa raison d'être. Au lieu d'éviter sa douleur, elle savait qu'elle devait plonger dans toutes ses émotions pour être en mesure de recevoir les leçons de l'Âme.

« En attendant d'accoucher, j'ai senti cette responsabilité spirituelle. Cet esprit avait choisi de venir dans notre vie pour une raison très spécifique. Nous nous sommes demandé quoi faire de tout cela. Je me sentais comme une pionnière qui naviguait à travers un temps complètement noir, fondamental, authentique. Tout était basé sur le sensoriel. Je me suis abandonnée à mon instinct durant le processus. »

Durant cette semaine d'attente, elle a trouvé un certain confort à l'aide de visualisations et de méditation.

« Je visualisais un refuge. Je me suis dirigée vers mon grand arbre favori dans l'Oregon. Je voulais la voir à cet endroit. Je lui ai demandé : 'S'il te plaît, manifeste-toi, ici.' Je l'ai vue sous la forme incroyable d'un esprit immense avec ce troisième œil caractéristique. Elle était entourée d'un halo orange ardent. Elle voulait me prendre dans ses bras, je me sentais vraiment bien. Je me revois assise sur ses genoux. Elle était si douce et si grande que je ne me souviens plus de ce qu'elle m'a dit. C'était tout simplement réconfortant. »

Alors qu'Emily décrivait la vision qu'elle avait eue à un membre de sa famille, on lui a fait remarquer que l'image avait beaucoup à voir avec la déesse bouddhiste Vajrayogini. Cette déesse choisit délibérément des vaisseaux endommagés où habiter, dans le but d'enseigner comment vivre une vie épanouie à travers la mort. Cette image incroyable est devenue très signifiante pour le voyage spirituel de la famille d'Emily.

Le bébé n'a pas survécu à l'accouchement. Entourés d'êtres chers, Emily et son mari ont nommé leur bébé Nora, puis ils l'ont lavée et habillée. Ils ont embrassé et bercé ce petit corps frêle avant de l'amener à la morgue. Quand ils ont reçu les cendres du bébé à la maison, ils ont décidé d'organiser un service funèbre tout de suite après. Leur deuil public et authentique en a inspiré d'autres à guérir leurs propres blessures.

« J'étais si à vif que cela est devenu une offrande pour les personnes qui nous aiment. J'ai offert un service commémoratif aux personnes qui n'avaient pas eu l'occasion de faire leur deuil. Nous avons allumé un feu et joué du tambour. Un aigle s'est mis à tourner autour de nous pendant que nous étions sur la plage. Les participants étaient de couleur orange, la couleur de Nora. Elle m'a semblée comme du feu, ses mouvements étaient farouches et énergiques.

» Les gens sont venus vers nous, nous ont remerciés et pleuraient avec nous. Le groupe de guérison était réellement extraordinaire. »

J'ai demandé à Emily comment elle avait fait durant ces moments-là pour ne pas sombrer dans la spirale du désespoir.

« Je ne me sentais pas au fond d'un abîme. Nous avions compris que cette situation avait été « choisie » spirituellement. Je comprends que quelqu'un désire mourir alors qu'il n'y a aucune raison profonde pour expliquer cela.

» Je chante toujours la chanson de deuil cherokee le jour de son anniversaire. J'avais l'habitude de la chanter quand j'étais profondément blessée ; je pleurais en prenant ma douche. Maintenant, sept ans plus tard, je la chante et la ressens différemment. C'est une façon de me connecter à elle. Je la sens maternellement lorsque je la chante. Ce n'est plus un attachement douloureux, mais une réjouissance. »

Emily et son mari se sont fait tatouer dans le dos la déesse Vajrayogini à la mémoire de Nora. Vajrayogini est aussi le deuxième prénom de Nora. Dans leur maison, où vivent maintenant deux petits garçons adorables, ils ont dressé un autel dédié à l'Esprit de Nora. J'ai demandé à Emily quelle était la plus grande leçon que Nora lui avait enseignée.

« J'ai appris à quel point j'étais forte. J'ai appris l'humilité — à quel point notre histoire ressemblait à tant d'autres.

» J'ai appris qu'on peut sentir de la douleur, mais ne pas être la douleur. L'histoire comporte plusieurs traumatismes, et Nora ne veut plus être le centre d'attraction. Elle ne veut pas être estimée sous cet angle. Elle m'a enseigné que je pouvais la ressentir sans ressentir de douleur.

» J'ai appris que je m'aimais réellement. Que je m'aime tellement que j'accepte de donner inconditionnellement — de ne pas penser à moi, mais à elle. De célébrer simplement avec humour. C'est réellement tragique et cependant c'est aussi la *vie*.

» J'ai appris que j'ai la force et la volonté d'être vulnérable aux changements de la vie — de ne pas aller dans une seule direction. Dans la vie, les choses peuvent changer si rapidement, qu'il vaut mieux d'être souple et de s'en tenir au cœur des événements : 'Je m'en tirerai toujours'. »

Emily a découvert un but en aidant les familles qui sont dans des situations similaires à trouver leur voie. Elle a contribué à l'éducation et au changement des politiques dans les hôpitaux pour les femmes à qui l'on annonce des nouvelles dévastatrices en créant des trousses de deuil qu'on remet aux familles. Elle se consacre aussi à un livre destiné aux enfants des familles qui sont dans de telles situations. (Vous trouverez davantage d'information sur le travail puissant d'Emily dans la section Ressources.)

Lorsqu'on vit une situation exigeante dans la vie, on doit se demander : «Dans quel but mon Âme m'envoie-t-elle ce défi? Bien que pénible, qu'essaie-t-elle de m'enseigner que je ne peux apprendre que par cet événement particulier?» On commence alors à orienter l'ego vers l'orchestration fondamentale de l'Âme.

## LA NUIT SOMBRE DE L'ÂME

> *« Ce qui donne la lumière doit supporter la brûlure. »*
> — Victor Frankl

Quelquefois, sur le chemin de l'Âme, celle-ci orchestre une si grande épreuve qu'elle ébranlera notre foi, notre santé mentale et le plan de notre Âme. Elle nous écorchera jusqu'au cœur. Il ne s'agit pas ici des problèmes quotidiens de l'ego, petits ou importants, mais une épreuve d'endurance spirituelle. En fait, le but de l'épreuve est de nous épuiser complètement. Cette période d'essai est connue comme étant la nuit sombre de l'Âme. Cette expression provient d'un poème du poète espagnol catholique romain mystique du XVI$^e$ siècle, saint Jean de la Croix, et il est encore pertinent de nos jours.

Par cette épreuve, l'Âme se débarrasse de tout ce qui n'est pas essentiel pour notre personnalité et notre vie. Elle veut se défaire de tout ce qui n'est pas en harmonie avec notre plus grand bien et avec notre Soi le plus authentique. Une nuit sombre de l'Âme est une épreuve qui abat les limitations de notre personnalité. L'épreuve fera que l'on se sentira désespéré. Durant la nuit sombre, c'est comme si l'on pataugeait laborieusement dans une galerie souterraine manquant de lumière. On ne voit ni ne devine de lumière nulle part dans le décor qui nous entoure. L'épreuve ne se préoccupe pas à quel endroit on veut être ; c'est plutôt à l'endroit où notre Âme veut qu'on soit. L'épreuve est le processus qui nous transforme.

Il est important de se rappeler que ce ne sont pas tous les épisodes de dépression, de douleur ou de souffrance qui font partie de la nuit sombre. L'épreuve de la nuit sombre sert à attendrir la personnalité afin qu'elle se joigne au Divin. Alors, comment savoir qu'on vit une nuit sombre authentique ? Le mystique Andrew Harvey explique qu'une vraie nuit sombre sera « d'une cruauté impitoyable alors qu'on s'ouvre de plus en plus à la conscience divine. Voilà comment on sait qu'on traverse une nuit sombre authentique et non pas seulement une autre journée sombre dans la vie de l'ego[12]. »

Nos nuits sombres nous aident à éviter le faux savoir spirituel clinquant. Ces temps difficiles créent le coussin spirituel nécessaire afin de s'ancrer et contenir la lumière vigoureuse spirituelle. Bien que la nuit sombre ressemble à une mort ou à une fin, elle est plutôt une initiation, un processus nécessaire pour que *commencent* une nouvelle vie et une nouvelle identité.

Durant une nuit sombre, il faut résister à se comparer aux non-initiés, dont la vie peut sembler, surtout à ce moment-là, être trop bénie, simple et limpide. Il est facile de repérer les non-initiés — ils ne reconnaissent pas la dimension sacrée dans le désordre évident et ne peuvent s'y référer. Ils sont incapables de reconnaître et de naviguer dans ces moments tragiques et solennels. Prenez garde à ces conseillers spirituels prometteurs d'arc-en-ciel et de licornes durant ce moment charnière. Bien que leurs intentions soient valables, s'ils ne comprennent pas personnellement le sens profond de la nuit sombre, écouter leurs conseils alors que vous êtes vulnérable risque de détourner même d'interrompre le processus d'attachement spirituel. Un exemple courant et populaire est l'utilisation de la loi de l'attraction pour ignorer la réalité, la signification et le développement spirituel inhérents à une nuit sombre. La loi de l'attraction, une loi cosmique pourtant bien réelle, n'est qu'un joueur cosmique parmi tant d'autres. L'orchestration de l'Âme et la synchronisation d'une vraie nuit sombre dépassent l'interprétation (trop simplifiée) de la loi de l'attraction à laquelle se réfèrent trop souvent ces conseillers spirituels.

Quand on honore la nuit sombre, on commence à voir comment les dures leçons servent à allumer le feu spirituel qui brûlera les vieilles habitudes de l'ego qui ne servent plus l'Âme. C'est ainsi qu'on la perçoit comme une pyromane : elle déclenche le feu spirituel divin nécessaire pour nettoyer et se débarrasser des vieilles peurs. On ne doit pas seulement observer le feu, mais le regarder directement et ressentir sa chaleur tout en affrontant ses plus grands démons. Finalement, on en ressort comme le héros sapeur-pompier qu'on est.

## Interrogation sur l'orchestration de l'Âme

Dans votre journal, écrivez trois réponses pour chacune des questions suivantes :

1. Quel défi dois-je relever dans ma vie présentement? (Choisissez des défis contre lesquels vous êtes en lutte maintenant.)

2. (Prenez maintenant quelques inspirations profondes et établissez l'intention de considérer le défi à partir de la perspective de votre Âme, puis posez la question.) Comment cette situation conspire-t-elle pour me libérer? Quels sont les enseignements possibles de l'Âme qui se cachent derrière ce défi?

3. Quels sont les motifs, les sentiments d'injustice, les résistances ou les réactions que soulève en moi ce défi? De quelle façon suis-je en train de lutter contre l'acceptation de ces leçons?

4. Qu'est-ce que je ressentirais et comment ma vie changerait-elle si je pouvais « comprendre » cette leçon?

Vous pouvez faire cet exercice maintenant, mais vous pouvez également utiliser les questions 2 à 4 chaque fois que vous rencontrez une situation difficile dans votre vie.

## Gratitude dans la nuit

Si vous avez traversé une nuit sombre de l'Âme, vous savez que pendant cette période la gratitude semble presque impossible. Voilà pourquoi on doit chercher profondément pour trouver quelque chose dont on doit être reconnaissant durant cette période. Parfois, le miracle consiste seulement à se rappeler d'être reconnaissant à ce moment-là. Si vous êtes plongé dans une nuit sombre, énumérez cinq choses dans votre journal dont vous devez être reconnaissant. Cet exercice très utile vous aidera à comprendre que malgré les pires moments, on peut trouver un peu de bienveillance.

## La nuit avant l'aube

Parfois, lorsqu'on est plongé dans la nuit sombre, on a l'impression de ne plus avoir de raison de vivre. Durant cette épreuve intense, il est bon de vous rappeler que (1) l'on vous éprouve et que (2) cela aussi passera. Si vous êtes triste, dites votre mantra intérieur : « Il y a de la lumière au bout du tunnel », « C'est la nuit avant l'aube », ou seulement « Tiens bon ». (Si vous avez des tendances suicidaires, référez-vous à la section Ressources quant à la façon d'obtenir de l'aide.)

CHAPITRE 11

# LE FARDEAU DE LA PREUVE

*« Je pense que la science a le plus grand besoin
d'un doux scepticisme. Comme idéologie dominante de notre
époque, la science a une réputation magistrale semblable à
l'infaillibilité accordée à l'église au Moyen Âge. Ses promoteurs
sacerdotaux la vendent comme l'arbitre ultime de la vérité,
comme une approche pour rassembler et évaluer
l'information qui éclipse toutes les autres. »*
— Rob Brezsny

*« Pour ceux qui croient, aucune parole n'est nécessaire.
Pour ceux qui ne croient pas, aucune parole n'est possible. »*
— Saint Ignace

*« La science ne peut résoudre le mystère ultime de la nature.
Et cela parce que, en dernière analyse, nous sommes une partie
du mystère que nous tentons de résoudre. »*
— Max Planck

Malheureusement, il existe un fort préjudice dans le champ
de la science envers le phénomène «inexplicable». Les questions métaphysiques qui façonnent la parapsychologie sont
souvent immédiatement rejetées comme non scientifiques et
embarrassantes. L'anatomie énergétique, les expériences

extracorporelles et la communication télépathique sont souvent marginalisées dans les champs respectés de la recherche scientifique. Quiconque se tient avec des chercheurs spirituels aura une évidence anecdotique incroyable qui valide ces habiletés humaines inexploitées, mais ne s'attendra pas à voir cela se refléter dans les médias traditionnels ni dans les revues scientifiques les plus populaires.

La méthode scientifique se définit ainsi : « Les règles et les processus de la poursuite systématique de la connaissance impliquant l'identification et la formulation d'un problème, la collecte de données par l'observation et l'expérimentation, la formulation et la validation des hypothèses[13]. » Si la méthode scientifique était utilisée sans distinction, cela réglerait en grande partie l'écart inutile entre la science et la spiritualité, et l'«inexplicable» imperceptible serait un jour explicable. Plusieurs arguent qu'il s'est fait ces 10 dernières années des pas de géant pour combler l'écart entre les mondes spirituel et scientifique. Pourtant, dans notre culture, la communauté scientifique délaisse complètement la couverture et le traitement des questions spirituelles. Si l'on attend d'avoir des «preuves» pour vérifier et légitimer l'expérience de notre monde intérieur, on réduit drastiquement notre plein potentiel spirituel. (Pour une lecture complémentaire sur ce sujet, veuillez vous référer à la section Ressources.)

La nécessité d'avoir une preuve est un des principaux obstacles à se connecter directement à l'Âme et expérimenter la vraie intimité spirituelle. L'intimité spirituelle survient lorsqu'on a une relation directe, intime et affectueuse avec le Divin. Malheureusement, notre saboteur intérieur essaie de nous empêcher d'expérimenter cette intimité directe en exigeant d'abord de contrôler et de comprendre. Il n'y a rien de mal à traiter l'information pour chercher à comprendre rationnellement, mais on doit aussi comprendre les limitations de la réalité centrée sur le cerveau. Si l'on a besoin de comprendre au détriment d'une expérience spirituelle, on utilise son cerveau plutôt que de témoigner et de vraiment s'engager dans la vie. Il y a plus d'une forme d'intelligence qui existe et plus d'un moyen de connaître et d'expliquer le phénomène. Souvent, «la preuve» est utilisée pour justifier ce que quelqu'un *croit* à propos du monde. Toutefois, l'intimité spirituelle n'est pas à propos de ce que vous croyez. Il s'agit de ce que vous avez *expérimenté* et de ce que vous savez. Il s'agit de ressentir la beauté de la saveur puissante de votre Âme et de regarder dans sa direction pour vous orienter.

## SCEPTICISME VERSUS CYNISME

Une façon de vérifier si l'on se sert de la rationalité comme défense spirituelle est de comprendre la différence entre scepticisme et cynisme. Le scepticisme et le cynisme émanent d'états émotionnels très différents. Je précise souvent à mes clients qu'ils n'ont pas besoin de se débarrasser de leur scepticisme. Je veux qu'ils invitent leur ego à la fête spirituelle et qu'ils l'intègrent au processus du développement spirituel. Le scepticisme peut nous aider à détecter les charlatans abusifs, à filtrer et à intégrer nos expériences spirituelles retrouvées dans un ego qui fonctionne sainement. Une personne peut être sceptique, mais être quand même ouverte à une expérience spirituelle. Être cynique n'est pas bon. L'énergie qui se cache derrière le cynisme est inexprimée et elle réprime la colère attribuable au traumatisme. On devient cynique quand on a été abandonné, mal traité ou trahi spirituellement. Bon nombre d'entre nous n'ont pas été compris et soutenus dans leurs connexions spirituelles les plus profondes et les plus authentiques.

Bien sûr, il existe un continuum du cynisme : certains sont moyennement cyniques, tandis que d'autres transportent beaucoup plus de traumatismes spirituels. Cependant, même si le cynisme est modéré, c'est un appel à l'attention et à la guérison.

Le cynisme modéré est souvent causé par un manque d'approbation et de réflexion d'authenticité spirituelle ainsi que la permission d'explorer par la famille et la société. Cette forme de cynisme s'affiche souvent lorsque des individus entendent une histoire spirituelle qu'ils trouvent illogique ou inconcevable. Au lieu d'exprimer avec quiétude un désaccord à partir d'un lieu centré, ils éclatent avec une forte charge émotionnelle. Cela ne se produit pas souvent, mais quelquefois quand des étrangers apprennent que je parle directement aux esprits qui sont passés de l'autre côté pour les membres de leur famille qui vivent toujours, je suis confrontée à des cyniques qui sont en colère. On m'a accusée de profiter de la faiblesse et de la susceptibilité des gens. On m'a attaquée avec des plaisanteries sarcastiques et dégradantes parce que selon eux ce que je dis et fais est « chimérique ». Ces soldats vertueux de la logique ne me connaissent pas ni n'ont aucune idée de mon travail, donc leur colère ne m'est pas vraiment destinée personnellement, mais ils s'opposent plutôt aux idées que je présente.

De l'autre côté du continuum, il y a des individus qui ont subi des traumatismes horribles. Certains ont été élevés dans un système de croyances fondamentaliste et tyrannique. On ne leur permettait pas ou on ne les encourageait pas à avoir leurs propres opinions, leurs émotions, ou à interpréter leurs expériences spirituelles. D'autres ont fait partie de groupes basés sur le pouvoir «spirituel» (définis par la «pensée unique»), même de sectes qui utilisent consciemment la technique du lavage de cerveau. Récemment, j'ai parlé à une cliente qui avait été agressée lorsqu'elle était enfant par un «gourou» en qui ses parents avaient confiance. Elle avait, de toute évidence, des raisons d'être cynique face à la spiritualité.

Une conséquence prévisible du traumatisme est qu'il risque de causer des réactions de type noir ou blanc. Il est important *d'éviter de mépriser toute spiritualité* à cause d'un traumatisme spirituel. Le cynisme est la preuve de problèmes d'intimité avec le Divin. Pourtant, le cynisme deviendra un cadeau si on le voit comme un message que quelque chose en nous a besoin d'être guéri. On peut le percevoir comme un appel à montrer de l'intérêt, à se rapprocher et à être à l'écoute de ses blessures spirituelles. On doit se donner la permission de se guérir de la douleur afin de s'ouvrir à l'expérience directe de sa source spirituelle.

Il arrive souvent qu'on ne détecte pas le cynisme, car il est masqué par une interprétation de la réalité intellectuelle et avisée. On doit se demander : «Comment puis-je évoluer spirituellement et commencer à guérir mes blessures ? De quelle manière puis-je éviter de vivre en réaction spirituelle et développer une relation spirituelle proactive, saine et adulte ?»

Peu de modèles de relations dynamiques, mûres et saines avec le Divin s'offrent à nous. On a la preuve du fondamentalisme, du cynisme et du fanatisme ; mais à quoi ressemble une relation spirituelle qui ne se termine pas en *-isme* ? Quand il s'agit d'intimité spirituelle, on est passé par une série de mauvaises rencontres — à se plaindre à ses amis et à projeter sur ce que c'est vraiment. À quel point s'est-on permis d'employer un esprit ouvert et curieux et d'expérimenter directement une intimité spirituelle ?

On ne peut mesurer l'immesurable. On ne peut que l'expérimenter. Pour connaître un endroit, on doit y aller, et on ne peut pas y arriver à partir d'ici. C'est-à-dire qu'on doit modifier l'état de son cerveau, de sa réalité psychique et de sa vibration énergétique, pour rencontrer l'énergie et l'information du lieu où l'on veut aller. Sinon, on ne fait que parler, écrire et *croire* en ces choses.

## DU PROFESSEUR CYNIQUE AU PROFESSEUR SPIRITUEL

Un astrologue m'a déjà dit que mon travail cosmique au sein de ma famille était de transformer le doute en confiance. De nouveau, mon père, l'éternel cynique spirituel, s'est avéré être un extraordinaire professeur spirituel dans ma vie.

Mon père, lui-même scientifique, croyait que quand les gens meurent ils se désintègrent lorsque leur corps est offert aux vers. Il ne croyait pas à la réincarnation ni à la vie après la mort. Après avoir vécu une enfance difficile, je pense qu'il avait peur de fonder trop d'espoir en l'univers. Il était un survivant et il a appris à réussir dans des circonstances difficiles. Il a construit une merveilleuse maison, une famille adorable et une carrière dans laquelle il avait eu la liberté de travailler à son compte et de passer beaucoup de temps à la maison.

Mon père est mort subitement en 2006. Un soir, lui et ma mère avaient décidé de regarder un film. Il est monté pour aller à la toilette et il n'est jamais redescendu. Quand ma mère l'a découvert inconscient sur le plancher, elle a tenté de le réanimer (réanimation cardio-respiratoire), mais il était déjà mort.

Je vivais à San Francisco, et ils demeuraient dans les environs de Seattle. Je me rappelle m'être réveillée le lendemain de l'Halloween, à la Toussaint, et j'avais 17 messages de ma mère sur mon répondeur. J'ai su que quelque chose n'allait vraiment pas. Je me rappelle m'être dit : «*Je suis sur le bord d'être en état de choc.*» Puis, j'ai entendu la voix de ma mère à l'autre bout du fil : «Viens à la maison. Papa est mort.» Et j'ai sombré immédiatement dans un épais brouillard, en état de choc et de chagrin.

Je me rappelle être sortie de l'appartement en titubant avec mes valises après avoir réservé un billet d'avion. Je me suis rendue à l'aéroport et je suis montée à bord de l'avion. Je n'avais jamais senti auparavant une telle douleur émotionnelle.

Plusieurs mois plus tard, je rendais visite à maman à Seattle, dormant dans la chambre où j'avais grandi. Je fus réveillée soudainement vers 3 h du matin par une présence au-dessus de mon lit. J'étais terrifiée. Je savais que cette entité m'avait regardée dormir, mais j'ignorais comment je le savais.

Je me suis réfugiée dans mon Moi intérieur, terrifiée, et j'ai demandé : «*Qui est debout près de moi ? Est-ce un être positif ou négatif ?*»

J'ai reçu la réponse : *C'est ton père. Il veut te voir.*

J'ai ouvert les yeux et j'ai regardé à côté de mon lit et j'ai vu une ébauche de visage dans la noirceur de la chambre. J'ai regardé de plus près et je voyais des atomes zigzaguer autour, fabriquant la structure à l'intérieur de la forme. D'une manière ou d'une autre, j'ai reçu l'information, la compréhension, qu'il avait dû travailler très fort pour mettre son énergie sous une forme pour que je puisse le voir de nouveau. Il avait envoyé une intention à partir de son état d'esprit pour ramener sa vibration à un niveau où j'étais en mesure de l'identifier avec ma vision d'être humain. Papa était venu vers moi pour me réconforter.

Mais, je me suis assise, terrifiée. Je lui ai dit : « Oui, tu es mon père. Mais excuse-moi, c'en est trop ! Je serais terrifiée si *n'importe qui* m'avait réveillée en se tenant debout devant moi et en me surveillant. » Je me suis sentie coupable de l'avoir déçu et je me suis rendormie. (Vous savez à quel point on peut se sentir coupable envers les membres de la famille, même lorsqu'ils sont de l'autre côté !)

J'étais déroutée de voir à quel point il manquait à mon Moi physique alors que ma conscience et mon esprit savaient qu'il était toujours là. Il viendrait à moi durant une méditation et je sentirais encore sa force de caractère, son énergie singulière, sa force toujours présente, tandis que je ferais des cauchemars dans lesquels je criais : « Où es-tu ? Où es-tu passé ? » Je voulais tellement le serrer dans mes bras et sentir la chaude odeur de son cou. Je n'avais pas compris à quel point mon corps avait besoin de pleurer sa présence même quand mon Âme était encore avec lui.

Cela a été réconfortant d'avoir divers moments de « validation » de la présence de son esprit. Mon père était président et propriétaire d'une entreprise biochimique qui était maintenant inopérable. Aucun membre de la famille n'évolue dans le domaine de la science, et nous n'avions aucune idée comment poursuivre les opérations. J'ai commencé à questionner l'esprit de mon père au sujet de l'entreprise.

Un jour, mon père m'a dit : «Dis à ta mère d'envoyer l'enveloppe jaune qui est sur mon bureau à la femme au Texas.» J'ai vu clairement l'image d'une grosse enveloppe et l'esquisse de l'État du Texas. Je l'ai dit à ma mère. Nous avons regardé sur son bureau. Il s'y trouvait une grosse enveloppe en papier kraft adressée à une femme qui vivait au Texas.

Tout en méditant, j'ai parlé à mon père. Je lui ai demandé qu'il me parle de son passage de l'autre côté. Il m'a répondu que ça avait été une béatitude totale de quitter son corps lourd et de joindre soudainement l'énergie de la lumière. Qu'il était capable de se déplacer partout où il le voulait à l'aide du pouvoir de son intention et qu'il éprouvait une joie extrême à surveiller sa famille. Il m'a envoyé une image de la mort : c'était comme une goutte de pluie sur le pare-brise d'une automobile, où toutes les gouttes de pluie coulent sur la vitre, conservant leur propre identité et leur taille. Puis, au bas de la vitre, elles se rassemblent dans une flaque. Qu'il a conservé son identité à l'intérieur de la flaque, mais savait qu'il était aussi lui-même la flaque.

Durant la méditation, je lui ai dit en blaguant : «Qui rit en ce moment de ta fille qui est allée à une école loufoque sur la clairvoyance? Je suis la seule à pouvoir t'entendre!» Je n'ai pu m'empêcher de lui dire : «Je te l'avais dit». Je pense qu'il était soulagé de savoir qu'il avait eu tort.

La mort de mon père a contribué à guérir tout cynisme qui restait en moi. Grâce à cette connexion avec l'autre côté, j'ai découvert qu'il existait d'autres façons, qui ne passent pas par ma tête, d'expérimenter la réalité. Les exercices suivants vous aideront à comprendre où vous vous situez dans ce besoin de preuve qui bloque certaines personnes d'expérimenter leur connexion directe avec l'Âme. En identifiant vos croyances, vous reconnaîtrez à quel moment le cynisme surgit et vous y verrez le signe que vous devez y travailler plutôt que de succomber facilement au cynisme.

### Interrogation sur les preuves

Prenez un certain moment pour écrire dans le journal au sujet de l'importance d'avoir des preuves. Voici quelques questions qui vous aideront à démarrer :

- Est-il vraiment essentiel dans votre vie d'avoir une preuve extérieure pour savoir quelque chose?

- De quelle manière cherchez-vous cette preuve?

- Est-ce que la connaissance du cœur « fait foi de » preuve pour vous?

- Pouvez-vous vous rappeler un moment où vous avez su quelque chose sans aucune preuve rationnelle?

### Scepticisme versus cynisme

Explorez votre cynisme ou votre scepticisme dans l'écriture de votre journal. À quoi ressemble votre relation avec la spiritualité? Sentez-vous une connexion étroite spirituellement? Y a-t-il des aspects de la vie spirituelle (soit la vôtre ou celle d'amis ou de membres de la famille) devant lesquels vous vous sentez hésitant, réservé ou sceptique? Qu'en est-il du cynisme? Découvrez-vous en vous des pensées cyniques quant à votre spiritualité ou à celles des autres? Le cynisme se nourrit de la colère et il peut être d'une aide extraordinaire pour trouver en soi les zones qui ont grand besoin d'Amour. Si vous êtes en mesure d'identifier le cynisme que vous avez envers votre spiritualité ou celle des autres, observez s'il y a de la colère derrière la pensée et éliminez-la. Est-ce que la spiritualité vous a, d'une certaine manière, laissé tomber, trahi ou blessé? Avez-vous été élevé dans une famille où les «programmes spirituels» étaient marqués tels qu'une foi aveugle, une incapacité d'admettre la critique, ou un cynisme furieux? Demandez à votre Âme ce qu'elle pense de votre relation spirituelle, et s'il y a une manière spécifique qu'elle veut que vous développiez votre évolution spirituelle à la prochaine étape.

# CHAPITRE 12

# L'ÂME-NÉSIE

*« Marchez sur la voie mystique d'un pas réaliste. »*
— Angeles Arrien

*« L'univers n'est pas à court de prise de conscience. Nous sommes tout simplement trop rapides à appuyer sur le bouton pause. »*
— Brené Brown

Comme on l'a vu au chapitre précédent, parce qu'on survit à une culture axée sur l'intellect plutôt que sur le cœur, on manque de soutien pour la validation du monde incroyablement subtil de l'Âme. Le résultat de ce manque de confirmation extérieure est une forme de doute que j'appelle « Âme-nésie ». Ceci est une expérience combien trop réelle pour mes clients et moi. *L'Âme-nésie se produit quand on méprise, minimise et compartimente intellectuellement nos intuitions et nos expériences directes avec l'Âme.* Plutôt que d'intégrer ces manifestations spirituelles dans une réalité vécue, on considère avoir rêvé ou imaginé quelque chose. On rationalise sa compréhension des événements et diminue leur importance.

Pour accepter et intégrer la réalité de l'Âme, on doit d'abord apprendre à valoriser sa réalité. À l'instar du personnage dans *Le lapin de velours*, on doit d'abord se poser la question : «Qu'est-ce qui est réel?» Dans ce conte classique pour enfants, le cheval, un vieux jouet en peluche, a la réputation d'être sage. Il vit dans la chambre du garçonnet depuis plus longtemps que tous les autres nouveaux jouets mécaniques et brillants qui ont rapidement été mis de côté lorsqu'ils ont été brisés. Le lapin de velours s'approche du cheval et lui demande : «Qu'est-ce qui est réel?»

Le cheval dit au lapin qu'on devient réel quand un enfant nous aime. Le lapin se demande si c'est un processus douloureux et si cela fait mal.

«Cela ne se produit pas tout d'un coup, dit le cheval. Tu le deviens. Cela prend beaucoup de temps. C'est pourquoi cela n'arrive pas souvent à ceux qui se brisent facilement, qui ont des arêtes tranchantes, ou qui doivent être soigneusement conservés. Généralement, lorsqu'on devient réel, une grande partie de notre poil est usé, on a perdu un œil et nos articulations sont fragiles. Mais ces choses importent peu, parce que *lorsque tu es réel, tu ne peux pas être laid, sauf pour les personnes qui ne comprennent pas.*»

En établissant votre relation avec votre Âme, vous aussi devenez réel. Vous commencez à émettre un sentiment de force intérieure, puisque vous réalisez que votre identité ne dépend pas des circonstances extérieures, mais de la relation avec la part de vous-même qui est éternelle. Comme l'amour qui voit à travers les yeux inexpressifs, on est initié au secret que quelques-uns connaissent réellement.

Devenir réel ne convient pas aux poltrons. Il y a un processus spirituel d'autosélection; seuls ceux qui sont prêts peuvent l'expérimenter pleinement. C'est pourquoi il est inutile d'essayer de convertir, de choyer ou de forcer quelqu'un à être plus conscient. Essayer de forcer quelqu'un est une forme de violence. Et fréquemment, vous trouverez que ces mêmes personnes n'acceptent pas ou ne comprennent pas la relation que vous entretenez avec votre Âme. Mais il est important d'accepter leur expérience avec équanimité. Assurez-vous de savoir vraiment ce que c'est que d'être réel.

La sainte musulmane et mystique soufie Rabi'ah al-Basri a vécu à Basra, dans la seconde moitié du VIII^e siècle après Jésus-Christ. Rabi n'a pas documenté sa vie par écrit, mais heureusement le saint et poète soufi Farid al-Din Attar nous a laissé des témoignages de sa dévotion. Rabi a introduit l'idée audacieuse que Dieu devrait être aimé par amour de Dieu, plutôt que par la crainte. Dans *Une histoire littéraire de la Perse*, Edward Granville Brown écrit qu'on a demandé à Rabi : «Est-ce que tu hais le diable?» «Non», répliqua-t-elle. Ils lui ont demandé : «Et pourquoi?» Elle a répondu : «Parce que mon amour pour Dieu ne me laisse aucun moment pour le haïr[14].»

Ce type de dévotion est la manière suprême de combattre l'Âme-nésie. Quand on aime et honore notre Âme avec un respect sacré, l'Âme-nésie n'a plus aucune chance. Il est essentiel que votre Âme ait une place dans votre vie — visuellement, concrètement et pratiquement. Cela crée un ancrage pour brancher sa réalité subtile avec votre réalité physique. Ces rappels tangibles sont primordiaux. Et pour qu'ils s'imbriquent mieux dans votre expérience quotidienne, ils doivent être amusants, intéressants, inspirants, intimes et personnels.

J'ai entendu parler de l'histoire d'un incendie qui s'était déclaré soudainement dans une petite ville de l'Indonésie. Les habitants n'avaient pu emporter qu'une seule chose qui leur appartenait. Plusieurs ont apporté leur autel. Cette histoire m'a beaucoup affectée. Je me suis demandé, si j'étais obligée de prendre rapidement qu'une seule chose dans ma maison en feu, qu'est-ce que ce serait ? Le fait que l'autel — l'espace sacré réservé à la dévotion spirituelle — fut le seul objet que plusieurs de ces habitants ont saisi illustre la valeur et l'importance de ces objets réservés à la dévotion. Elle montre leur connexion à la réalité des mondes invisibles et à l'Âme.

### Rendez-la présente dans votre vie

Un des moyens pour ancrer la réalité de votre Âme dans votre vie est de créer un rappel visuel de votre Âme. Voici quelques suggestions. Appliquez une (ou toutes !) des suggestions suivantes afin d'être connecté constamment à votre Âme dans votre vie.

- **Un autel de l'Âme :** Construisez un autel pour votre Âme. Trouvez un coin, une tablette ou une simple table sur laquelle dresser un autel spécial dédié à la dévotion de votre relation avec elle. Décorez-le avec tout ce qui la concerne : des lumières de Noël, des photos, une œuvre d'art, des plumes, des cristaux, de belles étoffes, des colliers, des herbes médicinales, des statues, des éléments de la nature (des pommes de pin, des pierres, des coquillages), ou des citations de l'Âme. Vous pouvez y déposer la plupart des livres que vous aimez. Quoi que vous fassiez, faites-le pour vous. C'est un endroit merveilleux pour méditer et prier, envoyer des pensées d'amour et de bonnes vibrations à votre autel. Les autels, comme les êtres vivants, ont besoin de soin et d'attention. Vérifiez souvent si votre autel a des objets qui ne vous servent plus. Faites savoir à votre Âme que c'est là que vous honorez votre relation.

- **Un collage de l'Âme :** Utilisez un tableau d'affichage pour créer un collage représentant votre Âme. Prenez une pile de magazines et de catalogues. Demandez-vous quel adjectif vous attribuez à votre Âme (amusante, bleue, joyeuse) et permettez-lui de sélectionner des images. Laissez-la guider vos mains vers les couleurs, les mots ou les images dans les pages qui la représentent. Découpez ce qui vous attire sans vous demander pourquoi. C'est la première action pour son autel.

- **Une bible de l'Âme :** Même si le mot *bible* est souvent associé aux textes sacrés chrétiens ou juifs, à l'origine il signifiait « un grand livre saint ». Créez votre Bible de l'Âme en la remplissant de poèmes inspirants, de photos, de citations et de guidance de l'Âme. Permettez à votre guidance intérieure de trouver et de découper des images de magazines qui stimulent votre ferveur. Vous pouvez y rassembler et énumérer des synchronicités. Ceci contribue, pour votre esprit rationnel, à créer la « preuve » des mécanismes mystérieux du Divin auxquels vous pourrez toujours vous référer plus tard. Cette traçabilité dans la Bible de votre Âme vous rappelle que ce monde est prodigieux, vivifiant et rempli de miracles.

- **Une plante de l'Âme :** Plantez une prière. Trouvez une graine ou une petite plante et établissez l'intention de nourrir cette plante comme vous nourrissez votre relation avec votre Âme. Envoyez de l'Amour à cette plante quand vous l'arrosez. Vous pouvez aussi la poser sur votre autel ou prier devant elle. Cet exercice apporte la compassion et la connexion entre cette plante et la croissance fragile et importante qui se développe dans votre relation avec votre Âme.

### Interrogation sur « Devenir réel »

À l'instar du lapin de velours, on est tous aux prises avec la question : « Que veut dire devenir réel ? » Prenez un peu de temps pour contempler et écrire dans le journal à propos des questions suivantes :

1. Que signifie pour vous être réel ? Comment prendre conscience que vous êtes devenu réel ? Connaissez-vous quelqu'un que vous estimez qui est devenu réel ?

2. Qui est votre cheval de peluche ? Quelles sont les personnes assez sages à qui vous pouvez demander ce que c'est que d'être réel ? Ces gens peuvent être morts ou vivants, mythiques ou de simples voisins.

3. Si vous disiez à un enfant chéri, à un ami, ou à un membre de la famille ce qu'est être réel, quelles seraient vos paroles les plus sages ? Que diriez-vous à propos du processus de devenir réel ? Y a-t-il quelque chose que vous souhaiteriez dire à votre enfant intérieur sur le processus de devenir réel ?

### Les soutiens de l'Âme

En psychologie, on appelle les choses qui soutiennent la santé de soi des «objets du soi». Quels sont les objets du Soi qui vous connectent à votre Âme? Pensez à des souvenirs, à des endroits, à des chansons, à des films et même à des objets qui vous aident à vous sentir fort et authentique. Dans votre journal, écrivez ce qui fortifie votre relation avec votre Âme.

En feuilletant mon journal, je constate que j'ai écrit, il y a de nombreuses années, que le film féministe *Even Cowgirls Get the Blues*, le livre centré sur la déesse *Dancing in the Flames* de Marion Woodman et le journal intime incroyablement coloré et émotionnel de Frida Kahlo m'ont tous aidée à me connecter aux éléments de mon Âme. Voici quelques questions qui vous aideront à démarrer :

1. Quels sont les moments cruciaux où vous vous sentez connecté à votre Âme?

2. Quels sont les films ou les émissions télévisées qui vous aident à vous rapprocher d'elle?

3. Quelles sont les chansons qui vous aident à la ressentir?

4. Quels sont les livres qui vous rappellent votre Âme et vous aident à vous connecter à elle?

## Les modèles de l'Âme

Quels modèles de l'Âme contribuent à vous souvenir d'elle? Qui sont les gens, les relations réelles ou imaginaires, qui fortifient votre relation avec elle? Cela ne doit pas être des gens à qui vous vous compareriez avec envie, mais plutôt des personnes inspirantes qui vous servent de guides énergétiques pour vous aider à vous rapprocher de votre Âme. Pour moi, ça a été Marie de Magdala, Marion Woodman, Maya Angelou et mon professeur de quatrième année.

Écrivez le nom d'au moins quatre modèles de l'Âme dans votre journal, accompagnés de notes expliquant pourquoi ils ont eu cette influence dans votre vie. (Je parierais que les qualités qui expliquent qu'ils sont vos modèles de l'Âme correspondent aux qualités de votre Âme.) Lorsque vous les avez identifiés, vous pouvez vous appuyer sur eux dans des temps de crise. Imaginez le conseil que vous donnerait votre modèle de l'Âme.

## Rendez-vous avec l'Âme

Prenez une demi-journée ou une journée complète de vagabondage dévotionnel avec elle, et laissez-vous guider par elle. Avant de quitter la maison, récitez le mantra suivant : « Mon intention aujourd'hui est de me rapprocher de toi, de renforcer notre relation. Je t'invite à me guider. » Ensuite, laissez-vous guider par votre intuition. À quel restaurant veut-elle aller ? Que veut-elle faire ? Aller à la bibliothèque, fureter dans une librairie, s'asseoir à la plage, s'acheter du yogourt glacé ?

Vous pouvez également avoir un rendez-vous pour courir les boutiques ! Rendez-vous à votre magasin préféré et écoutez votre Âme. Quels styles, quelles couleurs ou textures préfère votre Âme ? Vous aurez peut-être la surprise de découvrir que ce qu'elle aime va à l'encontre des goûts de votre ego. Est-elle plus sauvage, plus enfantine ou plus enjouée que vous croyiez l'être ? Y a-t-il une pierre spécifique dans une boutique de cristaux ou une bijouterie qui lui ressemble ? Vous pouvez aussi, tôt le matin, lui permettre de choisir ce que vous porterez. Tenez-vous près de votre placard et laissez-la vous diriger vers les vêtements que vous porterez ce jour-là.

# CHAPITRE 13

# L'OR DU FOU

« *Si le fou persistait dans sa folie, il rencontrerait la sagesse.* »
— William Blake

« *Je suis heureux d'être appelé le fou de Dieu.* »
— Saint François d'Assise

« *Que personne ne s'abuse : si quelqu'un parmi vous se croit sage à la manière de ce monde, qu'il devienne fou pour être sage.* »
— Corinthiens 3,18 (NIV)

Durant les séances, c'est loin d'être une coïncidence d'entendre si souvent cette remarque de la résistance envers l'Âme : « Je ne veux pas avoir l'air ridicule » ou « Je ne veux pas être stupide et bête ». Cette peur d'être stupide est la source de l'évitement de notre Divinité et la raison principale qui nous rend si susceptibles à l'Âme-nésie. Quand les gens découvrent comment je gagne ma vie, plusieurs personnes que je ne connais pas me racontent discrètement leurs rencontres spirituelles comme s'ils étaient au confessionnal. Ils sont si soulagés de trouver quelqu'un avec qui partager leurs histoires « stupides ». L'autre jour, à la banque, le caissier s'est penché vers moi et il m'a chuchoté à la manière d'un conspirateur : « J'ai eu quelques expériences *incroyables*. Mais je n'en parlerais jamais à quiconque! Les gens penseraient que je suis fou!»

En réalité, alors que j'accompagnais récemment ma mère à son rendez-vous chez le médecin, je lui racontais comment il m'arrive souvent que des gens se confient à moi à propos de leurs expériences spirituelles. «Cela ne peut pas arriver *si* souvent!» a-t-elle répliqué. Puis, alors que nous bavardions avec l'infirmière avant de rencontrer son médecin, il a été question de mon travail. Jetant un coup d'œil dans le corridor, question de voir si quelqu'un écoutait, elle a murmuré: «Des choses très étranges m'arrivent *tout le temps!*» Lorsqu'elle nous a quittées, ma mère m'a regardée et elle a dit: «Je crois que tu n'exagérais pas!»

Pourquoi tant de personnes sentent-elles le besoin de parler à voix basse lorsqu'elles racontent les expériences qu'elles ont vécues? Il y a vraiment une honte liée au monde intuitif de l'Âme, et personne ne veut être perçu comme un «fou». Et pourtant, lorsqu'on accepte de céder à notre voie et à l'appel du fou, on se donne consciemment la permission de connaître l'Âme.

La première carte du tarot est le Fou. Une nouvelle vie est toujours associée à une forte dose d'énergie archétypale du saint Fou. C'est la pierre angulaire du courage — le risque essentiel du bourgeon qui délaisse le moule préétabli. Le Fou nous montre comment nous engager dans la vie dans toute sa gloire afin d'entrer dans un monde rempli de découvertes. Le Fou nous protège d'une vie remplie de médiocrité. C'est lui qui nous accompagne et nous encourage le plus sur le Chemin de l'Âme. Sans lui, on serait perdu, satisfait de vivre la vie que les autres ont planifiée pour nous. On espère avoir raison. On a peur d'avoir tort. Dans notre peur, on choisit souvent le désir de mort plutôt que la morsure douloureuse d'être étiqueté comme « ayant tort ». On préfère être déprimé plutôt qu'avoir tort. On est terrifié à l'idée de devenir le fou du roi, de faire rire de soi. On pense qu'avec le Fou, on rit de lui et non avec lui. L'énergie individuelle et collective qui constitue le désir de mort n'est pas matière à rire. Quand le désir de mort est présent chez une personne, la matière corporelle, la structure cellulaire, n'a pas l'énergie fluide de l'amusement qui y circule. Le désir de mort retire la vie et la lumière du corps, en échange de l'énergie lourde de la séparation et de la victimisation. « Je ne serai jamais surpris en train de plaisanter. » Le désir de mort, c'est très sérieux.

## LA BLESSURE DU PÈRE NOËL

Singulièrement, la douleur de paraître fou est vécue par plusieurs d'entre nous à un très bas âge. Je ne peux pas vous dire exactement combien de personnes à qui j'ai parlé qui se souviennent exactement d'où elles étaient lorsqu'elles ont appris que le père Noël n'existait pas. Peut-être que le choc a été atténué par quelques propos que « l'esprit de Noël » est aussi réel que l'homme avec la barbe blanche. Mais pour la plupart d'entre nous, c'était la première fois que nous prenions conscience que les autorités religieuses ou spirituelles, et même nos parents, nous avaient menti ou trahis, ils étaient des conspirateurs de fantasmes. Nous avions l'air idiot. Peut-être que cela s'est passé quand nous avons posé la première brique de notre château intérieur du cynisme. Peut-être sommes-nous devenus rigides ou sur la défensive : « Je ne vais pas me faire berner par *celui-là* ! »

Mais si l'on peut aller au-delà de tous ces signes extérieurs et commencer à s'abandonner à ce que chaque moment a à nous enseigner, on sera toujours guidé. Si vous avez déjà assisté à une naissance, vous avez ressenti le moment où le voile est aussi mince que du papier et le temps commence à se dissoudre. Juste avant le premier cri du bébé règne un lourd silence, doré — le temps ralentit et la pièce semble remplie d'émerveillement, de grâce et de dévotion pour la vie. Si vous avez déjà assisté à un décès, vous avez senti la réalité de la conscience quitter le corps. Vous avez senti la pièce devenir silencieuse quand on vous abandonne, tandis qu'un autre être est parti ailleurs. Vous voyez ensuite la froideur du corps, l'absence de vie. Alors que vous êtes en larmes, des questions fusent à l'intérieur de vous : «Où es-tu? Où es-tu parti?» Vous savez que la personnalité était trop débordante et trop réelle pour simplement disparaître. Plus tard, pourtant, après avoir expérimenté la mort ou la naissance, on est déconcerté par les explications. Les mots nous manquent. On perd souvent la sensation de l'expérience à la lumière du jour. Cela nécessite une forte dose du Fou pour que notre ego accepte l'importance de ces expériences saintes. On doit s'ouvrir aux eaux inexplorées sur lesquelles on ne sait pas comment naviguer. On doit prendre le risque insensé de faire de la place dans son cœur pour découvrir qu'il y a peut-être plus de vie que la raison arrive à expliquer. Si l'on rejette cette expérience sainte de la validation spirituelle, on se sent seul, déconnecté de son Âme.

Selon mon expérience, je sais qu'il est possible d'avoir une expérience mystique profonde à laquelle l'ego résiste. Il la nie ou évite l'intégration de la matérialité dans la personnalité. J'étais terrifiée à l'idée de rencontrer mon fou intérieur ; je l'ai retenu avec un paradigme rationnel effrayant. Heureusement, mon fou intérieur était déterminé à me rencontrer.

Lorsque j'avais 17 ans, mes parents m'ont acheté une séance de lecture intuitive et de guérison comme cadeau de Noël. Étant des êtres rationnels, en principe ils n'auraient pas acheté une lecture intuitive, mais elle avait été mise à l'encan à leur église unitarienne. Ce don provenait d'une membre nommée Stacy, alors ils n'ont pas hésité à acheter ce cadeau, puisque tout l'argent serait remis à l'église. Je me rappelle ma confusion quand j'ai ouvert la carte de Noël dans laquelle il y avait le coupon pour une lecture intuitive. À ce moment, ce cadeau ne semblait rien à voir avec mes intérêts. Forte de ma confiance du je-sais-tout de l'adolescente, je me suis présentée respectueusement à la maison de Stacy pour ma séance. Elle m'a fait entrer et m'a conduite dans son studio où il y avait déjà de l'eau et des mouchoirs. Elle les a désignés et m'a dit que les mouchoirs étaient là si j'en avais besoin — au cas où je pleure. Je me suis dit qu'elle était dingue.

Ça faisait à peine cinq minutes que j'étais assise avec Stacy que je pleurais comme un bébé. Elle m'a dit, avec beaucoup de détails, des choses très spécifiques concernant ma vie que je n'avais révélées à personne. Ce n'étaient pas des généralités du type « Tu es une personne sociable » ; elle a retransmis des conversations que j'avais eues avec mon petit ami de l'époque, révélant différents aspects de ma relation que je n'avais jamais racontés à personne. Elle a fait sauter mon paradigme rationnel avec une petite épinglette de vérité énergétique. Je suis devenue paranoïaque. Je n'écoutais pas ce qu'elle me disait tellement j'étais submergée par la réalité de ce qui arrivait. Je l'ai interrompue.

— Comment obtenez-vous cette information ?

— De mes esprits guides, a-t-elle répondu calmement.

— Pouvez-vous me dire ce qu'est un esprit guide ?

Elle a poursuivi la lecture alors que mon modèle scientifique et rationnel continuait de tomber en morceaux. Cela s'est passé avant les débuts d'Internet, et je suis certaine que j'aurais pensé qu'elle avait vérifié sur Google si cela avait existé à ce moment. Mais cela n'aurait quand même pas pu lui fournir toute l'information intime qu'elle semblait connaître à mon sujet.

Lorsque je l'ai quittée, je me sentais nue et secouée. Pour plusieurs, cette découverte n'a peut-être pas été aussi intense, mais compte tenu de mon bagage rationnel et scientifique, j'avais l'impression de sortir de Narnia ou du monde des *Brumes d'Avalon*. Elle avait enregistré la séance pour que je puisse la réécouter à la maison. J'ai immédiatement relégué l'information de cette séance dans un compartiment à l'arrière de mon cerveau, à un endroit étiqueté « Ne pense pas à cela ». Je me suis enfoncée lentement dans le déni et le refoulement. Cela m'a pris toute une année avant d'être en mesure d'écouter l'enregistrement.

Mon désarroi m'a poussée à retourner voir Stacy. Lorsque j'ai commencé l'université, j'avais une verrue sur le genou gauche. Je l'avais rasée et elle avait saigné. Le virus s'était répandu et environ 35 nouvelles verrues ont surgi tout autour de mon genou. J'avais l'impression d'être une lépreuse. À plusieurs reprises, j'étais allée chez le médecin ; chaque fois, il les brûlait à l'azote liquide. J'avais tellement de verrues et j'avais essayé tellement de traitements que j'avais des cicatrices de brûlure au troisième degré sur ma jambe, qui, m'avait-on dit, resteraient pour le reste de mes jours.

Je me suis rappelé que Stacy m'avait dit qu'elle faisait des traitements énergétiques, et puisque la médecine occidentale semblait me faire faux bond, j'ai pensé essayer sa méthode. J'étais prête à essayer n'importe quoi, même un chalumeau. Je me suis rendue à son bureau et me suis étendue sur sa table de massage. Elle a commencé à faire circuler l'énergie dans ma jambe gauche, ses mains placées légèrement au-dessus mon corps. Je me suis sentie détendue tout en glissant dans un état méditatif profond. J'ai remarqué des lumières scintiller dans la noirceur, mais je ne leur ai pas accordé beaucoup d'attention.

— Qu'est-ce que vous voyez en ce moment? a demandé Stacy.

— Rien, seulement quelques lumières qui clignotent.

— Qu'est-ce que vous voyez d'autre? Je crois que vous commencez à entrer en transe.

Le mot *transe* m'a effrayée. Je pensais que c'était des gens qui perdaient le contrôle, qui devenaient possédés ou parlaient d'autres langues. Que rien à propos de la transe ne semblait sous contrôle.

— Rien. Seulement quelques lumières.

— Regardez plus attentivement!

— En bien… un poulet qui porte des chaussures de tennis. (Cela est véritablement arrivé. C'est ce que j'ai vu.)

— Que voyez-vous d'autre? a-t-elle continué calmement.

Soudainement, comme si j'étais en train de regarder un film en technicolor, un tigre magnifique est apparu au centre de ma vision. Mes yeux étaient encore fermés. Et maintenant, je pleurais. J'étais terrifiée par ce qui m'arrivait. Je n'avais aucun point de repère quant aux visions claires comme celles-ci. Je me suis demandé si je n'avais pas été droguée ou si j'étais en train de devenir folle.

Le tigre semblait vouloir communiquer avec moi. Il dégageait une forte énergie de compassion affectueuse. Il m'a regardée directement puis il a plongé dans mon corps, entraînant ma conscience avec lui. Cela donnait l'impression que nous volions rapidement dans un tunnel, de plus en plus profondément dans l'inconnu. Je voyais ses pattes puissantes nous rapprocher de quelque chose situé en dessous de nous.

Nous avons atterri dans un lieu sombre et rempli d'autres créatures. Je me rappelle avoir reçu soudainement des tonnes d'informations auxquelles je ne pouvais pas accéder dans mon état normal. «Je savais» que mes verrues étaient là pour m'enseigner une leçon : que je suis aimable, verrues incluses. J'ai commencé à parler d'anecdotes, de petits traumatismes, dont je ne me serais pas souvenu consciemment. Je comprenais que je me libérais des traumatismes que mon corps avait intégrés dans ma jambe gauche, des anecdotes de commentaires méchants qu'un ancien petit ami avait faits ou d'ennuis quotidiens que j'avais accumulés dans cette zone de mon corps physique. J'avais perdu la notion du temps. Je savais seulement que je devais me débarrasser de ces anecdotes.

La seconde chose dont je me souviens, c'est que Stacy m'encourageait à sortir de ma transe.

— Je dois prendre un traversier, m'a-t-elle dit.

— Oui, bien sûr! Depuis combien de temps suis-je ici?

Je n'avais aucune idée de ce qui était arrivé.

Cinq heures avaient passé. Encore une fois, j'ai quitté le bureau de Stacy désorientée et vulnérable. Mais le jour suivant, mes verrues avaient disparu. En un mois, les cicatrices qui devaient ne jamais partir s'étaient effacées. (Des années plus tard, j'ai découvert que j'avais expérimenté une rencontre classique avec un «monde inférieur» chamanique.) L'expérience m'a révélé diverses choses : qu'une rencontre avec le Divin ne veut pas dire que vous avez déjà intégré psychologiquement l'information dans votre vie et dans votre corps. Même après l'événement, preuve médicale à l'appui, j'ai continué d'avoir des expériences spirituelles que je voulais effacer, minimiser et désavouer. Mon ego luttait pour avoir le contrôle de mon paradigme. Je ne voulais pas avoir l'air ridicule.

Ne permettez pas à la peur du ridicule de se mettre en travers de votre relation avec votre Âme. C'est à travers ces expériences qui apportent cette trépidation qu'on apprend comment prendre des risques, faire confiance à son instinct et à s'illuminer. La bonne nouvelle est que comme le Fou, le Divin n'est pas dépourvu d'humour. Comme je le dis souvent : «Le Divin est un sujet trop sérieux pour qu'on le prenne trop au sérieux.» Ainsi, quand on s'illumine, on illumine aussi sa vibration. L'énergie de la joie possède un puissant pouvoir de guérison. Quand on rit, le diable n'a pas de place. Quand je travaille avec les esprits qui ont dépassé les bornes et que je rencontre un esprit sombre, je me sers toujours de l'humour pour que ça se passe bien. Plusieurs énergies sombres prospèrent dans la peur, donc si vous êtes effrayé, trouvez une façon de rire. C'est une pratique spirituelle que d'apprendre à trouver l'humour divin dans cette comédie ridicule qu'est la vie. Comme je l'ai dit précédemment, nous sommes des esprits qui ont une expérience humaine — et la partie humaine de l'expérience peut s'avérer épuisante. Elle peut être remplie de méchancetés, de maladies et de douleurs incroyables. L'humour est capable de percer la matrice de nos histoires terrestres — les histoires qui créent notre réalité et l'expérience qu'on en tire. Lorsqu'une énergie lourde tourne autour de moi, je vais sur YouTube et je regarde quelques vidéos amusantes, du niveau de maturité à glisser sur une pelure de banane. L'humour, la musique, danser, crier — sont tous des moyens étonnants pour transformer l'énergie.

Une de mes superhéroïnes spirituelles favorites est sainte Bernadette. Bernadette, née à Lourdes, en France, était reconnue pour ses visions d'une «petite jeune dame» portant un voile blanc, une écharpe bleue et des roses jaunes sur les pieds. Cette dame a dit à Bernadette de revenir à la grotte tous les jours pour prier avec elle. Ses histoires de visions mettaient dans l'embarras les parents de Bernadette, et la police menaçait même de l'arrêter quand elle est devenue de plus en plus populaire dans sa petite ville. Les opinions dans la ville étaient partagées. Quelques personnes croyaient qu'elle était folle et qu'on devait l'interner, d'autres commençaient à la suivre, croyant qu'elle était vraiment témoin d'un miracle. Lors d'une fameuse visite à la grotte, la petite dame lui a dit de «boire l'eau de la source, de s'y laver et de manger l'herbe qui y poussait.» Les instructions reçues, elle a commencé à embrasser le sol. Rapidement, Bernadette s'est mise à manger l'herbe et la terre et à se frotter le visage avec la boue du sol de la grotte. Les villageois ont cru qu'elle était devenue folle et ils ont commencé à se moquer d'elle. Le jour suivant, les citadins ont eu tout un choc lorsqu'ils ont vu que l'eau boueuse s'était transformée en une source claire. Ces «eaux thérapeutiques» de la grotte de Massabielle attirent plus de cinq millions de chercheurs spirituels par année, dont plusieurs rapportent une guérison miraculeuse grâce à cette source. L'histoire de Bernadette montre le courage et le cœur du Fou divin — en dépit des moqueries, on peut faire confiance à notre connaissance intérieure, et, grâce à cette confiance, on peut vivre des miracles[15]. Le Fou divin est prêt à courir le risque, si minime soit-il, de découvrir une véritable signification dans la vie. Il sait que la rationalité ne parvient pas à trouver les déchirures et les crevasses qui créent des miracles. Il sait qu'il ne veut pas jouer prudemment. Il préfère échouer glorieusement en poursuivant sa propre vision plutôt que vivre une vie mesquine et conforme. Il voit l'humour dans le plan de l'univers — même, et particulièrement, en temps de crise et de désespoir. Le Fou divin rit parce qu'il voit et comprend le jeu. Le jeu consiste à trouver l'Amour lorsqu'il semble improbable, voire impossible. C'est un vrai Fou de l'Amour — qui suit ce qu'il aime au nom de l'Amour. Il marche au rythme de son cœur et il sait que c'est le seul rythme sacré à avoir du sens. Alors, n'ayez pas peur. Vous pouvez y arriver, vous aussi. Et quand vous acceptez de jouer ce rôle, vous vous ouvrez à la connexion divine.

### Choisir d'être un Fou

Entreprenez quelque chose qui vous sort de votre zone de confort. Portez un chapeau ridicule en ville, parlez à vos amis avec un accent farfelu pendant que vous mangez, ou mettez-vous à danser quand vous êtes avec des amis …. Osez et observez comment vous vous sentez. Attendez-vous à vous sentir maladroit et bizarre, et faites-le quand même. Vous découvrirez que vous êtes toujours intact et que vous avez conservé quand même votre dignité. Le monde ne va pas imploser si vous vous sentez imbécile. Cette pratique vous permet d'être humble sur le plan spirituel de sorte que votre ego soit sensible et malléable au lieu d'être sur la défensive, tendu et en sécurité. Sachez que vous construisez votre tolérance face aux folies divines sacrées chaque fois que vous vous permettez de ne pas prendre la vie trop au sérieux.

## L'énergie de l'amusement

Voilà une visualisation extraordinaire si jamais il vous faut «illuminer» une pièce. Respirez et ancrez-vous (page 80) puis imaginez que vous peignez les murs de la pièce dans laquelle vous êtes avec un énorme rouleau. Visualisez vous peignant les murs en turquoise vif. Le turquoise transporte la fréquence vibratoire de la légèreté, du rire, de l'ouverture et des perspectives rafraîchissantes. Soyez prévenu : vous ou d'autres personnes qui êtes dans la pièce risquez soudainement d'être pris de fous rires incontrôlables. (Cela est bon à savoir si vous tentez cette visualisation dans un lieu paisible.)

# CHAPITRE 14

# LA PEUR DES LUTINS

*« La plupart d'entre nous ont deux vies. La vie que nous vivons et
la vie non vécue en nous. Entre les deux se tient la Résistance. »*
— Steven Pressfield

*« Ta tâche n'est pas de chercher l'amour,
mais plutôt de chercher et de découvrir les barrières à
l'intérieur de toi que tu as dressées contre lui. »*
— Rumi

Nous avons tous des lutins. Les lutins sont des personnages
qui vivent dans nos têtes dont les voix prêtes au sabotage
font partie de notre dialogue intérieur. Les lutins visent nos
points faibles, tels que notre désir de ne pas avoir l'air ridicule. Les lutins n'ont pas peur de frapper en dessous de la
ceinture. Ils ont comme mission de nous couper de notre
Âme. Tandis que l'énergie de notre Âme provient de l'énergie
de l'amour du mystère et de la beauté de la vie, les lutins
naissent du désir de mort. Le désir de mort n'accepte pas
notre vrai Soi sur la terre ; il veut détruire notre chance de
fusionner avec notre Âme.

Dans certains cas, tels que lors de dépendances, être sous
le contrôle de nos lutins risque d'occasionner la mort physique, mais plus souvent se solder par une mort

psychologique et spirituelle. Les lutins nous ordonnent de vivre une vie dirigée par la peur, plutôt qu'une vie alimentée par les raisons qui expliquent notre incarnation. Les conséquences peuvent être la dépression, la détresse, ou une vie sans danger, névrosée et terne. Lorsque vous débuterez un travail sur les lutins, vous remarquerez que de nombreuses personnes vivent de manière inconsciente et médiocre au lieu de se laisser guider par la voix de l'Âme.

## EXPOSER SON LUTIN

Compte tenu de ma formation en thérapie jungienne, je suis habituée à travailler avec les personnages négatifs qui vivent dans notre inconscient. Je trouve que le travail d'imagination active — utiliser l'imagination pour faire la lumière sur ces personnages intérieurs cachés — est incroyablement efficace. Le livre *Apprivoisez votre gremlin : savoir déjouer son saboteur intérieur* de Rick Carson expose une technique pratique et facile pour personnifier nos lutins intérieurs[16]. Étant donné que ces complexes psychologiques sont difficiles à identifier, il est essentiel de les personnifier et de les nommer quand ils nous parlent tout au long de la journée.

Les lutins sont rusés. Si l'on ne s'efforce pas de les exposer consciemment, souvent, on ne remarque même pas qu'ils nous parlent intérieurement. Ils travestissent notre personnalité, et l'on ne peut combattre un ennemi invisible. Plus on décrit dans le moindre détail notre personnage, plus il est probable qu'on le reconnaîtra. Cela aide à être attentif la toute première fois qu'un lutin nous chuchote quelque chose. On veut le reconnaître et stopper son élan dès qu'on entend : «Tu ne relèveras jamais le défi», «Pourquoi même essayer?» ou «Tu ne réussiras jamais».

Quand je travaillais en réhabilitation, j'utilisais souvent la thérapie de groupe pour aider à exposer à la lumière du jour ces lutins rusés. Le travail en groupe est puissant parce qu'il offre l'occasion de voir notre vie à travers la lentille d'autrui. On est souvent plus cruel envers soi-même intérieurement, et quand nos lutins intérieurs s'expriment publiquement, la compassion et la réflexion provenant du groupe contribuent à briser le cycle de l'abus — cela transforme parfois tout le groupe.

J'étais debout au centre d'un cercle de 35 femmes avec ma cliente Shelby. Shelby avait consommé de la méthamphétamine durant sept ans. Elle était venue à notre programme de réadaptation trois semaines plus tôt et elle avait commencé à se désintoxiquer suffisamment pour que ses humeurs se stabilisent. La drogue quittait son système, et elle avait commencé à voir sa vie clairement. Elle avait perdu temporairement la garde de sa fille, qu'elle aimait plus que tout. Sa fille était dans une famille d'accueil à cause de la dépendance de sa mère. Shelby voulait combattre cette dépendance pour que sa petite fille puisse revenir à la maison.

Shelby était également anorexique. Elle mangeait très peu et se considérait comme ayant un surplus de poids. Shelby pesait environ 47 kg; elle utilisait la méthamphétamine pour perdre du poids.

Je savais que la vie de Shelby dépendait de sa capacité à faire face à ses lutins. Je l'ai regardée droit dans les yeux.

— Shelby, je veux que tu me dises ce que tes lutins te disent. Dis-le-moi vraiment. Crie après moi de la même manière que tu entends la voix de la haine dans ta tête.

— Je ne peux pas te parler comme ça, dit-elle.

— Ça va. Nous voulons tous voir comment te traite cette voix. Nous devons exposer la voix à la lumière du jour. Voir les lutins tels qu'ils sont leur enlève un peu de pouvoir.

— D'accord. Tu es stupide, a-t-elle marmonné avec délicatesse.

— Shelby, ta vie en dépend. La vie de ta petite fille en dépend. Parle-moi comme te parlent tes lutins.

— Parfait. Tu n'es qu'un tas de merde stupide, bégaya-t-elle, me regardant en ayant peur d'avoir des problèmes.

— Bien, lui dis-je. Continue...

— Tu te crois importante, mais personne n'en a rien à foutre de toi. Tu peux mourir sur le bord de la route et personne ne le remarquera.

— Allez! Continue!

— Tu es une obèse dégueulasse qui gaspille de l'espace. Tu ne seras jamais capable de rester sobre. Je t'ai sous ma coupe. Tu vas te faire désintoxiquer durant deux mois, puis tu vas me revenir et reprendre la méth. Tu crois que tu apprends et que tu évolues, mais ce n'est qu'une question de temps avant que tu redeviennes une épave.

— Qu'est-ce que tu attends de moi? lui ai-je demandé.

— Oh... rien, dit Shelby; et elle venait de quitter son personnage et me parlait de nouveau comme sa conseillère.

— Non, Shelby, je suis toi. Continue de me parler comme si tu étais ce lutin. Je vais te faire reprendre ce jeu de rôle. Je parle au lutin : lutin, qu'est-ce que tu veux de moi?

Shelby a rapidement repris son personnage.

— Je veux que tu meures!

— Est-ce que tu seras enfin satisfait si je meurs?

Cela surprit un peu le lutin de Shelby.

— Oui! Je serai satisfait! Tu n'es qu'une chienne stupide! Je veux que tu meures!

Elle a dit cela, mais c'était peu crédible. Son lutin se fissurait.

— Je ne pense pas que tu le seras! Je pense que je pourrais mourir dans l'égout et que tu serais encore en colère et vindicative! Tu n'en as jamais assez. Rien ne satisfera ta colère.

Je mettais à dessein son lutin en colère. Mon instinct me disait de maintenir ce nouveau personnage avec beaucoup de pression. La pièce était silencieuse. Toutes les femmes normalement turbulentes observaient avec une grande attention.

— Chienne stupide! Ne me dis pas ce que je veux! Je vais te tuer et te détruire! Tu ne vaux rien! Tu es moins que rien!

Je sentais la puissance de ses mots à travers tout mon corps, et ils étaient terrifiants. Je sentais toute sa haine, dirigée directement vers moi.

— Qu'attends-tu de moi? lui ai-je encore demandé, directement et avec force.

— Rien! Je ne veux rien de toi! *Je te hais!* Je n'ai pas besoin de toi!

Son lutin maintenant ressemblait moins à un démon et davantage à une petite fille triste et en colère.

— Tu dois savoir que je suis désolée. Et que je t'aime.

Je la regardais droit dans les yeux. Les larmes se mirent à couler sur mes joues. Une partie de moi était renversée par ce qui arrivait. Je sentais toute l'intensité qu'avait prise ce jeu de rôle.

— Ne me parle pas comme ça, stupide chienne ! Je n'ai pas besoin de toi ! Tu n'es qu'un tas de merde !

Elle tenait maintenant un discours décousu, mais il perdait de sa vigueur. Surprise, elle me regardait. Une partie d'elle sentait qu'une transformation se produisait.

— Je pense que personne ne t'a entendue. Que personne ne t'a vue. Tu étais fâchée parce que tu étais seule. Tu pensais que tu devais t'endurcir pour te rassurer. Mais tes défenses les éloignent tous de toi.

J'ai pris conscience que je devais en faire un cheval de bataille entre nous deux pour qu'elle sente l'Amour !

— Je suis désolée, je ne t'ai pas vue. Je suis désolée de ne pas t'avoir écoutée plus tôt quand tu étais jeune. Je t'aime.

Elle pleurait maintenant, elle aussi. Elle luttait pour décider si elle devait me regarder ou regarder ailleurs. Les larmes coulaient abondamment sur son visage.

Je l'ai regardée droit dans les yeux.

— Je t'aime.

Je sentais toute la puissance à partir de mon cœur. Je sentais l'énergie de l'Amour traverser mon corps et démanteler la puissante forteresse de son lutin.

— Je suis tellement désolée ! a-t-elle dit avant d'effondrer en larmes.

Son énergie s'était transformée et elle était calme et sans défense. Elle paressait touchée et exténuée. J'ai regardé toutes ces femmes assises en cercle sur leur chaise autour de nous. Toutes pleuraient. Le lutin avait craqué. Shelby avait maintenant une occasion unique de se sortir de cette dépendance.

À la suite de cette expérience, j'ai commencé à comprendre la capacité de notre lutin intérieur de nous contrôler et nous torturer. Les autres clients qui étaient présents ce jour-là m'arrêtaient constamment dans le corridor entre les cours en disant : «Je ne sais pas ce qui est arrivé à Shelby, mais elle a complètement changé.» C'était vrai. Elle s'était investie dans sa récupération, apprenant, tenant compte des commentaires et elle était pressée de guérir. Le plus surprenant, c'était le fait de savoir à quel point la démonstration du lutin de Shelby a aidé les autres femmes à en savoir davantage sur leur lutin et, finalement, à éprouver plus de compassion et d'amour pour elles-mêmes.

Grâce à l'exemple courageux de Shelby, le travail du lutin s'est avéré très populaire pour la réadaptation. Je le trouve très efficace pour observer la panoplie de personnages qui tentent de nous saboter. Et malgré que certains pourraient arguer que le lutin de Shelby avait plus d'astuces pour la tuer que la plupart, on a tous un personnage dissimulé en nous qui nous dit qu'on n'est pas assez bon.

## LA VRAIE NATURE DE VOTRE LUTIN

Les lutins carburent à la peur — voilà de quoi ils se nourrissent. De la peur au déjeuner, au dîner et au souper, et ils aiment grignoter aussi. Ils présument que vous ne les remettrez pas en question ni ne leur ferez rater un repas. Quand je sens qu'un client est sous l'emprise d'un lutin, un sentiment angoissant d'être possédé l'accompagne. C'est à ce moment-là que je dis : «Le lutin est dans la maison!» Ce retour immédiat est tellement important pour apprendre à identifier le lutin qui s'est infiltré et caché.

Les lutins sont de la résistance. On définit ainsi le mot résistance «une force qui tend à opposer ou retarder un mouvement». Les lutins sont la résistance contre le courage et la détermination de déployer ce que l'Âme veut qu'on devienne. Les lutins sont très réels et très rusés. Ils se métamorphosent et se font passer pour des aides intérieurs. Ils semblent aimer la voix de la raison. Ils nous disent qu'ils ne veulent qu'essayer de nous protéger, ne pas faire trop de vagues; ils ne veulent pas qu'on prenne des décisions qu'on regretterait plus tard. Quand on a terminé une conversation avec un lutin, on se sent épuisé, anxieux, compétitif et effrayé. Ils semblent parfois mignons, comme c'est le cas d'une de mes clientes qui a surnommé son lutin Schtroumpf. Le personnage semble serviable, donne de bons conseils, puis lentement l'ébranle et la contrôle — agissant comme sa mère dans la vie réelle.

L'humour est un bon moyen d'illuminer le fort désir de mort du lutin. Une de mes clientes qui lutte contre des comportements de dépendance et contre son lutin, Marie la toxicomane, ressemble étrangement à Roseanne Roseannadanna, le personnage populaire des anciennes émissions de *Saturday Night Live*. Cela l'aide à reconnaître la voix intérieure de l'échec.

Parfois, nos lutins ne sont pas strictement personnels; ils sont dans la famille de génération en génération. Le lutin qui vous hante est peut-être le lutin qui a hanté votre mère et votre grand-mère. Dernièrement, je travaillais avec une cliente qui essayait de guérir son Âme. Sa sorcière lutine, Esther, se moquait d'elle. « Pour qui te prends-tu ? Tu ne *mérites* pas de connaître ton Âme directement. Tu n'as rien de spécial. Tout le monde rira de toi et croira que tu es folle. » Une brume verte toxique recouvrait son champ d'énergie, la laissant épuisée, affaiblie et amorphe. On m'a fait savoir que l'énergie du sabotage spirituel de ce lutin était présente dans sa famille depuis cinq générations. Que de vieilles programmations religieuses et culturelles stipulaient que les membres de cette famille devaient faire appel à un prêtre ou à une église pour connaître Dieu — qu'il était scandaleux de penser qu'elle sente Dieu directement. Elle a demandé à son Âme ce qu'elle en pensait ; son Âme a répliqué calmement et clairement : «Tu es une enfant de Dieu. Bien sûr, tu peux m'entendre directement.» Après avoir fait monter à sa conscience cette guerre intérieure, son ego a commencé à accepter cette idée nouvelle et radicale qu'elle méritait un contact direct avec le Divin.

## RECONNAÎTRE SON LUTIN

Les clients me demandent souvent comment reconnaître la différence entre la voix d'un lutin et la voix de leur Âme. Premièrement, il faut déterminer comment vous vous sentez. L'énergie du lutin sera contraignante, basée sur la peur, contrôlante et axée sur le manque. Le lutin aime comparer votre vie à celle de ceux qui vous entourent et dire «tu devrais, tu pourrais». Il vous murmurera des phrases à propos de l'ex qui est parti : «Qu'est-ce que ce serait si ça avait fonctionné ?», «Si seulement tu avais déménagé à New York, si tu avais trouvé un emploi, si tu avais eu un bébé... tu serais tellement plus heureuse maintenant.»

Le lutin ne veut pas que vous acceptiez et reconnaissiez votre vie telle qu'elle est présentement. Il préfère vous attacher à l'idée préconçue que vous vous faites de la vie, plutôt que vous regarder vivre confortablement dans l'ici et le maintenant. Il préfère que vous soyez éloigné de vous-même dans des visions de l'avenir, des regrets du passé ou dans des espoirs de votre Soi potentiel plutôt que de voir que vous

vous ouvrez et vous permettez d'aimer ce qui vous entoure maintenant. Le lutin vous laisse épuisé et exténué. L'énergie de l'Âme vous rend expansif, vivant, lumineux, fort et transparent. Vous aurez l'impression de vous établir. Même si elle vous dit quelque chose dur à entendre, il y a la qualité du soulagement d'accepter la réalité de ce que veut la vie pour vous dans le moment présent. La voix de l'Âme est toujours aimante et patiente. Elle vous donne de l'énergie. Lorsqu'on est avec son Âme, on est infusé de l'Amour de l'univers, l'Amour pour notre voie. Donc, rappelez-vous, les lutins font ce qui suit :

- Ils mentent. Beaucoup ;

- Ils nous laissent épuisés, fatigués, dissociés, désespérés, léthargiques ;

- Ils remettent en cause nos doutes et nos rêves. (C'est leur travail !) ;

- Ils nous comparent aux autres ;

- Ils viennent avec l'énergie de la peur, alias le désir de mourir ;

- Ils se cachent derrière de belles pensées et des idées intelligentes ;

- Ils s'expriment mieux à travers un personnage qu'on peut identifier.

Et l'âme fait ce qui suit :

- Elle exprime notre Vérité la plus élevée, la plus authentique ;

- Elle nous laisse motivés, optimistes, créatifs, authentiques et pleins d'énergie ;

- Elle nous incite à avoir de plus grandes aspirations ;

- Elle nous rappelle qu'on est incomparable ;

- Elle Apporte l'énergie de l'Amour, alias le désir de vivre ;

- Elle est toujours présente, mais silencieuse jusqu'à ce qu'on se tourne vers elle ;

- Elle est vous, existant comme une entité sur un autre plan vibrationnel.

À tout moment, soit le désir de mourir soit le désir de vivre est le gouvernail de votre bateau sur les vagues de la vie. Plutôt que d'être un passager impuissant, obsédé par la tempête, peut-être voulez-vous vérifier qui est à la barre.

Affrontez votre lutin. Marchez vers vos résistances. Regardez directement dans l'œil du mensonge de votre petitesse. Sachez que chaque bribe de votre histoire existe seulement dans et à partir de votre esprit. Cherchez votre propre expérience *maintenant*. Supprimez ce qui recouvre votre cœur. Permettez-vous la réalisation pure de l'Amour qui vous anime.

### Rencontrer son lutin

Vous pouvez faire cette méditation en lisant ce qui suit, ou si vous préférez une version audio guidée gratuite, rendez-vous au www.ElisaRomeo.com/MeetYourSoul

Travailler sur le lutin est la manière la plus efficace d'incarner réellement et de pendre conscience du discours intérieur négatif contre lequel on lutte quotidiennement. Alors, prenez quelques feuilles de papier et des crayons de couleur et tenez-vous prêt à rencontrer votre lutin.

- Assoyez-vous confortablement dans un lieu calme

- Ancrez-vous (page 80) et centrez-vous (page 49).

- Établissez votre intention de rencontrer votre lutin.

- Demandez-vous ce qui vous taraude constamment, si vous vous comparez aux autres et ce qui vous amène à vous juger.

- Permettez à votre esprit d'errer et voyez si vous remarquez des émotions, des images ou des personnes qui suscitent votre imagination.

- Créez un personnage qui résume cette impression de critique intérieure. Votre lutin est-il vieux ? Jeune ? Gros ? Mince ? Poilu ? Irritable ? Gentil ? Ressemble-t-il à une sorcière ? À un monstre ? À un serpent ? À un nounours doux et mignon ? De quelles couleurs est-il ? Sa taille ? Sa silhouette ? Est-ce un mâle ou une femelle ?

- Prenez du temps pour dessiner votre lutin.

- Ensuite, écrivez de 5 à 10 phrases que vous dit votre lutin.

Vous avez maintenant une façon d'identifier l'ennemi intérieur de votre Âme. Mettez le dessin de votre lutin dans un endroit où vous le verrez à la maison, peut-être sur votre autel. Ainsi, vous prendrez conscience à quel point votre lutin contrôle vos décisions quotidiennes.

## Comment s'habille votre lutin : exercice

Vous pouvez faire cet exercice seul, mais le faire avec un groupe d'amis fiables peut être divertissant et thérapeutique.

Habillez-vous comme votre lutin. Portez les vêtements et les accessoires qu'il pourrait porter. Comportez-vous comme lui, en disant les cinq phrases clés que vous entendez dans votre tête. Si vous êtes avec un groupe, vous pouvez tous jouer le personnage de votre lutin devant les autres. (Truc : C'est un personnage formidable à jouer à l'Halloween ! Vous apprenez à bien connaître votre lutin quand vous jouez ce rôle toute la soirée dans un environnement où il est possible de jouer un rôle effrayant.)

Après avoir exposé votre lutin par ce jeu de rôle, allumez une chandelle et envoyez de l'Amour à tous. Établissez aussi une intention d'Amour et de guérison au lutin.

Je vous suggère de terminer la soirée en mangeant du chocolat et de vous féliciter d'avoir accompli un dur exercice de l'ombre.

# CHAPITRE 15

# L'ENNEMI EST UN BON PROFESSEUR

*« L'ennemi est un très bon professeur. »*
— Le dalaï-lama

*« Je te dirai qui est ton âme sœur, indique-moi la personne qui t'a causé le plus de peine dans ta vie et c'est elle ton âme sœur...Parce que c'est la personne qui a le plus fait grandir ton Âme. »*
— Caroline Myss

Tandis que notre lutin est la voix négative dans la tête, on a aussi une voix extérieure qui nous éprouve régulièrement. On s'incarne souvent avec la même bande hétéroclite dans le but de pratiquer et d'apprendre les leçons qui sont orchestrées par l'Âme. Notre famille, nos amis et même nos ennemis sont de parfaits « moulins » pour nous éveiller parfaitement à la connaissance de notre Vérité. Ces personnes savent comment nous rendre complètement fous tandis qu'elles nous rappellent notre talon d'Achille spirituel. Nous choisissons nos ennemis minutieusement pour mieux nous connaître nous-mêmes.

Jésus a été capable d'expérimenter pleinement la Divinité de sa mission grâce à la trahison de Judas. On a tous ce personnage dans notre vie. Ses doutes en nous activent notre foi désespérée pour la vie — afin de comprendre et d'expérimenter notre nature réelle. On ne sait jamais à quel point on tient à la vie jusqu'à ce qu'on soit en présence de la mort. Si quelqu'un vous tient sous l'eau dans le but de vous noyer, l'instinct de vie refait surface lorsque vous sentez que votre corps manque d'air. Parfois, il faut être trahi pour découvrir sa loyauté intérieure. On apprend qu'on ne s'abandonne pas juste parce que d'autres l'ont fait. On apprend enfin à reconnaître notre valeur, même si notre partenaire ne la reconnaît pas.

Souvent, le poulailler qui chahute nous surprend plus tard sur notre chemin spirituel en devenant nos plus grands supporteurs. Les chahuteurs nous chahutent souvent parce qu'ils détectent la Vérité à travers ce qu'on fait. C'est comme le professeur de ballet qui est très exigeant envers l'élève le plus prometteur. Il y a souvent en lui son grand lutin qui le détourne de ses propres rêves. Alors comment pourrait-il soutenir le nôtre ? Il n'éprouverait aucun intérêt ou il serait indifférent s'il ne se sentait pas responsable d'une telle mission. Le fait qu'il réagisse tant indique la blessure de son ombre. Comme l'a spécifié Shakespeare : « La dame fait trop de serments, il me semble. »

Les chahuteurs activent en nous une peur bien réelle qui nous laisse dans les limbes. Il est important de faire appel à son imagination pour se sortir de cette boue primitive. Si l'on se demande qui on serait sans cette peur qui nous retient, on va vers une partie de nous qui est forte, connectée et qui attend qu'on rejoigne notre Âme. Quand on est dans le dangereux territoire psychologique d'un terrain miné par la peur, on doit rester concentré sur la raison de notre combat. Il est tentant de s'allonger sur le champ de bataille et de se rendre à l'énergie dominante familiale ou à celle d'amis. « Pourquoi est-ce que je fais tant d'histoires ? Si seulement je pouvais être normal et suivre les règles et m'en contenter, je ne causerais pas tant de bouleversement. » Mais votre Âme parie sur votre bouleversement divin. Elle s'attend à laisser un sillage derrière vous. Il y a de fortes chances que s'il n'y a pas de vagues tumultueuses du doute, c'est que cela n'est probablement pas l'œuvre de l'Âme. Certaines œuvres de l'Esprit sont peut-être capables de contourner la tâche compliquée qu'est celle de naître, mais l'Âme n'a pas peur de se salir. Le travail de l'Âme consiste à incarner le mariage de notre Soi supérieur avec notre humanité. Notre expérience humaine n'est pas inférieure sur le totem hiérarchique du jugement spirituel. On comprend qu'on est ici à dessein et pour tirer maintenant avantage de notre réalité. On ne veut pas s'enfuir, contourner spirituellement, ni croître, mais plutôt s'ancrer les pieds dans la boue et crier à l'univers : « Tu me verras maintenant. Je me verrai maintenant. Je serai moi, maintenant. Rencontre-moi ici. »

Le travail de l'Âme active nos plus grandes peurs et celles de la voix de notre lutin intérieur. On marche péniblement dans l'ombre de l'inconscient et on rencontre les signes extérieurs communs du jugement nés de la moralité et de normes sociales désuètes. Si l'on décide que le scénario n'en vaut pas la peine, que l'entreprise n'a pas besoin d'être construite, ou que le tableau n'a pas besoin d'être créé, on laisse notre expression intérieure être réduite au silence. On devient une autre victime de la peur.

## ALLER PLUS LOIN QUE JUDAS SUR VOTRE CHEMIN

Nous ne sommes pas l'unique source de notre sabotage ; parfois, d'autres aussi tentent de nous bloquer le chemin. Lorsque la peur règne au sein de notre famille et chez nos amis, ils ne peuvent pas nous accompagner durant le voyage de notre Âme. Il nous faut peut-être entrer et faire le point. Il est important de protéger la vérité de votre Âme. Devez-vous établir à ce moment des limites avec une personne donnée afin que vos rêves se réalisent ? Êtes-vous prêt à sacrifier la voix de votre Âme dans le but de conserver une relation ? Son cynisme énergétique active-t-il votre lutin intérieur à un tel degré que vous êtes incapable de terminer la tâche ? Cette étape de votre voyage consiste à comprendre réellement ce qui motive les autres et à être réaliste quant à la somme d'énergie que vous avez pour tout gérer. Rien de cela n'est personnel. Vous restez authentique à une vérité plus puissante que celle qui a été reconnue ; vous restez authentique à la réalité énergétique. Votre perspicacité ici doit être aussi tranchante que la lame la plus mince, et aussi dure qu'un diamant.

Ultérieurement, une fois que la route sera tracée et que vous aurez réussi, vous serez appuyé par les autres. Ceux qui étaient sceptiques auparavant croiront sincèrement qu'ils vous ont pavé le chemin, oubliant leurs railleries. Ils ne se souviendront que du rôle qu'ils ont joué pour vous encourager — ce qui peut être très vrai au niveau de l'Âme. Ce qui est le plus frustrant est que leur ego est tout à fait inconscient du rôle qu'ils ont joué dans votre vie. Si vous deviez leur dire comment leurs doutes ont pavé le chemin de votre foi, ils seraient probablement stupéfaits. Vous devez savoir que vous ne pourrez jamais obtenir toute leur approbation. Ce combat se passe entre vous et vous. Ils ont peut-être personnifié votre critique intérieur — exploitant votre doute et votre croyance de ce qui était impossible. Si vous surmontez cette peur en honorant cette réalité tenace de ce que vous savez au plus profond de votre Soi, vous atteindrez votre spiritualité. Vous fournirez à votre Soi l'occasion de faire sa connaissance, ici.

Judas a été mis sur notre route par notre Âme pour nous guider dans la bonne direction — la direction de notre foyer, vers notre potentiel. La peur qu'il véhicule nous encourage à démontrer l'Amour que nous avons. Peut-être avons-nous de réelles cicatrices humaines qui doivent être guéries, mais le Soi spirituel est toujours entier, intact et il irradie d'Amour. C'est une Vérité spirituelle ironique que lorsqu'on est en train de défricher le chemin de notre Âme, on rencontre la confusion des amis et celle de la famille. On ne peut pas s'attendre qu'ils comprennent toujours véritablement notre mission, puisque ce n'est pas leur chemin. Ils jouent souvent le rôle de l'épine dans votre pied, mais au niveau de l'Âme, ils espèrent que vous prouverez qu'ils ont tort.

### Qui est votre judas ?

Passez quelque temps avec votre journal à réfléchir aux questions suivantes : Qui vous a le plus incité à connaître votre Vérité ? Y a-t-il des amis ou des membres de la famille qui vous ont poussé à bout et qui vous ont forcé à vous connaître ? Du point de vue de l'Âme, quel est le « contrat » de ces relations ? Que devez-vous profondément et complètement faire pour dénouer le karma entre vous ?

### Devenir l'héroïne de votre histoire

Pensez à une histoire stimulante dans votre vie — cela peut être un incident qui remonte à votre enfance ou à un problème actuel — et respectez le processus suivant :

1. Premièrement, n'écrivez que les faits de l'histoire ou ce qui est arrivé. Décrivez-la avec plus ou moins de détails. (Par exemple, on ne m'a jamais invité à la fête d'anniversaire de mon voisin.)

2. Ensuite, écrivez l'histoire comme si vous étiez la victime. (Par exemple, je n'ai jamais pu m'amuser dans leur piscine et j'étais toujours mis de côté par les enfants du voisinage. Cela a écorché mon estime de soi et j'ai toujours eu peur de me faire de nouveaux amis.) Ne vous arrêtez pas ici!

3. Pour terminer, écrivez l'histoire en tant que héros ou héroïne. (Par exemple, ne pas avoir été invité à jouer par les enfants du voisinage a fait naître en moi mon amour pour l'art et m'a permis de développer mes talents de peintre. J'ai acquis de l'indépendance et j'ai appris à valoriser le temps passé avec moi-même.)

Vous pouvez trouver une version gratuite approfondie et élargie quant à cet exercice d'écriture au www.ElisaRomeo.com/freebies.

# CHAPITRE 16

# SITUATIONS DIVINES MERDIQUES

*« Les dépressions peuvent créer des déblocages.*
*Les choses s'effondrent pour se replacer.»*
— Anonyme

*« Rame, rame, rame sur ton bateau doucement, dans le courant*
*Gaiement, gaiement, gaiement, gaiement, la*
*vie n'est qu'un rêve charmant!»*
— Comptine populaire

Pendant que l'Âme s'active pour intégrer et nous faire prendre conscience de tous les pans de notre vie, on rencontre un autre défi : la confrontation d'éléments inconscients qu'on préférerait éviter, réprimer et désavouer. En d'autres mots, dans le but de rencontrer notre Âme, on doit passer par des situations merdiques. Il est plus facile d'affronter ces situations merdiques quand on accepte la signification et le cheminement fondamental qu'elles comportent.

Bien que cela semble répugnant, j'emploie le mot *merde* à dessein et consciemment. Il arrive souvent que mes clients soient submergés par la vie et disent : «Ma vie, c'est de la merde» ou «Ce qui est arrivé n'est que pure merde». Dans les rêves, lorsqu'il y a présence de merde, elle représente souvent notre partie sombre — la partie désavouée de notre personnalité ou de notre vie qui est inacceptable sur le plan social ou intime.

De nombreux thérapeutes qui œuvrent avec le Soi sombre savent qu'il est très propice d'examiner les zones inconscientes dans notre vie éveillée comme on le ferait pour un rêve. On peut commencer à amplifier et à interpréter les signes et les symboles, comme on le ferait pour une image onirique, afin de comprendre la signification cachée de l'Âme. Voici la preuve vivante de la théorie de Jung qui avance que « ce qui ne vient pas vers nous à travers la conscience se révèle par le destin[17]. »

En ce moment, mon fils de quatre ans est obsédé par le caca. Cela a commencé par une tentative parentale de ne pas qualifier le système d'expulsion naturel de son corps de « bon » ou de « mauvais » — vous pouvez donc dire que nous avons essayé d'être « caca positif ». Nous lui avons montré des livres pour enfants dans lesquels des enfants le font dans un pot, mais nous avons été trop tolérants.

Un jour, durant cette phase du développement axée sur le caca, nous avons abordé le sujet de ce qu'est Dieu.

— Qu'est-ce que ça veut dire que Dieu est partout et dans tout ? a-t-il demandé.

— Cela signifie que l'Amour est présent dans toutes les choses, lui ai-je répondu.

— Alors, Dieu est dans mon caca ?

Une multitude d'images de mes études sur la spiritualité se sont bousculées dans ma tête : à quel point on désavoue la théorie de l'ombre jungienne ; comment on délaisse nos tendances de dépendances spirituelles pour s'envoler, gonflé et déraciné, vers le soleil à l'instar d'Icare ; l'histoire de Job et comment on accepte ou nie l'existence de Dieu. J'ai voulu dire à mon fils : «Oui, Dieu est partout, même dans la merde. Si tu peux trouver Dieu dans la merde, tu le trouveras partout.»

Mais je l'ai regardé gravement et j'ai dit simplement : «Oui, Dieu est dans la merde. Comme je l'ai dit, Dieu est partout.»

Le sacré est partout. Si on peut demeurer éveillé, connecté à notre Âme, on comprend que les leçons de l'Âme sont de la merde sacrée.

## LA TEMPÊTE MERDIQUE DE 1999

Lorsque j'avais 26 ans et que j'étais coincée aveuglément dans une relation merdique, l'univers a utilisé une métaphore colorée et dégueulasse pour me le montrer.

Je vivais à ce moment avec mon petit ami, Jonathan, qui gérait un immeuble locatif où plusieurs appartements étaient occupés par nos amis, y compris un ex-petit ami qui vivait à l'étage au-dessus. La tension était palpable et la communication était malsaine entre nous, mais nous agissions tous comme si tout se passait bien. Un vendredi soir, alors que quelques amis et moi nous demandions ce que nous allions faire, nous avons entendu quelqu'un courir dans le corridor. Soudainement, la porte s'est ouverte. Il s'agissait de ma bonne amie Kari qui vivait au dernier étage.

— Il y a une tempête de *merde* partout dans le garage! a-t-elle crié.

Nous nous sommes tous regardés, stupéfaits, présumant qu'elle blaguait.

— De quoi parles-tu ? demanda Jonathan.

— Des litres et des litres de merde sortent des tuyaux sur toutes les voitures dans le garage au sous-sol !

Jonathan et Kari se sont précipités pour aller voir.

Mon ami, mon ex Sam et moi sommes restés là à nous regarder et nous avons éclaté de rire. C'était ridicule ! Puis, soudainement, provenant de la toilette, nous avons entendu un glouglou.

Nous nous sommes précipités vers la salle de bain ; la toilette s'emplissait rapidement d'une substance brunâtre nauséabonde. Nous nous sommes mis à crier et à rire comme des hystériques. Nous avons regardé partout et la baignoire se remplissait aussi. C'était maintenant au tour du lavabo de se remplir lentement. Cela sortait tout droit d'un film d'horreur.

J'ai crié :

— Oh mon Dieu ! Qu'est-ce qu'on fait ?

— Je ne sais pas ! a rétorqué Sam.

Je venais tout juste d'installer un nouveau tapis. Tout ce que je possédais allait être détruit. Je me suis mis à paniquer.

— Va chercher des seaux !

Nous nous sommes mis à courir après les seaux.

— Allez, commence à remplir le seau ! ai-je crié.

Le petit ami de Kari est descendu dans l'entrée pour voir ce qui se passait.

— Aide-nous ! lui ai-je crié.

— Hum, quelque chose m'empêche… de mettre des excréments humains dans des seaux, a été sa réponse.

— Je pensais la même chose il y a deux minutes. *Aide-nous !*

Nous nous sommes tous mis à ramasser les excréments dans des seaux et à courir dans le corridor pour les vider dans la rue. Nous avons poursuivi à un rythme fou à nettoyer la place et nous avons appelé le 911. La standardiste a raccroché ; je crois qu'elle a pensé que la femme qui criait que de la *merde* se répandait partout dans son appartement était folle.

Nous avons appelé la municipalité. On nous a dit de louer un aspirateur pour liquide. On ne se doutait pas que les automobiles s'étaient remplies de merde par les toits ouvrants. Au rez-de-chaussée, nous ne pouvions pas ouvrir la porte des placards et des locaux d'entreposage parce qu'ils étaient remplis d'eaux usées.

Finalement, les employés de la municipalité sont venus et ils ont réparé le tuyau au coin de la rue qui renvoyait toutes les eaux usées de Seattle dans notre minuscule immeuble à logements. Une équipe de travailleurs d'une entreprise privée de nettoyage vêtus de combinaisons est venue nettoyer le désastre. Je suis allée prendre une douche chez une amie et me suis brossée avec du savon durant plus d'une heure. Les photos qui ont été prises ce jour-là sont tout à fait indescriptibles.

Je ne vous raconte pas cette histoire uniquement pour frapper votre imagination, mais pour vous faire saisir l'exceptionnelle métaphore qui m'a frappée en plein visage ce jour-là. L'Âme nous parle souvent sous forme de métaphore à travers nos rêves ou notre destin. C'était comme si une image d'un rêve prenait vie et que je vivais un cauchemar. Compte tenu de mon niveau de conscience quant aux relations à ce moment-là, mon Âme n'avait aucun autre moyen de m'atteindre. J'étais comme une autruche qui a la tête dans le sable, qui choisit le déni plutôt que de voir les scénarios malsains qui étaient en jeu. J'ai compris plus tard que la quantité de merde dans l'appartement ce jour-là (notre appartement était celui qui avait eu le plus de merde de l'immeuble) équivalait au niveau d'inconscience en moi et autour de moi. Il fallait plus qu'un aspirateur pour liquide. Donc, même si ma tempête merdique était littéralement une tempête de merde, nous devons tous examiner notre vie et croire que Dieu (et sa signification) est dans la merde.

On vit tous sa propre métaphore sacrée. On peut considérer les événements et les circonstances qui nous entourent comme des panneaux indicateurs, des messages et des symboles d'illumination. Notre Âme nous demande de l'écouter lorsque la vie est morose et au plus sombre.

### Journal de l'Âme des situations divines merdiques

Dans votre journal, explorez quelques-unes de vos tempêtes merdiques et divines en répondant aux questions suivantes :

1. Quelles sont les pires situations merdiques que j'ai connues dans ma vie ?

2. Est-ce que je peux visualiser, sur le plan de la métaphore, ces expériences comme je le ferais pour un rêve ? Qu'est-ce que mon Âme a tenté de me communiquer à travers la métaphore unique de cette expérience ?

3. À cause de cet apprentissage spécifique, qu'ai-je véritablement et intrinsèquement appris ? Et maintenant, comment suis-je qualifié mieux que quiconque pour le comprendre ?

## Questionnement sur votre côté sombre

- Accordez-vous un moment pour écrire votre journal et demandez à votre Âme s'il y a une quelconque partie de votre côté sombre que vous désavouez couramment. Y a-t-il des événements fâcheux, des relations, ou des parties de votre personnalité dont vous vous sentez coupable ou avez honte?

- Ensuite, demandez à votre Âme comment vous pardonner, ou s'il y a une action quelconque qu'il vous faut prendre pour nettoyer «votre bout de trottoir».

# CHAPITRE 17

# TRAITER LES TRAUMATISMES

*« Comment devient-on un papillon ? »* demanda-t-elle, pensive.
*« Tu dois vouloir voler à un point tel que tu es prête*
*à cesser d'être une chenille. »*
— Trina Paulus

*« Dieu nous a donné uniquement ce que nous pouvons affronter.*
*Apparemment, Dieu pense que je suis un dur à cuire. »*
— Anonyme

Les tempêtes et les nuits sombres divines qu'on vit risquent de nous causer de graves traumatismes, lesquels seront étonnamment efficaces pour nous déconnecter de notre Âme. Dans la récupération de l'Âme chamanique, le praticien repère les fragments de l'Âme qui sont perdus sur le plan énergétique. L'événement traumatique gèle une parcelle de l'Âme, la rendant impossible d'accès. Après avoir récupéré la portion perdue, on a davantage accès à toute notre énergie vitale, ou au *chi*.

Les traumatismes nous emprisonnent dans notre passé. À l'instar des vétérans de la guerre du Vietnam qui sont aux prises avec des troubles de stress post-traumatiques (TSPT) qui relatent et revivent inlassablement la même bataille, on s'attache aux événements traumatisants de notre passé. Le mot *trauma* est intense ; cependant, souvent les traumatismes bénins ne sont même pas identifiés comme des traumatismes pour un esprit rationnel. Quelque chose d'aussi banal qu'avoir été choisi le dernier pour jouer dans une équipe de kickball en quatrième année peut être interprété comme « traumatique » par le corps — même si notre esprit l'ignore et le catégorise comme une partie normale de notre croissance. Ces traumatismes refoulés se manifestent par des messages dans des rêves nocturnes ou par des symptômes de dissociation tels que des frissons, de la volubilité, des pertes de mémoire, des distractions ou un sentiment d'égarement qui nous empêchent de nous concentrer.

Il arrive parfois dans la vie qu'on soit confronté à des traumatismes majeurs qu'on doive guérir : viol, guerre, cambriolage ou accident d'automobile grave. Particulièrement lors d'agression sexuelle ou d'un TSPT à la suite d'un séjour en zone de guerre, la méthode IMO (intégration par le mouvement oculaire) a contribué à soulager plusieurs personnes. Le recouvrement chamanique de l'Âme effectué par un clinicien expérimenté et respecté est une autre façon efficace et puissante de guérir un traumatisme.

Néanmoins, on vit tous des traumatismes et du stress dont on doit s'occuper. Les techniques psychoénergétiques (EFT), ou tapping, s'avèrent un moyen efficace pour rebrancher les synapses du cerveau et faire disparaître du corps physique les réactions traumatiques. Un des avantages de la technique EFT est qu'on peut l'apprendre et la pratiquer soi-même, ce qui en fait un moyen abordable pour obtenir un soulagement. L'EFT s'avère efficace avant de participer à une réunion importante ou faire un discours, mais on peut aussi l'appliquer pour contrôler l'anxiété qui s'accumule durant la journée. (Voir la section Ressources à la fin du livre pour de plus amples renseignements quant à la guérison d'un traumatisme.) Durant le premier cycle de mon programme en psychologie, je me rappelle avoir étudié «l'impuissance apprise». On nous a décrit une expérience avec un chien qui recevait continuellement un choc sur un côté de la cage. Le chien (de toute évidence) allait de l'autre côté pour soulager son mal. Les expérimentateurs ont commencé à donner des chocs au chien de l'autre côté de la cage. N'ayant aucun moyen de s'échapper, le chien s'est couché et il s'est soumis aux chocs. La partie la plus triste de l'expérience a eu lieu lorsqu'ils ont ouvert la porte de la cage (tout en continuant à donner des chocs), le chien restait là à souffrir au lieu de se lever pour sortir de la cage. Le chien était libre de quitter la cage, mais il s'était adapté à sa nouvelle vie de souffrance[18]. Le caractère du traumatisme peut nous faire plonger dans un état dépressif d'autosabotage, restreignant notre perception des possibilités et des choix. Parfois dans la vie, des choix s'offrent à nous, tels que quitter une relation abusive ou un travail déprimant, mais on reste à cause du renforcement traumatique qui nous a déjà vaincus.

Certains traumatismes sont bien enfouis dans le but de nous empêcher d'expérimenter directement l'événement traumatique au niveau du corps. Lorsque je travaillais comme conseillère à une agence pour les victimes d'inceste, je me suis entretenue avec des clients aux prises avec le trouble dissociatif de l'identité (anciennement appelé trouble de la personnalité multiple) ainsi qu'avec des clients qui avaient des souvenirs d'enfance d'agressions sexuelles qui refaisaient surface. Dans le premier cas, l'ego sain avait causé la maladie mentale pour protéger la personnalité de vivre directement l'événement traumatique. Les autres personnes, qui étaient adultes lorsqu'elles ont commencé à se rappeler et à expérimenter le traumatisme, étaient en mesure d'affronter maintenant les événements horrifiants parce que leur ego possédait davantage d'outils adaptatifs qu'au moment où ils étaient jeunes.

## PERCEVOIR VOTRE TRAUMATISME

Même les plus chanceux parmi nous qui ont échappé aux conséquences d'un traumatisme plus grave traînent quelques blessures cachées. Compte tenu de la nature de l'être humain, on porte avec soi des blessures et des contrecoups qui sont reliés à des traumatismes. Dû à la réaction de dissociation traumatisante, souvent, on ne se rend pas compte à quel moment elles sont ranimées. Cela peut nous garder cachés dans un lieu énergétique où l'on est dans une dissociation modérée et incapable d'entendre les appels subtils de l'Âme. L'Âme tente toujours d'attirer notre attention et de nous aider à retourner à la maison ; mais la résonance du traumatisme nous empêche d'entendre son message de Paix et d'Amour.

Katie, une de mes clientes, et moi avons observé que son traumatisme se déclenche chaque fois que son Âme lui demande d'être plus sincère avec sa famille. On a nommé sa réaction traumatique « Frank ». Frank aime se manifester dans des moments importants alors qu'elle est sur le point de découvrir le système instauré par sa famille. Soudainement, elle est somnolente et commence à bâiller. Elle n'est plus motivée à parler de ce qui lui tient à cœur. Nous blaguions en disant qu'il s'agissait d'un empoisonnement énergétique au monoxyde de carbone. C'est comme si toute sa vigueur était soudainement étouffée par un gazage énergétique. Son traumatisme provient d'une programmation familiale passée ainsi que de l'énergie et des opinions actuelles des membres de sa famille. Dans le but de protéger le système familial, son traumatisme devient un refuge énergétique qui la séquestre dans des banalités au lieu de chercher à s'émanciper. C'est une bataille énergétique réelle qui a de sérieuses ramifications. Qui l'emportera? Le conscient ou l'inconscient? La capacité de stimuler la vie ou la prévisibilité contrôlante du désir de mort?

Si on est chanceux, on commence à remarquer dans quelle situation notre «Frank» intérieur se manifeste pour nous détourner de notre voyage vers notre Âme. Si cela est approprié, on travaille sur le traumatisme en employant les techniques IMO, EFT, le recouvrement shamanique de l'Âme, en parlant à notre Âme dans notre journal, ou en entreprenant un autre genre de thérapie. On commence le travail important qui consiste à récupérer notre force vitale. Une fois qu'on a contrôlé et résolu le problème de dissociation, on se sert de l'expérience traumatisante pour nous guider sur le chemin de la sagesse. Ainsi, le traumatisme devient un cadeau plutôt qu'une restriction. On s'approprie notre histoire et on a une identité proactive. On commence à exsuder le sens d'une vie vécue consciemment tout en ayant davantage de compassion pour autrui le long de notre chemin.

Lorsqu'on commence à travailler consciemment sur le traumatisme, il est important de créer un lieu sûr pour trouver réconfort et soutien. Un thérapeute fiable ayant de l'expérience dans le domaine du traumatisme peut être d'un précieux secours lorsqu'on navigue dans le paysage intérieur souvent déroutant du traumatisme. Il peut être également sage de dresser une liste de moyens qu'on sait efficaces pour nous soutenir et prendre bien soin de nous durant ces périodes où l'on est vulnérable — marcher dans la nature, caresser un chat, prendre un thé avec une amie. Et il est primordial de cultiver un sanctuaire intérieur par la pleine conscience et la méditation pour se calmer lorsqu'on remarque qu'on se dissocie.

Une discussion approfondie sur le traumatisme dépasse largement la portée de ce livre, puisque notre intention consiste seulement à montrer à quel point un traumatisme peut faire dérailler la communication avec l'Âme. (Encore une fois, si vous avez identifié qu'un traumatisme vous empêche de rejoindre votre Âme, veuillez consulter la section Ressources à la fin du livre pour des recommandations additionnelles sur le traumatisme.) Les deux exercices qui suivent sont des façons formidables et accessibles de créer un sentiment de sécurité et de prendre soin de soi.

### Comment désamorcer le stress

Parfois, on est exaspéré et submergé. Si vous avez atteint le fond du baril et que vous êtes à bout de souffle, voici deux exercices faciles pour retrouver votre calme. Ces exercices servent à distraire l'esprit afin de faire dérailler le train du stress. (Vous pouvez faire ces exercices n'importe où, et en toute discrétion. Donc, si durant une réunion vous commencez à ressentir de la colère, c'est le lieu idéal pour les mettre en pratique!)

1. Choisissez une couleur et cherchez dans la pièce des objets de cette couleur. Par exemple, si vous choisissez le vert, essayez de trouver au moins trois objets dans la pièce qui

sont verts. Après avoir choisi le vert, passez à une autre couleur.

2. Essayez de dire à rebours l'alphabet dans votre tête. Cela nécessite uniquement de la matière grise et vous distrait temporairement de tout ce qui fait monter votre tension artérielle, et cela favorise la détente.

## Exercices de soutien

Lorsque je travaillais à la réhabilitation d'anciens toxicomanes, nous identifions les déclencheurs potentiels qui pouvaient, si on les ignorait, causer une rechute. Par exemple, une cliente pouvait anticiper une future noce où l'alcool serait présent, comme un déclencheur potentiel. Si c'était un mariage important auquel elle devait assister (comme celui d'un membre de la famille), on faisait une session de remue-méninges, des exercices de soutien à propos de l'événement afin de créer une structure et la responsabiliser pour la protéger. Le premier exercice était une activité qui la calmait et la préparait pour l'événement. Par exemple, elle pourrait aller se promener, méditer, ou écrire dans son journal l'importance pour elle d'être sobre. Le deuxième exercice serait une action qui la tiendrait responsable de son comportement, telle l'idée de planifier une rencontre avec un parrain après la noce. Ce processus était d'une aide incroyable. Le repérage précoce, la planification et la responsabilisation ont tous aidé spectaculairement la cliente à avoir du succès lorsqu'elle vit une situation stressante.

À certains moments, nous devons tous faire des choses qui sont stressantes ou qui nous exposent à de légers traumatismes. Cela peut-être de rendre visite à sa famille dysfonctionnelle pour des vacances, avoir un travail qui sape notre Âme, ou participer à une réunion particulièrement stressante. Si vous êtes conscient que vous serez exposé à une situation stressante qui vous sépare de l'Âme, entourez l'événement avec des rappels de l'Âme et du soutien de l'amour de soi qui vous aidera à vous ramener à vous-même.

### Méditer dans un refuge

Vous pouvez faire cette méditation en lisant ce qui suit, ou si vous préférez une version audio guidée gratuite, rendez-vous sur le www.ElisaRomeo.com/MeetYourSoul.

Respirez (page 81), centrez-vous (page 49), et ancrez-vous (page 80). Puis, imaginez que vous montez un escalier. Chaque marche représente une des couleurs de l'arc-en-ciel ; la première étant le rouge, la suivante, l'orange et puis le jaune, le vert, le bleu et le violet. En haut de l'escalier, vous marchez sur un chemin et trouvez votre refuge. Ce lieu peut être un endroit réel que vous aimez (votre plage, votre jardin ou votre boisé favori), ou tout à fait improvisé. Il peut être à l'intérieur comme à l'extérieur. Dans ce refuge, imaginez un fauteuil confortable, un endroit où faire une sieste, ou ce que vous préférez. Allez-y chaque fois que vous vous sentez submergé. Pour terminer, faites le trajet inverse et descendez l'escalier vers votre vie quotidienne.

## CHAPITRE 18

# SENTIMENT OPPOSÉ À ÉMOTION

*« Le blues est facile à jouer, mais difficile à ressentir. »*
— Jimi Hendrix

*« Si vous avez été éveillé toute la nuit et*
*avez pleuré toutes les larmes de votre corps — vous saurez*
*qu'en fin de compte une sorte de calme s'installe. Vous*
*aurez l'impression que rien ne se reproduira de nouveau. »*
— C. S. Lewis

Pour se connecter vraiment à l'Âme, il est essentiel de distinguer le sentiment vrai de l'émotion aléatoire. Bien que, pour un observateur, sentiment et émotion peuvent être très similaires, ce sont des processus extrêmement différents sur le plan psychologique et spirituel. La plupart des gens n'ont pas du tout conscience de cette distinction cruciale qui peut créer un monde de différence dans la guérison et la connexion à la paix durant leur vie.

Cela demande du courage pour expérimenter vraiment un sentiment complet et direct avec le corps. On ne se donne pas souvent la permission de vraiment sentir les sentiments. Au lieu de cela, on les supprime, les réprime et les évite. Mais quand on sent vraiment un sentiment, on permet à son Âme de grandir. On fait sortir du corps — à l'instar du dentifrice de son tube — le lourd poids des souvenirs, des expériences et des traumatismes antérieurs. On peut avoir l'impression d'accoucher. Quand on s'assoit avec le sentiment, on permet à son corps physique d'expérimenter le relâchement. Ce processus est le mariage de l'Esprit et du corps, c'est l'incarnation de l'alchimie, où le Soi éthéré cohabite avec un corps.

Quand on expérimente les sentiments de cette manière, on comprend que le sentiment est une forme puissante d'intelligence. On va au-delà de ce qu'on pense éprouver pour expérimenter un ancrage réel de l'identité de l'Âme à travers le corps. C'est ce qui est connu comme une *incarnation*.

Quand on donne dans les émotions, on le fait de façon aléatoire, non intentionnelle et irréfléchie. On est tous coupables de donner dans les émotions à l'occasion. Mais lorsque notre identité repose sur une émotivité permanente, plutôt que de sentir courageusement nos sentiments, on inhibe sérieusement notre connexion à l'Âme.

Avez-vous déjà fréquenté quelqu'un qui a le don de tout dramatiser, quelqu'un qui pleure pour tout et pour rien ? Ou peut-être avez-vous déjà connu quelqu'un qui est d'un sentimentalisme extrême ? Vous connaissez peut-être quelqu'un qui trouve toutes les excuses pour se mettre en colère et devenir agressif ? Dans des cas extrêmes, ces individus ont peut-être été diagnostiqués de trouble de la personnalité histrionique. Ils projettent un climat d'instabilité, sont toujours sur le bord d'une crise d'hystérie, comme s'ils avaient eu un coup de soleil émotionnel. Plutôt que d'avoir une profonde force intérieure, les super-émotifs se créent une identité qui est toujours en réaction aux situations externes. Leur sens du Soi est si fragilisé qu'ils ignorent qu'ils sont créatifs.

La vie des super-émotifs semble piégée dans un enfer de réactions. Parce qu'ils sont attachés à leurs histoires de blessures émotionnelles et qu'ils vivent comme des victimes, ils utilisent chaque traumatisme et le moindre drame pour conserver leur fausse identité. Libérer son histoire de victime et fouiller ses vraies sensations en latence sous l'émotivité leur sont extrêmement éprouvants et angoissants. Le lutin intérieur utilise cette peur pour garder l'ego coincé dans une hypersensibilité conditionnée, résistant à l'opportunité d'une réelle guérison. Les émotions proviennent de notre lutin intérieur. Les sentiments proviennent de l'Âme.

## SERVIR L'ÂME

Dans un groupe de thérapie ou dans des cercles de discussion, souvent les participants sont inconsciemment de concert avec les lutins. Si une personne se met à pleurer de façon trop émotive, elle retient l'attention du groupe. Ne voulant pas se montrer insensibles, d'autres s'empressent de soutenir et de valider ses «sentiments». Si un membre du groupe souligne que cette démonstration émotive est banale, on reprochera à cette personne d'être insensible. Dans ces circonstances, le groupe a perdu sa capacité de discerner entre la vraie libération des émotions et le détournement du lutin.

On n'aide pas l'Âme de nos amis quand on s'associe avec leur lutin. Il arrive parfois qu'on doive décevoir un ego afin de faciliter une connexion à l'Âme. Dans votre groupe de femmes, si la femme assise face à vous pleure depuis des années à propos de la même chose, elle est peut-être coincée dans l'émotivité. Si vous avez l'impression d'être constamment pris en otage plutôt que d'être témoin d'une libération, vous êtes peut-être coincé dans un modèle de groupe codépendant.

Pour vraiment servir l'Âme, on doit vivre le sentiment réel. Le sentiment nettoie comme un feu. Il brûle les restes de « l'histoire » quand il fusionne l'ego avec le pouvoir transformateur du présent. Quand un groupe de discussion expérimente un véritable sentiment, un moment magique s'installe dans la pièce. Le temps ralentit et les sens sont exacerbés. C'est l'expérience de l'espace sacré. Les sentiments provenant de l'Âme enveloppent le groupe et il se produit une vraie transformation. Les mondes visible et invisible ne font qu'un.

L'Âme ne réside pas dans le cerveau ; le cœur est sa maison. Mais parce que notre culture crée une dichotomie entre le corps et l'esprit, on est souvent incapable de distinguer une libération émotionnelle d'une vraie guidance du cœur. En parlant à son Âme et en s'entretenant avec son lutin, on n'est pas certain d'expérimenter un sentiment qui provient de l'Âme ou d'une émotion provoquée par son lutin. La manière la plus efficace de différencier les deux consiste à demander directement à son Âme : *Est-ce ce que je ressens ou suis-je émotif ?*

La conscientisation est la clé pour transformer l'habitude de l'émotivité. Comme consigne quotidienne dans les centres de traitement de la toxicomanie, on présente habituellement aux clients une « charte des émotions » et on leur demande d'en choisir trois qu'ils éprouvent. Le graphique montre des photos de visages exprimant une myriade d'émotions telles que le bonheur, la tristesse et la colère. C'est la plupart du temps un exercice très exigeant. « *Je me sens obèse* » n'est pas un sentiment. « *Je ne suis pas bien* » n'est pas un sentiment. Les clients sont plutôt encouragés à utiliser des sentiments comme *heureux, frustré, anxieux, désespéré, irrité, mal à l'aise, désorienté, enragé, bienheureux,* et même *dévasté.* C'est un exercice quotidien très utile pour nous tous, même s'il semble simpliste. Tout au long de la journée, la plupart d'entre nous sont inconscients de leurs sentiments spécifiques. Le fait de vérifier donne la chance de déterminer si on a besoin de prendre soin de soi. C'est particulièrement important si vous avez été élevé dans une famille où les sentiments n'étaient pas compris, identifiés ou soutenus. On ne peut pas accéder à la guérison si on est bloqué dans la confusion de ses sentiments actuels. Manger ses émotions, se surmener et dépenser compulsivement sont des tentatives d'éviter les sentiments.

Une manière sûre de déterminer si on est piégé dans l'émotivité est de voir si on est mentalement coincé de façon obsessionnelle par un sujet. Les trappes du plan mental nous font rater la chance de rencontrer la transformation réelle de nos sentiments. On rumine tellement qu'on ne ressent rien. Mais l'Âme utilise les sentiments pour nous parler. Si vous permettez à cette puissante Vérité de vous pénétrer et si vous utilisez cette connaissance comme un outil de la transformation de soi, elle a le pouvoir de changer toute votre vie.

### Se sentir important

Quand tout tourne dans notre tête, c'est souvent parce qu'on est piégé dans un cycle d'émotivité, pendant que le corps recherche un vrai sentiment de libération. On se retrouve dans le lit le soir à repasser la longue liste de stress : *Je n'ai pas assez d'argent pour payer ce compte... Mon petit ami était très têtu aujourd'hui... Je n'arrive pas à croire que Janet a ignoré mon appel... Je ne suis pas allée à l'épicerie acheter les céréales pour le déjeuner des enfants...*

Si vous ruminez, arrêtez et demandez-vous quel sentiment vous êtes en train d'éviter en ce moment. Dans ce scénario, les émotions seront probablement les suivantes :*submergé, brûlé, épuisé, frustré et anxieux.* Lorsque vous aurez identifié votre sentiment, mettez la main sur votre ventre et prenez quelques inspirations profondes. Prenez conscience de votre corps et remarquez où se logent vos tensions, puis respirez dans ces zones. Établissez l'intention de vous permettre de sentir ce que vous ressentez, puis permettez à votre corps de vivre pleinement tout ce qui advient. Permettez à vos sentiments de se répercuter dans tout votre corps et de résonner dans toutes vos cellules. Accordez-leur une attention particulière et respirez tout en permettant à ce vrai sentiment corporel de se répandre en vous. Sentez-vous *important.* Essayez de vous sentir véritablement «submergé» au maximum. Peut-être pleurerez-vous, respirerez-vous bruyamment, ou gémirez-vous. Vous sentirez peut-être une sensation de chaleur irradier de votre poitrine. Vous sentirez peut-être des vagues de froid dans vos jambes. Évitez de porter un jugement — *c'est horrible, je déteste cette sensation* — et respirez plutôt. Acceptez cette communication somatique pendant que votre Âme parle à votre ego à travers votre corps.

C'est à ce moment qu'on retrouve la libération. On découvre qu'on est intact et plus fort de l'autre côté de la vague de sentiments. On n'est plus coincé dans les remous de l'émotivité. On nage dans la mer immense des sentiments et on en émerge béni et entièrement renouvelé.

## Transformer la douleur physique

L'Âme commence par murmurer, puis elle parle, ensuite elle hurle (souvent à travers la douleur physique) afin d'obtenir notre attention. À cause de l'acharnement de l'ego, la plupart du temps, seuls les messages physiques obtiennent notre attention. Cette méditation vous aidera à vous tourner vers votre Âme si vous éprouvez une douleur physique, afin qu'elle cesse de hurler et que vous puissiez transformer la douleur physique en sentiment.

Méditez dans la position assise, la main gauche sur le ventre. Observez votre respiration monter et descendre et invitez votre corps à vous parler. Établissez l'intention que votre Âme dialogue avec vous à travers votre corps dans sa langue maternelle. Identifiez une zone du corps où vous éprouvez un inconfort physique (un mal de tête, à l'estomac) et demandez à votre corps de traduire cette sensation physique en une sensation émotionnelle.

Sentez-vous la qualité de l'émotion derrière le blocage physique et énergétique? Accordez-vous le droit d'observer ce qui survient sans juger. Trouvez un espace sûr où vous vous permettrez de sentir vraiment ce que vous ressentez. Vous recevrez peut-être des images visuelles concernant un problème, ou une information de l'Âme. Cette information peut être fort pertinente, mais méfiez-vous de l'attrait de vouloir interpréter avec votre cerveau ou de «résoudre» le problème. Le but est de ressentir le problème, non de le régler. Le sentiment lui-même est ce qui permettra la libération et la transformation.

# CHAPITRE 19

# LES CRISES SPIRITUELLES

*« L'expérience du Soi est toujours la défaite de l'ego. »*
— C. G. Jung

*« Pour qu'une semence atteigne sa plus grande expression, elle doit être complètement altérée. La coquille craque, son intérieur sort et tout change. Pour quelqu'un qui ne comprend pas ce qu'est la croissance, cela semble une destruction complète. »*
— Cynthia Occelli

*« Je vous défie, étoiles ! »*
— Roméo, extrait de Roméo et Juliette,
de William Shakespeare

Quand on vit une tempête merdique divine ou un tourbillon d'émotions, on a l'impression que le monde est contre nous, et parfois certains vivent même une crise de rage spirituelle. Être humain, c'est lutter entre la question existentielle lourde de sens du libre arbitre en opposition à la fatalité. On veut sentir son pouvoir et son indépendance, sa capacité à façonner son existence, mais on veut aussi être sûr que la vie nous soutient et nous nourrit. En raison du conditionnement familial, de notre personnalité et des circonstances de la vie, certains parmi nous sont plus enclins que d'autres à se laisser piéger par la question « pourquoi moi ? »

Lorsqu'on est coincé dans une crise de rage spirituelle, on a l'impression que Dieu nous a abandonnés. L'univers nous semble mauvais, manipulateur et vide de sens. La vie semble tragique, futile et injuste. On s'identifie à Sisyphe, qui a la tâche interminable de pousser la roche en haut de la montagne pour l'éternité. Quand on vit une crise de rage spirituelle, on est complètement immergé dans l'archétype de victime. « La vie me fait ça *à* moi. Je n'ai rien à dire, pas de contrôle et aucun moyen d'échapper à la roue de la fortune qui m'a donné une vie cauchemardesque. » Les crises de rage spirituelles durent parfois des jours, des semaines, des années, ou, pour certains, toute une vie ou plusieurs vies.

Toutefois, quand on vit une crise de rage spirituelle, on est plus proche de son Âme. La réactivité et l'émotion qu'on ressent si fortement dans cet état s'expliquent par le fait qu'une partie de soi est consciente qu'on peut réagir autrement. En fait, on peut *sentir* l'autre façon, et c'est pourquoi on réagit à ce point. Consciemment ou inconsciemment, on sent le potentiel de la vie — le potentiel qu'a l'Amour de nous ouvrir. C'est qu'on pense ne pas être capable de trouver l'œil au centre de la tempête spirituelle. On est assis là, paralysé, incertain de la manière qu'on va réussir ce test de vie.

La bonne nouvelle est que vous n'avez pas besoin d'avoir de réponse à la question « comment ». Vous n'avez pas besoin de savoir comment avoir confiance ou comment vous vous reconnecterez exactement à votre Âme. Tout ce dont vous avez besoin pendant une crise de rage spirituelle, c'est d'identifier que vous traversez une crise spirituelle et vous rappeler *qu'il y a une autre façon de réagir*. Vous demandez à votre Âme *son* opinion sur votre crise de rage spirituelle : Pourquoi crois-tu que je vis cela ? S'y cache-t-il un but cosmique qui explique ce que je traverse ? Quelle leçon mon Âme veut-elle que j'apprenne ? Quelles sont les deux étapes de base à suivre aujourd'hui pour commencer à transformer cette lourde énergie ? Quelle action bienveillante puis-je faire pour que je commence à me sentir mieux ? Qu'est-ce qui m'apportera un peu de soulagement ?

Chaque fois qu'on est aux prises avec une crise de rage spirituelle, c'est soit qu'on n'entend pas ou qu'on résiste à l'information que nous donne notre Âme. Elle ne nous donne rien qu'on ne peut surmonter si on est en relation avec elle et avec son «pourquoi». On doit aussi lui parler du «comment» de la chose. Comment gère-t-on ses émotions ? Que doit-on faire ? Il vous faut d'autres précisions. Allez-y et demandez-le-lui.

Pour que l'eau se transforme en vapeur, la température doit devenir assez élevée. Si on soulève le couvercle constamment pour vérifier la température de l'eau, on devra attendre plus longtemps que si on est patient et qu'on maintient le couvercle sur le chaudron. Si, pendant une crise de rage spirituelle, on endure et comprend que la température de notre Âme s'élève pour que s'accomplisse le processus naturel de la transformation alchimique, on patientera davantage.

## Arrêter une crise de rage spirituelle sur sa piste

La prochaine fois que vous commencerez à bouillir spirituellement, rappelez-vous qu'il n'est pas nécessaire de savoir comment on fera confiance ou comment on se reconnectera à son Âme. Pendant une crise de rage spirituelle, tout ce qu'il faut faire, c'est d'identifier qu'on en traverse une et se rappeler qu'il existe une autre façon de réagir. Si vous vivez une crise de rage spirituelle, demandez à votre Âme son opinion sur ce sujet. Voici quelques questions à lui poser :

- Pourquoi suis-je en train de vivre cette crise de rage spirituelle ?

- Ce que je traverse a-t-il un but cosmique ?

- Quelle leçon l'Âme veut-elle me donner ?

- De quelles manières je réagis le plus souvent lorsque je vis une crise de rage spirituelle (excès alimentaire, évitement, relations de dépendance) ? Est-ce que je réagis d'une de ces manières en ce moment ?

Après vous être questionné sur votre crise de rage spirituelle, posez à votre Âme les questions suivantes :

- Quelles sont les deux mesures de base que je peux adopter pour commencer à transformer cette lourde énergie ?

- Quel soin affectueux puis-je m'accorder pour commencer à mieux me sentir ?

- Qu'est-ce qui m'apportera un peu de soulagement ?

Choisissez une de ces petites actions pour vous soulager et pensez à une petite récompense pour vous motiver, que vous vous accorderez (un bain, une promenade) après l'avoir complétée. Appliquez votre plan.

# CHAPITRE 20

## SPIRALE INFERNALE

*« La violence est aussi inefficace qu'immorale.*
*Elle est inefficace parce qu'elle engendre un cycle*
*infernal à l'anéantissement général. »*
— Dr Martin Luther King, Jr.

*« La spirale est un cercle spiritualisé. Dans la forme*
*hélicoïdale, le cercle, délové, déroulé, a cessé*
*d'être vicieux ; il a été libéré.*
— Vladimir Nabokov

On sait que l'Âme orchestre ce qui nous arrive et que notre manière de réagir à cette orchestration est stimulée par la bataille constante entre le désir de vivre et le désir de mort. L'énergie s'accumule d'elle-même et accélère sous l'impulsion. À cause de cette réalité, lorsqu'on perd la bataille, on se retrouve souvent malheureusement dans une spirale de dépendance de la dérive de notre vraie nature. Apprendre comment fonctionne cette dynamique nous aidera à la reconnaître et à en interrompre le cycle.

Notre désir naturel de vivre est imprégné de sacré. Quand on est connecté à quelque chose de plus grand que soi, quand on est reconnaissant, quand on est humble devant le Divin, on agit sous l'impulsion de notre vrai Soi supérieur. Quand on est naturellement soi-même, on est naturellement spirituel, on s'identifie consciemment ou pas au terme. Dans cet état, la vie a un sens et un but. Quand c'est le désir de mort qui prime, on est séparé du sacré, rejeté et oublié, comme un enfant sans mère, isolé dans un océan de néant.

Dans son livre phénoménal, *Obsédée de la perfection*, la psychanalyste jungienne Marion Woodman explique le désir négatif de mort comme une spirale, « un ouragan qui fait tourbillonner sa victime tête première dans l'inconscient. La soif spirituelle naturelle, si elle n'est pas nourrie par le sacré, est piégée dans le démoniaque.»[19] La spirale vrille dans l'inconscient, amenant à des comportements de dépendance ou, si elle est accélérée, à une forte dépendance néfaste.

La spirale est un symbole incroyablement utile pour illustrer comment l'énergie prend de l'ampleur dans notre lutte constante entre le désir de vie et le désir de mort. Image que l'on retrouve couramment dans la nature, la spirale apparaît comme le modèle inhérent dans une coquille de nautile, dans la spirale hélicoïdale de l'ADN, ou dans la vaste spirale dans laquelle nous habitons — notre galaxie. La spirale du désir de mort a pour but de nous hypnotiser, nous engourdir et d'endormir les sens. «Vous vous endormez...» sont les mots de l'hypnotiseur classique, pendant que l'œil du personnage du dessin animé tourne comme une spirale. On entend l'expression courante : «J'étais pris dans une spirale de dépendance» ou «J'étais dans une spirale de haine envers moi-même.»

Mais être dans une spirale n'est pas que négatif ; on peut également vriller dans une direction d'un amour radical de soi. Comme le fait remarquer Woodman : « Ma figure centrale est une spirale qui peut s'orienter dans deux sens : vers la libération ou vers la destruction[20]. »

On peut vriller vers le haut tout comme vers le bas — on peut vriller vers l'intérieur et on peut vriller vers l'extérieur. On se comporte avec courage et amour envers soi, et la vrille se construit par elle-même. Comme un ouragan qui prend de la force ou une balle de neige qui grossit en descendant la pente, on peut utiliser l'énergie de la spirale pour notre plus grand bien.

Le choix de vriller vers le haut ou vers le bas débute toujours par une simple impulsion. L'impulsion prend alors son élan ou elle est interrompue par le choix subséquent qu'on fait. On peut toujours changer de direction — peu importe à quel moment de la spirale —, mais on a une toute petite occasion d'identifier facilement une spirale négative et de l'inverser. C'est beaucoup plus difficile de conserver son pouvoir face à un véritable ouragan que devant une simple rafale. Cependant, pour la majorité, à un certain moment de notre vie, être confronté à un ouragan véritable est inévitable. Cela fait partie du plan de notre Âme de nous faire grandir dans notre Soi réel en choisissant la vie, même si on ne sent que la mort qui nous entoure.

Il y a une légende cherokee qui illustre merveilleusement l'essence de notre bataille tourbillonnante :

— Un vieux Cherokee apprenait à son petit-fils les choses de la vie. "Une lutte a lieu à l'intérieur de moi", dit-il au garçon. "C'est un combat sans relâche, et elle se déroule entre deux loups. Le premier est méchant — il est colère, jalousie, tristesse, regret, avidité, arrogance, apitoiement, culpabilité, ressentiment, infériorité, mensonge, orgueil, supériorité et égoïsme. L'autre est bon — il est joie, paix, amour, espoir, sérénité, humilité, gentillesse, bienveillance, empathie, générosité, vérité, compassion et confiance. La même lutte se déroule en toi — et, aussi, à l'intérieur de toute personne".

Le petit-fils y pense pendant une minute et il demande à son grand-père :

— Lequel des deux loups va gagner ?

Le vieux Cherokee dit simplement :

— Celui que tu nourris.

C'est un signe de réelle maturité et de sagesse que d'identifier la spirale dans votre vie en ce moment et de transformer les conditions (un peu comme la température) plutôt que de s'identifier comme la spirale elle-même. Par exemple, on peut ainsi se sentir dépressif, mais ne pas *être* la dépression. C'est cette transformation subtile, mais puissante qui fait qu'on peut gérer les plus fortes tempêtes.

Quand on tourbillonne vers le désir de vie, on est catapulté dans le vortex de l'Âme. Quand on tourbillonne vers le désir de mort, il en résulte la perte de l'Âme. (Bien sûr, on ne perd pas *réellement* son Âme, mais on peut *perdre* sa connexion avec elle. Et parce que notre connexion est la compréhension et l'interprétation de l'Âme de l'ego, parfois cette connexion hésitante et insaisissable est tout ce qu'il y a.)

## Quel loup nourrissez-vous?

Le loup qu'on nourrit est le loup qui gagne. Ce questionnement met en évidence la bataille inconsciente entre le désir de vie et le désir de mort qui est toujours présent. Répondez aux questions suivantes dans votre journal :

1. Quel est votre plus gros «loup de mort» (les excès de table, les achats compulsifs, l'anorexie, la procrastination, le perfectionnisme, la dépression)?

2. Comment et quand votre loup se manifeste-t-il? (Lorsque vous êtes stressé? Seul? Fatigué? Après une rencontre familiale?)

3. De quoi nourrissez-vous votre loup (de nourriture, d'objets, de la haine de soi)?

4. Quelles sont les actions saines que vous pouvez faire lorsque vous êtes tenté de nourrir votre loup dépendant intérieur (du yoga, de la méditation, un bain réconfortant, une promenade)?

## Les pensées et les actions qui vont en spirale

Cet exercice vous fait prendre conscience des comportements et des pensées qui surgissent quand vous êtes dans la spirale — négatifs comme positifs. L'amour entraîne dans une spirale vers le haut; la peur entraîne dans une spirale vers le bas.

Dans votre journal, dessinez quatre spirales. Pour la première spirale, écrivez les pensées habituelles que vous avez lorsque vous êtes dans une spirale de désir de mort. (Si vous désirez des visuels supplémentaires, écrivez les mots en épousant la forme de la spirale quand vous appliquez cet exercice.)

Pour la seconde, inscrivez les comportements habituels qui se produisent lorsque vous avez ce type de pensées. Après avoir complété la spirale négative, demandez-vous comment vous tourbillonnez de façon positive. Écrivez en premier les pensées qui sont à caractères positifs, la spirale affirmant la vie, puis écrivez les initiatives que vous prenez lorsque vous êtes dans cette énergie positive de désir de vie.

# CHAPITRE 21

# QUI PEUT JUGER?

« Ne laissez pas l'opinion des autres noyer votre voix intérieure. »
— Steve Jobs

« Quand des personnes montrent ce qu'elles sont, croyez-les. »
— Maya Angelou

« Dès l'instant où vous aurez foi en vous, vous saurez
comment vivre. »
— Johann Wolfgang von Goethe

Un autre obstacle que rencontrent souvent les gens quand ils commencent à entendre leur Âme, c'est que la façon franche et butée que l'Âme utilise pour leur parler leur déplaît. Parfois, quand nous sentons la Vérité de notre Âme, l'ego peut se sentir jugé. Et plusieurs d'entre nous n'aiment pas être jugés. On peut être assailli d'images d'émissions de télévision juridiques où la magistrature autoritaire dicte comment se comporter. Pour la plupart d'entre nous, la spiritualité ne devrait pas juger. On considère souvent la compassion, la gentillesse et l'amour inconditionnel comme étant des caractéristiques spirituelles essentielles. On pense à la gentillesse du dalaï-lama, au pacifisme de Gandhi ou à l'amour inconditionnel de Jésus ou du Bouddha. La plupart d'entre nous ne considèrent pas que le jugement fasse partie de la spiritualité.

Toutefois, l'Âme est impliquée. Elle est opiniâtre et elle connaît votre mission précise de votre vie, et c'est important pour elle que vous l'atteigniez. L'Âme ne porte pas de jugement à partir de la peur, de la séparation ou de la division, mais à partir de la connaissance sereine et claire du jugement divin. *Le jugement de l'Âme est tout à fait différent du jugement de l'ego.* Le jugement de l'Âme n'a jamais comme but de tenter de prouver, de diviser ou de conquérir. Il n'est pas avide de pouvoir ni affamé de domination; il nous indique plutôt la voie de l'Amour dont le genre humain et la planète ont désespérément besoin présentement.

Pour Gandhi, la mission de l'Âme consistait à instaurer un pacifisme pur sur la planète. Il a accompli sa mission. On pourrait également souligner que Frederick Douglass, l'abolitionniste noir qui encourageait les Afro-américains à s'enrôler dans la guerre civile, a aussi réussi la mission de son Âme. Si Douglass n'avait pas tenu compte de son Âme en se comparant à Gandhi, on n'aurait peut-être jamais connu la forme d'Amour de Douglass sur la planète. Les Âmes ont diverses façons de manifester leur amour. Pour savoir si on est parfaitement aligné sur notre mission spirituelle, on doit le demander directement à l'Âme. Pour entendre la réponse, on doit éviter tout jugement de l'ego quant au type de mission.

Cette aptitude provient d'une vision spirituelle, où on accepte la réalité et obtient la permission d'observer véritablement ce qui est devant nous. Un exemple de cela serait quand Jésus a renversé les tables des marchands à l'extérieur du temple. Il n'a pas réagi avec une forme d'amour à la Big Lebowski où «tout va bien», mais avec une forte passion, direction et guidance provenant de l'Amour de l'attachement. Ce type d'Amour est résolument *ici* et il se soucie de ce qui arrive. Cet Amour brûle tout résidu qui obstrue la véritable vision du spirituel.

Ce rejet du jugement est souvent si fort dans notre société puritaine qu'il s'exprime comme une attitude nouvel âgiste réactionnaire et prétentieuse du «tout va bien» des cercles conventionnels spirituels. Cette ombre dominante envers le jugement est un sous-produit des stades précoces du développement spirituel dans lequel baigne notre culture. On n'a pas la maturité spirituelle pour comprendre que le jugement de l'Âme ne va pas à l'encontre de l'Amour ; il est plutôt le fruit de l'Amour.

Le désir culturel d'être considéré comme spirituellement miséricordieux voile souvent nos capacités à discerner ce qui convient vraiment à l'Âme. Paradoxalement, dans la quête du «tendre l'autre joue», on se juge pour le jugement en soi et parfois seulement pour avoir des opinions. Le résultat de cette aversion favorise la répression de nos convictions profondes et des instincts qui viennent de l'Âme quand on remet en question nos intuitions. Quand notre peur du jugement affaiblit l'intuition, on a un problème.

Lorsque je travaillais sur une ligne d'interventions téléphoniques en prévention du suicide, j'ai vécu une expérience puissante qui illustre ma propre résistance envers le jugement de l'Âme, qui, en plus de ternir mes instincts naturels, aurait pu être dangereuse pour moi.

«Allô» dit une voix à l'autre bout de la ligne.

J'ai senti du dégoût traverser tout mon corps.

Mon ego a été bouleversé et consterné par ma réaction. Une personne appelait pour obtenir de l'aide sur une ligne d'interventions téléphoniques en prévention du suicide et je la jugeais.

Il a commencé à parler des difficultés auxquelles il faisait face dans sa vie. Il était dans un mariage sans amour et sa femme le maltraitait sur le plan émotionnel. J'éprouvais de la compassion pour son histoire, et j'ai trouvé que ma première réaction était loin de la réalité. Cet homme était doux, triste et il attendait qu'on l'aide.

Puis, il s'est mis à parler des problèmes sexuels vécus dans son mariage. Il se sentait tellement seul et peu aimé. Il a commencé à détailler les problèmes sexuels dans sa relation avec sa femme puis il a reporté son attention sur moi.

«Que pensez-vous du sexe?» m'a-t-il demandé

Je suis restée sans rien dire, me demandant si j'avais bien entendu.

«Dites-moi ce que vous aimez au lit», a-t-il poursuivi, puis il a rapidement enchaîné sur une description détaillée de son pénis.

Dégoûtée, j'ai raccroché. Il s'était servi de ma compassion naïve pour avoir le dessus sur moi. Même si rien ne s'était passé physiquement, je me suis sentie comme une victime. Je me suis levée et suis allée voir mes collègues de travail et leur ai raconté ce qui s'était passé.

«Ah oui, on le connaît, tu as parlé à Sicko Sam. Il appelle à quelques mois d'intervalle dans l'espoir de tomber sur une nouvelle qui ne connaît pas son jeu.»

Comment est-ce que mon intuition, mon Âme, a-t-elle pu déceler immédiatement, seulement à sa manière de dire

« Allô », quel genre d'homme c'était ? Vraiment rien sur le plan rationnel n'avait pu me donner d'indice. Son « Allô » n'avait pas été prononcé de manière perverse ou particulièrement minable. Mon Âme a voulu que je raccroche le téléphone dès que j'ai entendu la voix.

J'ai compris que je ne voulais plus être contre le jugement, que je ne voulais plus de cette suridentification où j'étais un être rempli de « compassion » et « d'amour », au point de me séparer de mes instincts qui, eux, pouvaient me garder en sécurité. J'étais reconnaissante que tout ceci ait eu lieu à l'abri d'une ligne téléphonique ; en personne, les résultats auraient pu être plus désastreux.

L'idée du jugement divin ne consiste pas à favoriser la séparation, mais à nous connecter à la Vérité quand on balaie les toiles d'araignées de l'illusion. Jugeriez-vous un tigre si vous le décriviez dangereux ? Les tigres sont des animaux sauvages qui pourraient facilement vous arracher la tête. Cela peut sembler être un exemple ridicule, mais, psychologiquement, les gens le font constamment. Ils se placent devant un tigre énergétique (par exemple des gens qui exercent des sévices sur le plan affectif), se font botter le derrière, puis ils se demandent pourquoi ce joli chaton se comporte de la sorte.

Le point fondamental du problème réside dans le fait que la personne qui veut à tout prix être compatissante et sympathique ressent très violemment la douleur du coupable. Les personnes qui ont une attitude empathique, qui sont sensibles, clairvoyantes, sont particulièrement menacées si elles pensent ainsi. Sur le plan énergétique, elles voient et sentent les traumatismes, les drames et les problèmes auxquels est confronté le coupable. Puis, elles s'approprient son énergie négative. Leur intuition leur fait littéralement ressentir ce que ressent l'autre personne tout en perdant leur propre réalité. Voilà ce que j'appelle une énergie codépendante[21]. La codépendance énergétique s'alimente selon la devise *Ce que je ressens dépend de ce que tu ressens*. En échange de leur acceptation et approbation, elles perdent leur habileté à voir clairement. (Pour trouver l'information sur ce sujet dans mon livre *Authentic Intuition* voir la section Ressources.)

### EMBRASSER L'AMOUR FÉROCE

Notre société ne nous montre pas beaucoup de modèles d'Amour féroce. On est plutôt bombardé dans nos médias de relations farcies d'émotions de carte Hallmark — codépendantes et sans imagination. À cause de cet évitement de la vérité dans les relations, l'Âme essaie de trouver le sens de soi-même d'une autre façon.

Alors que je travaillais pour un organisme pour les victimes de l'inceste, je me souviens d'une cliente qui discutait de sa difficulté à affronter les congés des Fêtes. Pendant l'année précédente, elle avait commencé à se souvenir des nombreux viols que son père lui a fait subir pendant son enfance. Elle a parlé à sa famille de ces souvenirs, mais ses proches ne voulaient pas accepter sa Vérité. Son père était dentiste, entraîneur au soccer, un pilier dans la communauté. Elle devait faire erreur et elle était probablement folle.

Elle était très blessée et fragile. Comme elle manquait de soutien et de réflexion sur le sujet, elle était sur le point d'accepter qu'elle s'était peut-être trompée. Comme les vacances approchaient, elle voulait aller à la maison où les viols avaient eu lieu et faire comme si la famille n'avait pas de squelette dans le placard. Elle m'a dit que dans l'esprit des fêtes de Noël, elle devrait agir comme Jésus et « tendre l'autre joue ». Beaucoup de chrétiens croient au malentendu largement répandu que Jésus était passif. Il ne faut jamais confondre son amour avec la mollesse qui vient de l'évitement. Que vous croyiez en Jésus ou pas, le christianisme a un impact majeur sur notre culture qui en est fortement imprégnée, ce qui a une forte incidence sur notre psychologie collective. Je pense que Jésus serait retourné à la maison de son père dans un état de grâce féroce. Sans nier la Vérité, il aurait confronté la famille et permis à l'Amour de circuler à travers lui, quelle que soit la situation. Il n'aurait pas permis à son ego de bloquer l'Amour de l'univers, mais il n'aurait pas également nié la présence de la noirceur. Vous ne pouvez pas guérir ce que vous refusez de voir. La répression et le déni ne vous feront jamais sortir de la noirceur.

J'ai toujours été dérangée par ces t-shirts à la mode sur lesquels il est écrit « L'Amour ne voit pas la couleur ». L'amour voit la couleur. L'Amour *fait* la couleur. L'Amour *est* couleur. Et l'Amour aime, au-delà de la couleur. Cela ne veut pas dire qu'elle ne la voit pas. Je comprends l'intention du message sur le t-shirt, qui est que l'Amour ne discrimine pas. Je semble pointilleuse avec la définition des mots, préoccupée par la sémantique, mais, pour moi, ces mots reflètent exactement *pourquoi* on n'est pas capable de passer outre la discrimination dans notre culture. Il me semble qu'on sous-estime gravement l'Amour si on pense devoir devenir aveugle pour être digne d'attirer son regard. L'Amour ne souffre pas de daltonisme. L'Amour a une vue parfaite qui différencie toutes les couleurs du spectre ainsi que toutes les formes de diversité. On n'y parvient pas en évitant, en niant ou en masquant nos qualités, nos talents ou nos dons particuliers. L'Amour est l'accent féroce de la conscience. On est appelé à aimer davantage et non pas à nier.

L'énergie du Divin féminin, qui prend la forme féroce de Kali, la déesse de la destruction, est en mesure de distinguer les faiblesses de caractère avec sa vue irréprochable ; puis, avec l'intention de guérir, elle confronte les douleurs au feu. Elle ne laisse aucune place à l'évitement. Son regard ne mentira jamais. Elle est digne de confiance sans aucune hésitation. Là où notre ego voudrait s'enfuir, elle nous ordonne de rester. Et on restera ! Il n'y a aucun autre choix possible lorsqu'on est pris dans son regard implacable.

On doit aussi demeurer réaliste quant à ce qu'on peut contenir et maintenir sur le plan énergétique. Le seul fait de comprendre ces choses sur le plan intellectuel ne signifie pas qu'on est énergétiquement et spirituellement rendu à cette étape du développement. Il y a de la sagesse dans le fait de savoir comment et quand choisir ses batailles. Ce Noël-là, ma cliente était bien loin d'être équipée sur le plan psychologique et émotif pour faire face à son père coupable. On peut apprendre de nos modèles, mais on a aussi besoin d'écouter la voix de notre Âme pour éviter de placer notre santé psychologique dans la fosse aux lions. La bête ne s'apprivoise pas sans quelques leçons d'apprivoisement.

L'autre jour, alors que je travaillais avec une cliente, il devenait évident que son désir d'éviter de juger la gardait piégée dans un rôle inconscient avec des gens malsains qui agissaient comme des vampires énergétiques. Quand je lui ai demandé ce qu'elle ressentait devant une personne en particulier, elle m'a dit : « Après nos rencontres, je me sens épuisée, je me sens malade.» Elle niait sa vérité énergétique, car, a-t-elle dit : «Je ne voulais pas agir comme un juge.»

Ne niez pas la Vérité de votre Âme parce que vous avez peur qu'on trouve que vous jugez. Par opposition à la vision claire de l'Esprit, l'Âme a beaucoup d'opinions, d'émotions et de jugements divins. Cela parce que l'Âme a un but précis pour votre vie et qu'elle doit être capable de transmettre cette information à l'ego.

Lorsqu'on juge avec la conscience spirituelle, cela s'appelle du discernement. La capacité de discerner réside dans l'évaluation honnête de notre développement spirituel. On doit être bien entraîné dans l'art de permettre au féminin féroce de brûler les restes de l'ego avant d'affronter les coupables, les vampires énergétiques ou les critiques acerbes dans notre vie. Parfois, on doit choisir de protéger les jeunes plants de notre Âme avant de les transplanter sur le chemin d'une tornade émotionnelle. La tempête menace de déraciner notre bon travail de croissance durement acquis. C'est parce qu'on aime vraiment notre Soi qu'on lui accorde ce type de protection. Ce n'est pas de la faiblesse ni de l'évitement ; c'est un moyen puissant d'acquérir l'attribut nécessaire du discernement.

### Juger le juge

Explorons maintenant votre relation avec le jugement. Prenez votre journal et commencez à écrire. Y a-t-il eu des moments dans votre vie où vous avez évité votre vérité intuitive par peur d'être vu comme quelqu'un qui juge ? Êtes-vous capable de considérer le jugement divin comme spirituel, ou croyez-vous que le jugement est toujours peu évolué ?

## La tempête du jugement

Cet exercice concerne les moments où vous avez tu votre voix et permis à la peur du jugement de bloquer la Vérité de votre Âme. À l'instar du *brainstorming*, n'écoutez pas, ne censurez pas et ne critiquez pas vos idées ; cela permettra au flux de circuler. Avec la tempête du jugement, concentrez-vous sur un sujet où vous avez l'impression de vous être retenu de vous exprimer (peut-être lors d'une réunion récente ou avec un membre de la famille). Votre feuille est un lieu sûr pour juger maintenant. (Après l'exercice, peut-être voudrez-vous la déchirer ou la brûler.) Mettez-vous dans un état d'esprit de jugement, sans arrêter d'écrire. Remplissez au moins une page pour décrire ce qui vous a bouleversé. Lorsque vous aurez terminé, relisez-vous et évaluez quels sont les jugements qui semblent provenir de l'ego et lesquels semblent venir de votre Âme. Peut-être désirerez-vous transcrire les notes de votre Âme dans un autre journal pour consultation ultérieure.

À la fin de l'exercice, si vous avez le sentiment d'être survolté, assurez-vous de prendre quelques inspirations lentes et profondes et demandez à votre Âme quelle action apaisante prendre pour améliorer la situation.

CHAPITRE 22

# QUI, MOI?
## AFFIRMER SON AUTORITÉ SPIRITUELLE

*« Si je parle les langues des hommes,
et même celles des anges, mais que je n'ai pas l'amour, je suis
un cuivre qui résonne ou une cymbale qui retentit.
Si j'ai le don de prophétie, la compréhension
de tous les mystères et toute la connaissance, si j'ai même toute la
foi jusqu'à transporter des montagnes, mais que je n'ai pas
l'amour, je ne suis rien. Quand je distribuerai tous mes biens
aux affamés, quand je livrerai mon corps aux flammes,
s'il me manque l'amour, je n'y gagne rien. »*
— Corinthiens 13,1 — 3

*En choisissant votre dieu, vous choisissez votre manière
d'appréhender l'univers. Il y a une multitude de dieux… Le dieu
que vous célébrez est le dieu que vous méritez. »*
— Joseph Campbell

Le dernier bloc que nous aborderons est un des plus cruciaux
à maîtriser pour affirmer notre puissance spirituelle.
Plusieurs d'entre nous ont grandi dans des paradigmes où
l'on enseignait à regarder à l'extérieur de soi pour se connecter
au Divin. Qu'on soit élevé dans un foyer religieux et strict, ou
dans un environnement incontestablement athée, ou dans

une maison où l'on évitait et ignorait les questions religieuses, la plupart d'entre nous n'ont pas été stimulés à regarder à l'intérieur pour trouver des réponses. Sans la connaissance intérieure de l'Âme, on est soumis aux vagues des préjugés culturels, au contrôle basé sur le pouvoir tout en étant séparé de notre propre autorité spirituelle. Plusieurs d'entre nous ont grandi les yeux levés vers un homme dans une chaire interprétant pour nous la « parole de Dieu » à partir d'un livre. Nos parents qui nous ont amenés à écouter cet homme nous ont appris que l'homme qui lisait avait toutes les réponses. Désirant être de bons enfants, nous nous sommes conformés, comprenant bien que nos croyances devaient être approuvées par notre première autorité spirituelle externe — la figure la plus puissante du foyer, nos parents. Nos parents sont les premières figures sur lesquelles nous projetons Dieu ou la Déesse. Truffé de complications humaines issues de la relation parents-enfants, le développement spirituel survient lorsqu'on commence à démêler la projection imposante de Dieu afin de révéler notre Déesse ou notre Dieu intérieur.

Bien sûr, certaines familles font partie d'une communauté religieuse et qui encourage la connexion intérieure spirituelle de leurs enfants. Néanmoins, dans l'ensemble, en tant que société, nous avons remplacé notre confiance divine par une pitoyable estime de soi. L'effort requis pour devenir spirituellement conscient de soi passe souvent au second plan dans nos priorités quotidiennes. Souvent, les étapes du développement de la spiritualité ne sont pas considérées lorsqu'on se regarde à travers les lentilles épaisses des croyances, des réactions et des incompréhensions programmées.

On a développé l'attitude du «petit moi?» dans la relation la plus importante — la relation avec le Divin. Au lieu de faire confiance à ses expériences intérieures spirituelles, on regarde autour de soi pour trouver quelqu'un qui fera le gros du travail. On ne peut pas croire qu'on mérite d'affirmer et de connaître notre propre vérité spirituelle. La question «Si ce n'est pas vous, c'est qui?» est particulièrement pertinente sur le chemin spirituel. Personne ne connaît votre Âme aussi bien que vous. L'histoire religieuse dominante dit que Dieu est là, en haut, là-bas. Cependant, Dieu est accessible maintenant, ici, pour vous — grâce à l'interprétation divine de votre Âme.

Si tout est créé par Dieu, comment ne pas être une partie de Dieu et, en fin de compte, à notre source fondamentale créative essentielle? Lorsqu'on comprend et sent son propre cœur, on n'a pas besoin de preuves de miracles pour connaître Dieu ou tout ce qu'il signifie.

Ne confiez pas votre autorité spirituelle à des «experts». Un jour, on aura toutes les réponses à nos questions intérieures en ce qui a trait à l'esprit. Ce sera peut-être sur notre lit de mort, après notre décès, ou alors qu'on attend de se dévoiler consciemment dans une autre vie. Il y a peu d'autres choses à faire que de se tourner vers la vraie Vérité et de découvrir ce qu'on est et pourquoi on est ici.

Cette connaissance directe porte le nom de *gnose*. La gnose est une forme de connaissance, une voie par laquelle on sait. Plutôt que de comprendre à travers l'information d'experts, les histoires d'autres personnes, ou les informations factuelles, la gnose consiste à avoir une *relation directe* avec l'Âme. Si notre monde se fondait sur ce type de connaissance pour la compréhension spirituelle, les guerres de religion, de croyance ou d'opinion disparaîtraient. Par la connaissance directe de quelque chose, on perd l'intérêt pour le pouvoir. Quand notre conscience se guérit, on perd le désir de convertir, de contrôler ou de convaincre. On se contente de son savoir personnel et on perd le goût de la «rectitude» de ses croyances.

Même au sein de la culture du nouvel âge, l'évitement de la propriété spirituelle est répandu. Caroline Myss dit dans son livre éloquent *Entering the Castle* : «Le 'nouvel âge' n'est désormais plus nouveau. C'est plutôt le moyen âge et il a besoin d'une métamorphose[22].» J'ai connu de nombreux adeptes de «l'amour et la lumière» tyranniques et opprimants qui transportaient avec eux une ombre malsaine. Bien qu'ils soient armés d'une liste de «croyances aimantes», l'énergie qu'ils émettent est quand même séparatiste, unilatérale et peu développée. Bien sûr, il y a de nombreux «travailleurs de la lumière» qui sont profondément nourris par leur propre bien-être spirituel, nullement intéressés à opprimer par le standard invisible et silencieux de la «tyrannie de la lumière». Mais «l'Amour» non intégré, mal étudié et incontesté peut être aussi fondamentaliste que toute peur de Dieu.

Récemment, j'ai amené mon fils voir le *Film Lego*. Le personnage hilarant d'Unikitty est l'exemple parfait du personnage du nouvel âge dont je parle. Unikitty est une gentille chatte rose, câline, adorable, mystique — et aussi à moitié licorne. Pendant qu'elle souhaite la bienvenue dans sa maison à ses nouveaux amis du Pays des nuages, elle présente sa ville natale : «Ici, au Pays des nuages, il n'y a pas de règlements! Il n'y a pas de gouvernement, pas de gardienne d'enfants, pas d'heure de coucher, pas de visages sombres, pas de moustaches hirsutes, et aucune sorte de négativité».

Ce à quoi réplique sarcastiquement le personnage récalcitrant de Cool Tag vêtu de noir : «Tu viens tout juste de dire le mot «*pas*», comme mille fois.» Unikitty poursuit : «Et il n'y a aucune cohérence ... Toute idée est une bonne idée, excepté celles qui ne sont *pas* heureuses.» Ayant terminé son discours positif fondamentaliste, elle se transforme en un minet rouge de colère et sa voix devient sombre et diabolique : «Celles-là, vous les poussez profondément à l'intérieur, là où jamais, jamais, *jamais* vous ne les retrouverez[23].» Unikitty illustre la spiritualité non intégrée et mystérieuse — en s'accrochant à la lumière tyrannique, l'ombre grandit, attendant l'opportunité d'attaquer. Lorsqu'on échange notre authenticité contre les *idées* de ce qu'on pense de ce que devrait être la spiritualité, on ne fait que gonfler l'ego.

J'ai travaillé avec des guérisseurs talentueux, capables d'évaluer et de guérir psychiquement un problème de santé chez les autres, mais quand même sous l'emprise d'une ombre mauvaise, avide de pouvoir et gonflée de l'ego. Ce qui nous semble être un miracle peut très bien être embourbé dans une intention cachée. On est tellement affamé de spiritualité que lorsqu'on voit des preuves de miracles, on présume immédiatement que le faiseur de miracles est en lien direct et privilégié avec Dieu. Les miracles ne sont pas nécessairement «une preuve d'Amour». Les miracles peuvent se produire simplement grâce à une compréhension de certaines lois de l'univers, autrement dit, par des tours de passe-passe spirituels glorifiés. Ce tour de main spirituel peut nous détourner de la question fondamentale : Ce praticien est-il intéressé par le pouvoir ou travaille-t-il à partir du cœur?

Cela peut être très difficile à résoudre parce que si les praticiens sont tout à fait inconscients de ce qui les motive, ils peuvent aussi se mentir à eux-mêmes. La guigne, le vaudou, les miracles, la prouesse psychique, la démonstration de lévitation ou la télékinésie ne sont pas la preuve *en soi* d'une évolution spirituelle.

La tentation de tomber dans ce type de miracle magique vient de la séparation d'avec soi-même, de l'oubli et du malentendu de notre état divin. Ce n'est pas, bien sûr, l'interprétation erronée de notre ego en tant que Dieu, mais la source de notre Soi, notre Soi spirituel, l'Âme de notre Soi, c'est-à-dire l'œuvre magistrale de la Divinité.

## D'AUTRES VOIX QUI GUIDENT

Hormis affirmer son autorité spirituelle face aux professeurs et guérisseurs spirituels, on doit rester éveillé spirituellement face aux esprits eux-mêmes. De nombreux clients viennent me voir dans l'idée de se connecter à leur esprit-guide ou aux esprits qui sont passés de l'autre côté. Je leur demande si la connexion avec leur âme est forte — s'ils entendent l'information afin de pouvoir prendre des décisions. S'il s'avère que non, nous tentons d'abord de nous connecter à leur Âme avant de parler avec leurs guides.

Parfois, des clients disent : « Je ne suis pas certain d'entendre mon Âme, mais j'entends mon esprit-guide. Est-ce la même chose ? » Absolument pas. Si vous travaillez directement avec les esprits-guides, les archanges ou d'autres êtres sans corps, il est fondamental que vous ayez d'abord une relation solide avec votre Âme et la capacité de l'entendre.

Souvent, les gens s'étonnent de découvrir qu'on peut embaucher et congédier nos esprits-guides. Les esprits-guides peuvent être d'une aide précieuse, mais parfois notre âme nous conseille de les oublier. Ceci peut être à la fois choquant et stimulant.

Cela est choquant, car plusieurs d'entre nous supposent qu'une entité qui se fait passer pour un ange ou un esprit-guide doit posséder une sagesse incroyable et savoir mieux que nous ce qui nous est préférable... après tout, c'est un ange ! Et même s'ils en savent plus que votre ego, ce qui est préférable pour vous, ils n'en savent pas autant que votre Âme.

Je suis un médium, je transmets et j'ai la capacité de me canaliser avec d'autres entités ; toutefois, je choisis de ne pas le faire. Lorsque je parle à des esprits de l'Au-delà, je leur parle directement, mais je ne leur permets pas d'entrer dans mon corps. J'ai découvert que les êtres de lumière ne sont habituellement pas intéressés à entrer dans votre corps pour vous donner de l'information. Les vrais êtres de lumière reconnaissent la souveraineté de votre Âme ; ils ont assez confiance en votre Âme pour ne pas vouloir « prendre le contrôle » et « s'imposer ». Si vous avez déjà été témoin d'une vraie canalisation par un médium pour un groupe, il dit normalement : « Allô ! » avant de quitter immédiatement le corps pour permettre à l'autre entité « d'entrer » et de « prendre en charge ». Cela en dit beaucoup sur le degré de respect accordé à la personnalité et au corps du canal « éclairé » que l'Âme a utilisé.

Vous choisissez votre personnalité unique et votre incarnation pour une raison. Les êtres sans corps qui respectent le voyage de l'Âme comprennent l'importance de ce que vous êtes en train d'apprendre et ne portent pas atteinte à votre droit d'être sur terre.

Si vous êtes un médium, je vous encourage sérieusement à développer une relation forte et claire avec votre Âme et de lui demander son opinion sur qui, quand, où et pourquoi vous canalisez, si vous canalisez des entités à travers votre corps. Je ne peux pas vous dire combien de médiums bien intentionnés avec qui j'ai travaillé ont été manipulés et contrôlés par des êtres sans corps, et leurs Âmes détournées, en échange d'une «canalisation tape-à-l'œil». La tentation naît du fait que ces entités ont souvent quelques informations pertinentes et judicieuses qui semblent très utiles et au service de la lumière. Cependant, quand vous défiez ces entités ou essayez de briser le «contrat de canalisation», attendez-vous à être attaqué énergétiquement par de la fatigue, des maux de tête, ou des symptômes dissociatifs tels que la confusion ou des pertes de mémoire. L'accent devrait être moins mis sur l'information provenant de la canalisation et davantage sur l'énergie pour laquelle la canalisation est exécutée.

J'entends souvent les clients parler d'un livre, d'un poème ou d'un message qui est canalisé par une autre entité comme étant d'une certaine façon intrinsèquement «meilleur». Je ne suis pas certaine où cette tendance a débuté. Tout comme il y a des humains en colère qui sont contrôlés par la croyance malavisée et illusoire qu'ils sont séparés de leur Source, il y a aussi des esprits peu évolués qui essaient d'affirmer agressivement leur relation avec Dieu. Dans des termes simples, cela signifie que j'ai souvent visualisé du matériel canalisé avec plus de scepticisme, plutôt que moins. Simplement parce que vous n'avez pas de cul ne signifie pas que vous n'en êtes pas un.

J'ai croisé des esprits qui se sont présentés comme des êtres angéliques incroyables, d'un blanc brillant et or, avec une belle lumière et de grandes ailes. Toutefois, quand je les questionnais au sujet de leur vraie nature (ce que je fais immédiatement) ou que je leur demandais de partir, ils devenaient méchants et ils attaquaient. Les esprits peuvent se métamorphoser. Ces entités se présentent comme étant l'Amour et la lumière, mais leurs buts sont le pouvoir et le contrôle. Certains de ces êtres font même des « miracles » convaincants à travers des humains qu'ils ont dupés. Ce qui semble en surface être une guérison aimante dissimule un arrangement pour que ces entités sombres utilisent « la personne guérie » comme hôte. Si on prie ces entités et si on leur donne notre pouvoir, on augmente leur énergie. La situation risque de se compliquer, parce que certains êtres, tout comme les humains, *croient qu'ils sont* au service de la lumière de leur point de vue limité.

Si on n'entend pas son Âme, on n'a pas la capacité de dire réellement qui est vraiment devant soi. On dit que le diable dit toujours des demi-vérités, que les simulateurs de sens utilisent la lumière pour dissimuler l'ombre. C'est pourquoi le discernement est essentiel quand on travaille avec ces êtres sans corps. (Cependant, il est aussi très utile d'être capable de discerner cela avec les humains !)

Il est incroyablement difficile de naviguer sur le chemin spirituel. Il est remarquablement facile de se sentir gonflé, à plat ou perdu le long du chemin à travers les royaumes subtils. Ce sont les tests constants que subit l'être humain. Quand on accepte de « descendre ici-bas et d'oublier », on a aussi l'opportunité de «descendre et de se rappeler» afin de rejoindre son Âme au moyen de l'expérience du test qu'est la vie humaine. Cette expérience consciente et heureuse de l'humanité et de la Divinité est l'union joyeuse du corps, de l'Âme et de l'Esprit.

Lorsque vous connaissez votre Âme, vous n'êtes plus sujet à céder votre autorité. Vous possédez votre propre autorité directement et avec certitude. Vous ne risquez plus de perdre la connaissance de votre cœur pour un autre argument convaincant plus tape-à-l'œil. Des conseils «experts» astucieusement emballés et même bienveillants sont maintenant surveillés par la loupe aimante de votre Âme. Vous êtes finalement libre de vous reposer à l'intérieur de vous.

### Si ce n'est pas vous, qui est-ce?

C'est le temps de prendre votre journal. Demandez à votre Âme son opinion à propos de votre estime de soi spirituelle. Voici quelques questions qui portent à réflexion :

- À quel point possédez-vous la connexion à votre Âme?

- Vous fiez-vous à des intermédiaires?

- Votre estime de soi spirituelle est-elle en santé?

- Vous laissez-vous guider par des esprits-guides régulièrement? Y a-t-il quelque chose que vous devez savoir pour travailler avec eux d'une façon qui honore le rôle de patron que joue votre Âme?

## Faire confiance à son gourou intérieur

Y a-t-il des professeurs spirituels ou certaines croyances qui font que votre Âme semble avoir tort ? Avez-vous quelques « il faut que » spirituels qui ont choqué votre Âme ? Demandez-lui ce qu'elle pense de vos pratiques courantes et de vos professeurs actuels et demandez-lui s'ils conviennent au plan qu'elle a établi pour vous. Rappelez-vous, malgré qu'ils soient bien intentionnés, certains professeurs spirituels ne tiennent pas compte de cet élément important du plan de votre Âme. Demandez également à votre Âme s'il est maintenant temps de passer à autre chose. Peut-être qu'antérieurement une pratique ou un professeur répondaient grandement à vos attentes, mais peut-être avez-vous évolué plus rapidement qu'eux. Ou, même s'il est doué, peut-être que le guérisseur, le professeur, ou que le programme convient mieux pour l'avenir et non maintenant. Demandez-lui de vérifier.

## Cérémonie sacrée de l'Âme

Faites une cérémonie sacrée pour vous et votre Âme. Considérez cela comme une façon de conscientiser votre nouvelle relation avec elle. Parlez-lui et demandez-lui quelle est la meilleure manière de consacrer cette relation. Peut-être qu'elle voudra trouver un anneau qu'elle aime et préparer une cérémonie complète du mariage avec des vœux de l'Âme. Cette cérémonie peut se faire en présence d'amis proches ou se faire seulement entre vous et votre Âme.

Elle veut peut-être que vous ayez un symbole physique d'elle sur votre corps, initié par un tatouage. N'oubliez pas de lui demander quelle image la représente vraiment et qui vous rappellera qu'elle est toujours là pour vous guider et vous soutenir.

Quoi que vous décidiez, organisez une cérémonie avec soin et révérence, et respectez cette relation sainte qu'elle mérite.

# PARTIE IV

# AFFIRMER
# LA VIE DE SON ÂME

# CHAPITRE 23

# ET ALORS... QUEL EST MON BUT?

*« Quand on donne dans le monde ce qu'on veut le plus,*
*on guérit la partie brisée à l'intérieur de soi. »*
— Eve Ensler

*« En fin de compte, l'homme ne devrait pas s'interroger sur la*
*signification de sa vie, mais il doit plutôt reconnaître que c'est lui*
*qui est interrogé. En un mot, chaque homme est interrogé par la*
*vie ; et il peut seulement lui répondre en étant responsable. »*
— Viktor Frankl

*« Suivez votre passion, soyez fidèle à vous-même,*
*ne suivez jamais le chemin de quelqu'un d'autre. (À moins que*
*vous soyez perdu dans la forêt et que vous voyez un*
*chemin — alors, de grâce, suivez-le.) »*
— Ellen DeGeneres

Maintenant que vous avez appris comment entrer en contact avec votre Âme et comment surmonter quelques-uns des blocages courants pour clarifier la communication, il est temps de découvrir pourquoi vous êtes ici. Mais en venons à l'essentiel — déterminer votre but.

Votre but est d'incarner votre Âme sur terre. C'est beaucoup moins à propos du *quoi* et beaucoup plus à propos du *comment*. Plusieurs se perdent à rechercher la *chose* qu'ils sont censés faire. Votre but n'est pas d'écrire un livre, de travailler à un refuge pour sans-abri, ou d'être une vedette dans une comédie musicale de Broadway. L'Âme peut *utiliser* des actions comme motivation pour vous aider à incarner votre vraie nature, mais ne confondez pas le « doigt qui pointe vers la lune » avec la lune elle-même. Certaines personnes confondent la récompense avec le but ultime à atteindre. C'est la raison pour laquelle nombreux sont ceux qui se sentent toujours vides et perdus lorsqu'ils atteignent enfin leur « rêve ». Je discute avec de nombreux clients qui sont déboussolés par ce phénomène, mais c'est une erreur commune et extrêmement douloureuse. .

Le voyage de l'Âme ne s'évalue pas par des faits externes et des accomplissements, mais *par l'énergie qu'on émet sur son chemin*. Vous ne pouvez pas réussir spirituellement si vous êtes célèbre et blessant. Vous ne pouvez pas réussir spirituellement si vous passez tout votre temps à servir le monde en aidant les autres si cela n'est pas sincèrement guidé par l'Âme. Si cela ne provient pas de l'Âme, ce n'est pas réellement être au service des autres. Je vois fréquemment des gens qui parlent de l'idée de ce que c'est que d'être spirituel (être bénévole dans un refuge ou faire un don pour une bonne cause), ils vantent ces actions à partir de leur esprit, leur cerveau, selon l'idée que leur ego a considérée de « bien ».

La planète est dans un état chaotique et elle a grandement besoin qu'on s'occupe d'elle. Je ne suis pas en train de dire que des actions ne sont pas nécessaires ou qu'on utilise l'Âme comme excuse pour se perdre dans le déni ou dans le chacun pour soi spirituel. Le monde a besoin d'action. Mais il n'a pas besoin de votre servitude coupable.

On ne découvre pas son Âme en imitant des «personnes spirituelles», en suivant des «règles spirituelles» ou en se forçant de promulguer des concepts sur ce que l'ego de chacun *croit* être spirituel. Le travail de l'Âme ne se fait pas sur le plan de l'intellect. Même si ces «bonnes» actions aident les autres temporairement, si on n'est pas connecté à l'énergie de l'Âme, la vie demeure abstraite au lieu d'être incarnée et vivante. En plus de causer des problèmes de santé, cela peut causer des problèmes spirituels. L'Âme n'abandonne ni ne s'enfuit. Elle continuera à essayer de vous rapprocher d'elle. Le voyage *est le but*, et le but est de rendre accessibles l'énergie et l'expérience de la saveur unique de l'Amour que vous êtes.

C'est pourquoi, en soi, ce n'est pas être spirituel de recycler, de devenir végétarien, de faire du yoga ou de chanter. On a tous déjà rencontré des environnementalistes en colère, des yogis perfectionnistes et des crudivores fondamentalistes. Votre identité spirituelle ne consiste pas à faire le décompte de vos «bons» comportements sur un tableau, il s'agit de s'abandonner à la vérité de ce que vous êtes. Vous, spécifiquement. On a besoin de vous. Encore une fois, il ne s'agit pas de ce que vous faites, mais comment vous le faites.

Faites confiance à vos passions et à vos instincts. Votre personnalité est choisie par votre Âme. Votre Âme peut vouloir que vous contribuiez à élever le niveau de conscience planétaire en enseignant la salsa, en jouant avec des cailloux sur la plage le samedi, en devenant expert du patinage artistique, ou en étant bénévole dans un refuge pour sans-abri. Le truc, c'est de demander et d'entendre les instructions spécifiques de votre Âme. Ainsi, le «quoi» devient le «comment» tout en jouissant du mariage de l'action externe avec l'illumination intérieure de l'Âme. Vous apprenez à vous laisser guider par la sensation de l'Âme et par la navigation du cœur.

## Le paradis sur terre : votre énoncé de mission de l'Âme

On peut vivre le paradis sur terre, maintenant. Cet exercice fera la lumière sur ce dont votre Âme a besoin pour être comblée. Il ne s'agit pas des détails du «quoi» (je vais devenir vétérinaire), mais d'identifier le «pourquoi» (je veux rendre service, protéger et guérir). Ne vous en faites pas, nous parlerons davantage du «quoi» et du «comment» au chapitre suivant.

Comme pour toute grandes organisation ou entreprise, créer un énoncé de mission peut être incroyablement bénéfique. Lorsque vous identifiez les valeurs de votre Âme et discernez les qualités et les sentiments dont votre Âme a besoin pour être comblée, cela vous aide à prendre des décisions éclairées dans la vie.

Alors, prenez votre journal et respectez les étapes suivantes afin d'identifier une phrase claire, concise, simple qui constituera l'énoncé de mission de votre Âme. Assurez-vous qu'elle sera facile à mémoriser pour que vous puissiez vous rappeler facilement la raison *réelle* de votre présence ici.

**Étape 1 :** Premièrement, créez l'ambiance pour recevoir l'information importante de votre Âme. Établissez l'intention d'obtenir l'information de votre Âme au sujet de ce que vous êtes vraiment au niveau de l'Âme. Dans un endroit privé et calme, respirez (page 81), centrez-vous (page 49), et ancrez-vous (page 80).

**Étape 2 :** Pour vous réchauffer, écrivez la phrase *Qui suis-je?* en haut de la page.

**Étape 3 :** Sans vous censurer ni vous corriger, écrivez la première réponse qui vous vient à l'esprit. Prenez-la en note. Continuez de vous poser la question et écrivez les différentes réponses sur la page. Essayez de ne pas vous juger et évitez d'étiqueter vos réponses comme bonnes ou mauvaises. Vous aurez peut-être besoin de faire cela jusqu'à 50 fois pour aller au-delà des réponses superficielles et commencer à révéler les couches profondes de ce qu'est votre Âme. Certaines réponses éveilleront peut-être des émotions. Respirez et continuez à écrire jusqu'à ce que vous sentiez que vous avez répondu « entièrement » à la question.

**Étape 4 :** Révisez la liste et notez tous les thèmes qui ressortent.

**Étape 5 :** Consultez la liste des actions de l'Âme (ou les verbes) ci-dessous et demandez à votre Âme de choisir de deux à quatre options qui l'interpellent ou qui d'une certaine manière ressortent. (Ceux-ci ne sont que des suggestions pour aider à réfléchir, alors sentez-vous libre d'ajouter de nouveaux verbes, si d'autres vous viennent à l'esprit.)

- Actions de l'Âme : S'adapter, apprécier, croire, construire, catalyser, catégoriser, causer, entraîner, communiquer, connecter, construire, contribuer, créer, danser, défendre, concevoir, discerner, découvrir, éduquer, encourager, éclairer, divertir, envisager, explorer, faciliter, guider, soigner, identifier, affecter, mettre en œuvre, améliorer, inspirer, intégrer, mener, mesurer, organiser, peindre, planifier, protéger, fournir, associer, servir, chanter, supporter, enseigner, traduire, élever, utiliser, écrire

**Étape 6 :** Maintenant, voici une liste des valeurs courantes de l'Âme pour vous aider à commencer. (De nouveau, si vous voulez en ajouter, notez-les dans votre journal.) Choisissez-en de trois à six qui ont le plus de sens pour vous et notez-les dans votre journal.

- Valeurs de l'Âme : abondance, acceptation, aventure, altruisme, amusement, connaissance, beauté, confort, compassion, connexion, conscience, créativité, audace, profondeur, dévotion, empathie, souplesse, liberté, grâce, gratitude, bonheur, santé, imagination, intégrité, intelligence, intimité, joie, justice, gentillesse, amour, loyauté, signification, nourriture, partenariat, passion, paix, jeu, plaisir, présence, rayonnement, sécurité, sensualité, force, succès, renoncement, tranquillité, vision, sagesse.

**Étape 7 :** Amusez-vous avec tous les mots qu'elle a choisis et écrivez les différentes combinaisons possibles de la mission de l'Âme dans votre journal. Amusez-vous avec tout ça. Utilisez le modèle ci-dessous comme exemple pour stimuler votre élan créatif : « La mission de mon Âme est l'action de l'Âme, l'action de l'Âme et l'action de l'Âme pour créer la valeur de l'Âme ».

Par exemple. La mission de mon Âme est de motiver, éduquer et inspirer pour créer une connexion à l'Âme. Essayez d'utiliser de deux à quatre mots d'action ou de une à trois valeurs. Si plus de noms ayant une profonde signification vous viennent à l'esprit (comme ce que « l'Âme » a fait pour moi) ou des mots du réchauffement « Qui suis-je ?, ajoutez-les à votre énoncé de la mission de l'Âme. Essayez simplement de ne pas vous embourber dans les détails ou le perfectionnisme.

Cet exercice peut prendre un certain temps pour en arriver à une déclaration comme si c'était « Vous ». Continuez de jouer avec ces mots, donnez-leur de l'espace pour qu'ils se développent. Sentez-vous libre de revisiter cet exercice et continuez d'affiner et de renforcer l'énoncé de mission de votre Âme.

# CHAPITRE 24

# DISCERNER LES MIETTES DE PAIN DORÉES

*« Chaque fois que vous ne suivez pas votre guidance
intérieure, vous sentez une perte d'énergie, une perte de
puissance, un sentiment de mort spirituelle. »*
— Shakti Gawain

*« Tout le monde est un génie. Mais si vous jugez
un poisson sur ses capacités à grimper à un arbre, il passera
sa vie à croire qu'il est stupide. »*
— Albert Einstein

*« Tout le monde entre dans le monde en étant appelé. »*
— James Hillman

On a souvent été encouragé durant notre enfance par des
adultes bien intentionnés : « Tu peux faire tout ce que tu veux
vraiment ! » Cette théorie souscrit à l'idée que si l'on met assez
d'effort, on réussira dans n'importe quelle carrière ou n'importe quel passe-temps qu'on désire. Cela nous donne une
infinité de possibilités. Je ne suis pas d'accord avec cette phi-
losophie de base. Bien sûr, avec les efforts nécessaires, on
s'améliore dans presque tous les domaines. Mais ce n'est pas
la méthodologie de quelqu'un dont la vie est alignée sur son

Âme. Si l'on permet à sa vie d'être menée et orchestrée par l'Âme, elle devient plus axée sur l'abandon au lieu de l'accomplissement, du lâcher-prise au lieu de la réussite. On apprend à laisser tomber les influences et les choix qui ne sont pas vraiment authentiques afin de s'ouvrir à la vie qui est faite pour soi.

Plutôt que de considérer toutes les possibilités, concentrez-vous sur l'origine de votre Soi intérieur. James Hillman, fondateur de la psychologie de l'archétype, a introduit la « théorie du gland » dans son livre *Le Code caché de votre destin : prendre en main son existence en élevant sa conscience de soi*. Selon la théorie de Hillman, inspirée de Platon, on possède tous un démon intérieur, ou un guide de l'Âme, qui nous attire vers notre grandeur unique. Comme un gland qui contient tout le modèle pour la croissance d'un magnifique chêne dans sa petite enveloppe, on a aussi le plan de notre Âme à l'intérieur de soi, qui nous guide et nous appelle. Quand il est parfaitement au point, on peut regarder en arrière et voir les signes tout au long du chemin où la vie et l'Âme conspiraient pour nous orienter vers notre Soi supérieur. Au lieu de considérer seulement l'inné (biologique/hormonal) ou l'acquis (l'éducation, la programmation familiale), on est exposé à un troisième ingrédient : l'Âme[24].

Comme dans l'histoire légendaire des frères Grimm, Hansel et Gretel, où les enfants laissent tomber des miettes de pain le long du sentier boisé pour pouvoir revenir à la maison, l'Âme laisse également des signes pour que l'on puisse retourner à la maison. Les miettes de pain dorées sont les signes dans notre vie, composés de nos capacités uniques, de nos passions et d'extraordinaires synchronicités, qui conspirent tous à nous montrer notre génie singulier et notre manière la plus puissante de servir la planète. Plutôt que de chercher des intentions cachées dans notre vie, on devrait commencer à chercher ces signes intérieurs. Ces miettes, les signes de notre vrai Soi, ne se découvrent pas uniquement par un esprit rationnel, mais à travers le lent processus de notre intuition inconsciente. Pour les découvrir, il faut discerner entre ce qui nous appelle à l'expression plus vivante de soi et ce qui n'est que pure distraction.

Ces distractions sont souvent des mesures astucieuses, séduisantes et intelligentes qui nous apporteront argent, approbation ou sécurité. Quand les clients sont à ce stade de leur recherche, je leur prescris une « diète d'information ». J'agis ainsi quand il est essentiel de limiter leur présence devant la télévision ou sur internet, même être en contact avec des amis qui restent campés sur leur position ou des membres de la famille qui les empêchent de découvrir leur pépite d'or. On établit des frontières pour diminuer le bruit extérieur afin de se rapprocher de son instinct, de ses désirs naturels et de ses vrais sentiments. On fait cela tant qu'on est susceptible d'oublier *pourquoi* on poursuit les miettes de pain dorées. Après avoir trouvé plusieurs pépites, on commence à croire et à comprendre qu'il y en aura davantage, et on peut se détendre un peu. C'est par l'expérience acquise sur le chemin que se gagne la sagesse.

La sagesse est le résultat de l'amalgame des expériences réelles de la vie chèrement acquises et de l'orientation de l'Âme. On développe la sagesse incarnée quand on supprime les influences extérieures et qu'on est guidé de l'intérieur par l'étoile polaire de notre génie. On reconnaît ceux qui sont détenteurs de ce type d'énergie. Ils se sentent ancrés, centrés, entièrement eux-mêmes, bien dans leur peau — même s'ils ont un tempérament bizarre ou s'ils sont excentriques.

J'ai toutefois l'impression que ces gens se sont arrangés d'une certaine manière pour contourner le système. Ils se sont échappés par une trappe dissimulée dans la matrice. Ils sont capables d'exprimer l'entièreté de leur feu intérieur, tandis que leur entourage a diminué leur flamme. Ils ne demandent pas la permission de briller et ils sont récompensés par la passion pour leur travail. Ils sont concentrés et protégés par la lumière de leur Soi supérieur. Ils se sont permis d'entendre et de suivre les ordres de leur Âme, et, en retour, cela a égayé leur vie.

Parfois, marcher sur le chemin de l'Âme demande un énorme courage. Cela peut être difficile lorsque des amis et la famille ne comprennent pas bien ou désapprouvent la direction dans laquelle vous entraîne votre Âme. Le chemin de l'Âme n'est pas linéaire ni ordonné ; il est souvent sinueux et cahoteux, mais il possède une vision incroyable. Tandis que notre ego ne comprend pas pourquoi on emprunte ce chemin tortueux, l'Âme a un plan, et tous les détours sont des étapes nécessaires du plan supérieur.

Quand on n'a pas encore vu les résultats du travail de notre Âme, on commence à se comparer aux autres : « Tous mes amis semblent être des gens mariés, heureux et qui ont des enfants ; pourquoi suis-je confiné dans cet appartement à me torturer jour après jour avec ce stupide livre que je tente d'écrire ? » Vous comparer aux autres est un poison. Quand j'ai travaillé en réadaptation et avec les Alcooliques anonymes, il y avait un proverbe populaire qui disait :

«Ne compare jamais ton intérieur avec l'extérieur des autres.»

Sur le chemin spirituel, on est fréquemment confronté à un professeur ou à un programme soi-disant capable de répondre à toutes les questions empoisonnées de l'Âme. Si l'on s'inscrit à leur infolettre, on recevra les cinq étapes faciles pour un bonheur éternel. Il y a souvent une formule préétablie ou un plan, et une réponse claire à chaque question. Vous vous y inscrivez pour atteindre un paradigme — une réalité de quelqu'un d'autre, qu'elle soit mûrement réfléchie ou soudainement découverte. Vous pouvez être vraiment inspiré, témoigner clairement que le plan de son Âme est en action, ainsi le pouvoir et l'enthousiasme provenant de votre écran d'ordinateur vous sembleront très réels. Cette personne peut être sur son chemin de l'Âme et donc l'énergie de sa connexion à la Vérité est palpable. Cela peut spécialement porter à confusion quand on est soi-même pris dans le désordre profond du chemin de notre Âme. C'est souvent à ce moment crucial du déploiement du projet de l'Âme qu'on a le plus besoin d'avoir une confiance aveugle. Cependant, l'ego interprète souvent cette partie essentielle du processus du développement comme une torture et une souffrance totales. Je compare ce moment à la phase «transitoire» du travail d'accouchement. C'est le moment qui précède l'arrivée du bébé où la mère crie : «Je ne peux pas faire ça! Sortez-le! Je suis en train de mourir!» C'est lors de ce moment crucial que *les cinq étapes faciles* nous semblent être ce dont on a tellement besoin. Ce professeur ou ce programme semble fait sur mesure, enveloppé d'un plan marketing astucieux, tandis qu'on est là, négligé, froid et miteux, seul dans le noir, tentant de trouver encore une autre miette dorée.

Il est courant de regarder à l'extérieur de soi pour obtenir des réponses, surtout lorsqu'on est désespéré. Voilà pourquoi il est essentiel de renforcer le muscle de l'écoute de son autorité intérieure. Votre préoccupation est de vérifier continuellement ceci : «Est-ce que cette idée, cette intuition, semble être alignée sur la partie de moi la plus profonde? Est-ce mon Moi le plus authentique? Est-ce que j'ai l'impression que cette idée veut attirer mon attention et qu'elle utilise mon Soi pour servir le monde?» La partie difficile de ces questions est d'identifier la partie de soi qu'on n'a pas encore rencontrée. C'est la partie de soi qui aspire et lutte pour naître pendant qu'elle se bat pour son premier souffle.

Cela peut sembler mystérieux d'accumuler les indices. Je conseille aux clients de se procurer un cahier spécial dans lequel suivre la trace de toutes ces précieuses miettes de pain. Cela peut être très utile durant une période fragile et incertaine d'avoir cet espace physique pour protéger l'incubation des rêves de votre Âme. Les rêves éveillés inspirés, les rêves prophétiques, livres/ateliers/films/lieux, ou des histoires qui résonnent au plus profond de vous peuvent tous être groupés dans ce cahier pour validation, confirmation et guidance ultérieures.

Pendant que vous cherchez vos miettes de pain dorées dans la forêt, rappelez-vous qu'elles sont découvertes par ce qui vous allume, par ce qui vous fait sentir en vie, et par ce que vous trouvez le plus beau. Les signes pointant vers votre génie unique sont des choses qui vous fascinent ou qui vous obsèdent. Même vos «mauvaises habitudes» sont un terreau fertile pour analyser à quel moment votre Âme tente de faire sentir sa présence.

Lorsque j'étais jeune, ma mère, elle-même mathématicienne, était constamment préoccupée par mon peu d'aptitude pour les mathématiques. Plutôt que de faire mon horrible devoir de math, je parlais au téléphone avec mes amis durant des heures. Mes parents considéraient que c'était une pure perte de temps ; que je devrais être en train d'étudier. Ils se demandaient si je n'allais pas foutre en l'air mon potentiel scolaire avec toute ma socialisation. C'était souvent un sujet épineux dans la famille.

L'autre jour, j'ai ri lorsque je me suis rappelé le drame de toute cette période. Et j'ai souri quand j'ai pris conscience que plutôt que d'esquiver la vie, je passais mon temps à pratiquer, à apprendre et à développer mon talent unique. Je suis maintenant payée pour parler aux gens au téléphone durant ces séances de l'Âme. Une partie de ma socialisation et de mon entraînement est le fruit de ces heures passées à l'école secondaire à chercher à me connaître et à connaître les autres. Sans le savoir, j'étais déjà à ce moment sur mon chemin. Vous l'êtes aussi.

Vous rirez à votre tour quand, plus tard, vous regarderez dans votre cahier de miettes dorées et verrez que tous les signes et les indices étaient là tout le temps. Vous faites maintenant justement ce qui fait partie de la mosaïque de vos miettes de pain. Pour emprunter les mots d'Oscar Wilde : « Soyez vous-même ; tous les autres sont déjà occupés. »

### La course au trésor de l'Âme : À la découverte des miettes de pain dorées

Dans votre journal, écrivez « Miettes de pain dorées » au haut de quelques pages. C'est l'endroit où énumérer tout ce qui vous anime, ce qui vous attire. Pensez aux livres, aux personnes, aux modèles, aux films et ainsi de suite qui ont captivé votre imagination pour une raison ou une autre. Quelles sont les miettes de pain dorées que votre Âme a éparpillées pour vous sur la voie de la vie? Quels sont vos espoirs, vos passions, vos talents naturels, vos rêves, ou les choses qui vous inspirent?

Si vous n'arrivez pas à répondre à ces questions, une bonne façon de commencer est de penser à ce que vous aimiez quand vous étiez jeune. Les animaux? La danse? Le monologue humoristique? Les casse-tête? Quelles sont les choses qui vous viennent facilement à l'esprit? Peut-être des choses que d'autres ont commentées. Y a-t-il quelques synchronicités surprenantes, ou des coïncidences significatives qui ont surgi pour aider à faire la lumière sur votre mission unique? Qu'aimeriez-vous faire maintenant, même si vous n'étiez pas payé pour ça? Qu'est-ce que vous voulez le plus exprimer pour contribuer à la planète? Décrivez votre journée la plus épanouissante et la plus agréable. Qu'est-il arrivé?

Vous pouvez également demander directement à votre Âme dans quelle circonstance elle s'épanouit et quelles sont les miettes de pain qu'elle a éparpillées pour vous. Dressez une liste d'au moins cinq miettes de pain dorées.

## Le poison de la comparaison

Rappelez-vous que vous comparer aux autres ne peut qu'inhiber la quête de la mission de votre Âme. Dans votre journal, écrivez comment vous interagissez avec la comparaison. Y a-t-il des gens avec qui vous vous comparez fréquemment? Y a-t-il la vie de quelqu'un qui vous semble plus intéressante que la vôtre? Dialoguez avec votre Âme et demandez-lui son opinion. Que pense-t-elle de cette personne et que veut-elle que vous sachiez à propos du rôle que cette personne joue dans votre vie? Que ressent-elle quand vous vous comparez à lui ou à elle? Essayez de voir votre vie à partir de son point de vue.

# CHAPITRE 25

# LA VOIE DE LA BEAUTÉ

*« La beauté éveille l'âme à l'action. »*
— Dante Alighieri

*« Vivons pour la beauté de notre réalité. »*
— Tom Robbins

*« Laisse la beauté de ce que tu aimes être ce que tu fais. »*
— Rumi

La beauté a souvent mauvaise presse. Elle est souvent qualifiée de superficielle, de narcissique, de triviale, de passagère et de fugace. Pourtant, la beauté est une valeur de l'Âme. Lorsqu'on découvre quelque chose de magnifique, on est dominé par le désir sacré de le nourrir et de l'honorer. Un magnifique autel dans votre maison, un petit recoin dans un jardin à l'abandon, un repas nourrissant pour l'Âme — tout cela est essentiel pour l'Âme. L'Âme ne se nourrit pas de concepts et d'idées ; l'Âme s'abreuve au puits des sensations du présent dans une forme physique. La beauté nous invite à rejoindre la nature éternelle de l'Âme avec le monde physique éphémère. La beauté honore la vérité féminine unique du monde temporel. La beauté nous incite à être en relation intime avec les mouvances de la terre. Que la relation se manifeste par des soins du corps physique, d'un espace physique, ou pour une cause en laquelle on croit profondément, la beauté conduit notre cœur à s'incarner davantage et à être présent.

Mère Teresa a trouvé que le service est beau ; Gandhi a trouvé que la paix est belle ; Martin Luther King Jr a trouvé que l'égalité est belle. *La paix, le service* et *l'égalité* sont des qualités intangibles ; toutefois, elles sont aussi des descripteurs de la beauté. Ces adjectifs ont servi de guides à ces leaders phénoménaux pour vivre leur vie dans un mode de dévotion spécifique en accord avec les valeurs de leur Âme. On peut également faire de la beauté une priorité dans notre vie — non pas de manière égocentrique, mais plutôt, en la centrant sur l'Âme.

Lorsque nos choix sont basés sur ce qu'on trouve beau, il est impossible de comparer sa vie à celle des autres. La beauté active un sentiment de dévotion qui encourage à laisser tomber l'égoïsme et à servir. L'Âme est une partie de nous qui découvre les belles choses. Ceci explique pourquoi de nombreuses personnes disent que leur Âme est touchée par des œuvres d'art. Assister à une pièce de Shakespeare, être émerveillé par la chapelle Sixtine, ou se balader dans un magnifique jardin, tout cela évoque en nous une intense gratitude envers le mystère de l'humanité dont on fait partie.

Quand on respecte la beauté, on respecte ce qu'on estime vivant, inspirant, nourrissant et fascinant. Je perçois souvent Martha Graham comme une pionnière de la beauté. Elle a mis au point un style de danse avant-gardiste en suivant l'impulsion intérieure de sa conception de la beauté. Frida Kahlo est demeurée fidèle à son style authentique, sans parti pris quant à ce qu'elle trouvait beau dans la vie. Même si ses peintures sont souvent inspirées de sujets douloureux comme la peine et la maladie physique, elles résonnent beaucoup chez plusieurs. L'authenticité de Frida a donné naissance à une légion d'admirateurs et elle est encore une des artistes les plus recherchés et reproduits. Ces pionniers respectent férocement la beauté et choisissent leur Vérité authentique en faisant fi de ce qui est socialement acceptable.

Quand on identifie et respecte ce qu'on croit être beau dans la vie, on est à l'écoute de son Âme. Bien sûr, je ne parle pas des diktats de la beauté promus avec force, comparant notre corps ou notre vie à ce qui est généralement considéré comme «attirant.» Je parle de la beauté de l'Âme, grande et inspirante. Il est important que vous identifiiez ce que vous trouvez beau au niveau de l'Âme.

Cela peut être suscité en vous quand vous réalisez une composition florale, que vous prônez les droits des enfants, quand vous passez du temps avec un ami qui est déprimé, ou que vous peignez une pièce d'une belle couleur. Plutôt que de prendre des décisions qui sont basées sur la sécurité, la tranquillité, ou le côté pratique, l'Âme veut qu'on vive sa vie conformément à ce qu'on trouve le plus beau. Quand on respecte sa vraie nature (non programmée) et ses propres désirs, le monde bénéficie de l'expression de notre Soi.

Lorsqu'on ressent la beauté, on la ressent profondément dans notre cœur. Le cœur n'est pas seulement un organe physique; c'est un système de guidance incroyablement rusé qu'on emploie pour pouvoir prendre des décisions importantes dans notre vie — pour avancer dans le voyage de l'Âme. La connaissance du cœur est une forme d'intelligence avancée où, au moyen des sentiments (énergétiques, émotionnels et somatiques) situés littéralement au centre du cœur, on reçoit une guidance de l'Âme pour prendre des décisions. Le cœur est le foyer de notre voix intuitive, le diapason de la beauté et la semence du plan de l'Âme.

Cette forme inouïe d'intelligence est intrinsèquement différente de la connaissance de la tête. Quand on sent des sentiments d'appréciation, de compassion ou de gratitude, le cœur émet un signal tendrement fiable. La connaissance du cœur n'est pas une réduction du monde rationnel, mais plutôt une priorisation de la réalité des sentiments. On vérifie avec le corps lorsqu'on soupèse des décisions et on note quels choix nous inspirent avec le plus d'énergie et lesquels drainent notre force vitale. On commence à sentir quel choix referme notre cœur et lequel élargit la joie du cœur.

Les défis auxquels nous et notre planète sommes confrontés sont directement attribuables à la dichotomie entre la tête et l'esprit. La planète en est à ce point critique à cause de ce déséquilibre de perspective. En tant qu'humains, on a trop utilisé notre période inconsciente du déséquilibre dominé par la tête. En mettant plus l'accent sur la finance que sur la valeur, la beauté et la viabilité inhérentes de notre planète, on a déséquilibré la nature. Notre planète, l'humanité et les Âmes recherchent cette rencontre essentielle et déterminante entre l'esprit rationnel et la connaissance incarnée par le cœur. On contribue à équilibrer la planète lorsque nos choix sont basés sur la beauté et le cœur.

Je rencontre souvent des clients qui se retrouvent à la croisée des chemins, se demandant pour quel plan de carrière opter. Souvent, ils vont considérer les facteurs suivants : le marché, leurs compétences, leurs intérêts et leur temps, et les charges financières indispensables pour l'éducation. Même si ce sont tous des facteurs essentiels dans le choix d'une carrière, pourquoi ne pas ajouter la beauté dans l'équation ? Quel travail, carrière ou vocation croyez-vous être le plus beau ? Quand on fait de la beauté une priorité, on travaille en partenariat avec l'Âme en se demandant quelle forme de beauté nous a choisis. C'est là qu'une carrière devient une vocation.

Si l'Âme est le compas de la vie, alors la beauté est notre nord absolu. Les exercices suivants vous aideront à identifier, à prioriser et à honorer la beauté en tant que valeur de l'Âme. Tout au long de notre vie, si l'on prend des décisions selon notre cœur, quand viendra la fin, on prendra conscience qu'on a vécu la beauté, l'intuition et l'inspiration. La vie vécue à partir du cœur est remplie de sens, d'émerveillement et de grâce.

## La connaissance du cœur

Cette méditation vous aidera à vous familiariser avec la façon qu'a votre cœur de vous parler. (Une version audio gratuite de cette méditation est disponible au www.ElisaRomeo.com/MeetYourSoul.)

Respirez (page 81), ancrez-vous (page 80), et centrez-vous (page 49). Puis, dirigez votre conscience vers le centre de votre cœur. Est-ce que votre cœur se sent léger et ouvert, ou figé et fermé ? À chaque inspiration, imaginez votre cœur s'alléger. Lors de l'expiration, « expulsez » toute peur ou attitude défensive que vous retenez dans votre cœur. Faites cela aussi longtemps que vous sentez que votre cœur s'ouvre et se détend.

Puis, pensez à une question que vous tentez de clarifier. Considérez les options et remarquez, pour chacune, comment réagit votre cœur. Quelle option s'avère plus expansive et énergisée à partir de votre cœur et laquelle s'avère fermée et drainante ?

Placez une main directement sur la poitrine pour vous aider à sentir les battements de votre cœur et à rester concentré. En vous connectant sur le plan somatique, vous en arrivez à découvrir l'intelligence incroyable du cœur.

## La voie de la beauté

Plusieurs d'entre nous n'ont pas été entraînés à prendre des décisions en se basant sur ce qu'on trouve le plus beau. Dans votre journal, explorez les questions qui suivent :

- Est-ce que la beauté était mise de l'avant durant votre enfance?
- Quelles sont les façons de vivre qui vous inspirent?
- Quelles sont les plus belles choses, relations et expériences que vous valorisez présentement dans votre vie?

Lorsque vous serez plus familiarisé avec votre relation à la beauté, dans votre journal énumérez cinq choses que vous trouvez belles et que vous avez toujours voulu essayer. Engagez-vous à faire une de ces choses durant les quelques mois qui viennent.

# CHAPITRE 26

# S'ABANDONNER À L'ÂME

*« Chaque brin d'herbe a son ange qui se penche vers lui*
*et murmure : 'Croîs, croîs.'»*
— Le Talmud

*« Amor Fati — 'Aimez votre destin', qui en fait est votre vie.»*
— Friedrich Nietzsche

*« Je ne crains pas leurs soldats ; ma voie est toute ouverte.*
*Je suis née pour cela.»*
— Jeanne d'Arc

En approfondissant la relation avec notre Âme, on vit une vie qui s'abandonne à l'Âme. S'abandonner peut sembler facile, très facile. Tout ce qu'il faut faire, c'est lâcher prise, n'est-ce pas ? On a peut-être des images de personnes qu'on connaît qui ont « lâché prise » et qui se sont identifiées à l'abandon ; toutefois, elles sont peut-être plus dans une forme de réaction ou de colère envers le « système ». Elles ne s'abandonnent peut-être pas, mais elles sont peut-être plutôt dans l'évitement ou la dissociation. Je ne prône pas le départ, la fuite ou la dissociation du corps. Le type d'abandon auquel je réfère requiert une incarnation, une maturation et une intégration. Cela peut nous façonner en un être plus enraciné qui s'investit dans la planète. C'est souvent la chose la plus terri-fiante qu'on ne fera jamais. Pour vraiment lâcher prise et s'abandonner, on doit regarder nos plus grandes peurs bien en face et apercevoir leurs artifices. L'abandon à l'Âme fait appel au vrai ressenti du cœur et au vrai discernement.

Cet abandon demandé par l'Âme nous pousse vers le désir de vivre, ce qui est littéralement le désir de notre vie. Ce désir est la vraie trajectoire du voyage du héros/héroïne. L'abandon à l'Âme nous amène à nous aligner sur l'énergie même de notre cœur. Cela requiert un don de soi constant, courageux et total à l'énergie créative qui a formé nos cellules et structuré notre corps physique. C'est également cette même énergie qui forme l'archétype et la structure de notre vie psychique. Lorsqu'on s'abandonne, on commence à connaître et à se battre pour cette énergie vitale qui a créé notre Soi unique dans cette incarnation — l'Âme elle-même.

Finalement, lorsque l'ego accepte de rester sur la ban-quette arrière, on apprend à entendre, à suivre et à faire confiance aux instructions de l'Âme. En lui résistant moins, vous avez soudainement plus d'énergie pour la servir. Si vous prenez le temps et avez l'énergie de reconnaître votre Âme, vous lui permettez d'entrer dans votre vie et de la bénir. L'ego cesse de lutter et coopère avec l'Âme qui est en quête de réponses sur la vie.

Quand on suit les instructions de l'Âme, on aura peut-être l'impression d'être cinglé, isolé et désillusionné, car elles sont rarement pratiques ou rationnelles. D'ordinaire, on ne comprend pas au tout début comment on en bénéficiera ou ce qu'on y gagnera en respectant ses instructions. Parce que l'Âme s'exprime à travers le monde subtil du visuel, des émotions et des rêves, il est souvent facile de l'ignorer au tout début. Je dis au tout début, parce qu'elle finira toujours par faire comprendre ce qu'elle veut.

Elle nous contacte d'abord par un murmure (un élan intérieur ou un sentiment), puis par une affirmation claire (des synchronicités, de plus forts sentiments), et puis, si l'on manque encore de courage pour répondre à son appel, elle hausse la mise avec un rugissement féroce pour capter notre attention (la maladie, les crises comme la perte d'un travail ou un accident). Encore une fois, elle n'agit pas ainsi pour nous punir ; cela vient de son amour profond pour nous et de son désir d'«avoir la notification» de notre vie.

Ce n'est pas un manque d'intuition qui nous empêche d'écouter notre Âme. On a souvent beaucoup de détails et d'informations fournies par notre Âme auxquelles elle a fait allusion. On en a la preuve par des réactions somatiques quand on ne répond pas à son appel : maux d'estomac, maux de tête, ulcères et ainsi de suite. On a l'information qui nous orientera vers notre Âme. Le problème, c'est notre manque de courage.

Quand on s'abandonne à l'Âme, on ranime notre vie intérieure sacrée. On bâtit une confiance en soi spirituelle lorsqu'on choisit de suivre sa guidance. On apprend à s'incliner devant elle et à lui porter le respect qu'elle mérite. On mérite alors notre siège sur le trône de notre royaume intérieur. C'est une pure dévotion qui nous amène sans relâche et de façon inébranlable du contrôle vers l'Âme. Ce qu'on veut vraiment c'est la liberté issue de notre engagement, de notre dévouement et de notre service envers elle.

Laisser le plein contrôle à l'Âme est terrifiant. Cela peut paraître romantique, spirituel ou éclairé, mais faire confiance à l'Âme menace souvent notre identité. Ce qu'on pense être meurt afin de réaliser le potentiel de notre Âme.

## PLUS DE MORTS, MOINS D'ESSAIS

La mort psychologique et spirituelle par laquelle on doit passer demande qu'on la respecte, la vénère et l'honore de la même façon qu'une mort physique. Cette mort n'est pas pour les cœurs sensibles, mais elle est absolument nécessaire. Ce sont des façons d'approcher la vie, désuètes, périmées et contrôlantes : des habitudes, des croyances ou des buts qui ne sont plus alignés sur la vie que votre Âme veut pour vous.

Lorsque je traversais la période intense de « la mort de l'ego », je perdais le contrôle ou je ruminais. Je dépensais beaucoup d'énergie à me questionner et à analyser des choses qui étaient prêtes à mourir. Cette résistance spirituelle fait partie du processus de développement qui arrive quand notre ego est délogé du siège du conducteur pour la banquette arrière.

*Quand on abandonne le plan de l'ego pour le programme*
*de l'Âme, on vit une petite mort de l'ego.*

Je me souviens d'une nuit de découverte spirituelle importante où je pleurais, assise par terre, mordant une serviette, criant et blasphémant contre l'intense agonie résultant de la perte du personnage et de l'identité que je quittais. Je ressentais la lutte intense qui se déchaînait à l'intérieur de moi entre ce à quoi je m'étais toujours identifiée et la peur et la promesse que quelque chose de nouveau prenait forme.

L'abandon à l'Âme a lieu en découvrant l'Amour de votre destin, aussi connu comme *Amor Fati*. L'Amour de son destin est une panacée à la dissociation spirituelle. On est tellement entiché de notre désir de vivre qu'on devient pleinement présent et incarné, engagé dans notre désir de vivre sur cette planète. On commence à écouter le murmure de notre plénitude et on s'intéresse à tout ce qui arrive dans notre vie quotidienne même si c'est désagréable ou inconfortable. On commence à discerner la raison et les opportunités dans des relations profondément offensantes avec les membres de la famille ou avec l'ex-amant irrationnel qu'on blâme de nous retenir en otage sur le plan énergétique.

Amor Fati signifie qu'on sait qu'on peut percer notre ego pour aller vers notre Âme et suivre sa guidance. On vient d'accéder à une partie de soi qui repose à l'extérieur de systèmes divergents ou de l'interprétation des autres. Cela importe peu que les autres comprennent. La seule chose qui compte est notre relation avec l'Âme. On commence à se sentir en sécurité dans le monde parce que l'on comprend le rôle singulier que nous jouons dans l'univers. On sent la toile autour de soi et on voit comment les synchronicités sont des miettes de pain dorées provenant de l'univers, rappelant que la vie est beaucoup plus que notre stress. Il y a un vieux dicton qui affirme qu'on devrait tous s'accorder du temps durant la journée que le « démon ne peut toucher ». Ces moments de questionnement sur soi, de confusion et d'errance commencent à s'atténuer tandis qu'augmentent les moments passés avec notre Âme.

La vérité individuelle de votre Âme essaie de vous atteindre et de vous saisir à chaque moment, chaque jour. Et dans la mesure où je crois qu'il n'y a pas qu'une seule Vérité pour tout le monde, je crois qu'il y a une Vérité qui est bonne pour vous. Vous n'avez pas besoin d'être «spécial» ou «évolué» pour entendre votre Vérité. Il ne vous faut qu'être courageux et décider que vous voulez l'entendre plus que tout. Considérez-la comme une priorisation divine.

### Pratique du «Plus de morts, moins d'essais»

Dans votre journal, réfléchissez aux questions suivantes : Qu'est-ce qui doit mourir dans ma vie pour que mon Âme s'épanouisse? Y a-t-il des choses que je dois laisser aller pour entendre et suivre les instructions de mon Âme?

### Rituel de funérailles

En général, on rumine parce qu'on n'a pas encore fait pleinement le deuil de ce qui est déjà mort. Que ce soit pour un travail, une relation, une occasion ou un problème de santé, si on se retrouve coincé dans une rumination mentale, c'est possiblement un signe qu'on se détourne de la peine profonde qui veut être reconnue. Créer un rituel nous donne un espace pour traiter nos émotions et finalement reconnaître que l'ancienne croyance, attitude ou opportunité est morte.

Je suggère aux clients de planifier leur propre rituel de funérailles pour cette partie de soi qui doit mourir. Il est important d'honorer la mort en l'abordant de façon sérieuse et solennelle. Portez du noir, faites jouer une musique triste, et permettez-vous de pleurer. Écrivez ce que vous ressentez et permettez-vous de vous complaire. Peut-être éprouverez-vous le besoin de jouer, de danser ou de peindre. Peut-être désirerez-vous qu'un ami soit présent, ou peut-être préférerez-vous le faire seul. Souvent, l'eau purifie et on aura l'impression de renaître en sautant dans un lac ou en laissant solennellement sa douleur dans l'océan. Le feu est un autre élément important représentant la transformation. Un rituel puissant consiste à brûler quelque chose de symbolique comme une lettre ou un t-shirt d'un vieil amant. Observez les cendres et la fumée s'élever vers les cieux pendant que vous laissez aller le vieil attachement.

# CHAPITRE 27

# TOUT EST BIEN, TOUT EST DIVIN

*« Ce que je dis, c'est que vous n'avez pas besoin
de rien faire, parce que si vous vous voyez dans le bon sens, vous
êtes tous un phénomène naturel aussi extraordinaire que les
arbres, les nuages, les motifs de l'eau courante, le chatoiement du
feu, la disposition des étoiles et la forme d'une galaxie. Vous êtes
tous comme ça, et il n'y a rien du tout d'erroné en vous. »*
— Alan Watts

*« Il ne nous restera que deux choses lorsque nous aurons traversé
la rivière : notre génie inhérent et les cœurs que nous aimons. En
d'autres mots, ce que nous faisons et pour qui nous le faisons. »*
— Steven Pressfield

*« Plusieurs personnes vivent, mais n'atteignent pas le miracle
qu'est celui d'être en vie. »*
— Thich Nhat Hanh

Félicitations ! Vous arrivez au dernier chapitre. Vous avez
persisté tout au long de l'intense déploiement du voyage de
votre Âme et vous êtes prêt pour la révélation finale. Nous
sommes prêts à clarifier l'échappatoire cosmique incroyable
de toute cette bataille énergétique pour l'authenticité. Jésus
la connaissait. Bouddha l'a sentie. Marie de Magdala l'a

incarnée. Tous les saints importants ont célébré devant l'autel cette Vérité cachée derrière toutes les autres Vérités : au final, le secret de toutes ces batailles, la simple clarté qui vous amène à devenir un guerrier Jedi de l'Amour, c'est comprendre que *tout* est bien… *Tout* est issu de Dieu.

Attendez ! Souvenez-vous, j'emploie le terme *Dieu* non pas de façon autoritaire, mais plutôt comme une entité. Je ne parle pas de religion. Dieu est une énergie. On peut l'appeler par plusieurs noms : le grand Créateur, le Hum universel, le flux tenace et déterminé de la Vie, la poussée cosmique qui tend vers une cohésion, ou même la danse interplanétaire de la grâce.

On est doué de l'expérience de l'être conscient et individuel. Cette mise en scène fantastique nous fournit l'occasion de réfléchir, de témoigner et d'interpréter. Avec ce talent vient la responsabilité. On a le libre arbitre, à tout moment, si Dieu/ Créateur/Vie se dévoile à travers la lentille unique et réfléchie de notre Âme.

Votre Dieu individualisé, votre goutte particulière de conscience, votre interprétation de ce moment divin est ici maintenant, joignant cette parade cosmique de la destinée. Votre participation est essentielle dans l'histoire universelle de la création. Nous sommes tous *ici* : envoyés (parfois, on a plus le sentiment d'être piégé), mais ancrés et physiquement présents à l'intérieur des frontières de notre nature individuelle afin de briller comme un fil incroyable, reconnaissable entre tous, dans la toile de ce récit mythique. C'est par la nature individuelle de votre Âme que vous bénissez le créateur cosmique qui a établi un partenariat avec votre Âme pour vous donner la vie.

Quand vous vous abandonnez à votre Âme, vous vous abandonnez à Dieu. Vous participez, consciemment, à la plus délicieuse des fusions entre les mondes physique et spirituel. Votre vie devient un art au service de l'Amour quand vous écoutez respectueusement la voix de la beauté, de la joie et de vos instincts les plus profonds. Incarner l'Âme sur terre n'est vraiment pas facile; ce n'est jamais «complété» ni «fini». Il y a constamment un nouveau test, et, souvent, il n'y a que notre Âme qui peut valider la réponse. Tant qu'on est un participant au monde physique, on a un siège dans la première rangée au «spectacle de magie de Maya». Limité par le monde matériel et sensoriel, on a tendance à céder à son tour de passe-passe et à perdre notre vision spirituelle.

Pouvez-vous regarder fixement le diable et découvrir le Bien/le Divin? Pouvez-vous participer à la torture, à la douleur, à la misère, à l'injustice et à la violence brutale et découvrir où se cache l'Amour? Même du côté le plus sombre du démon, il existe une pulsion d'Amour. Pouvons-nous être comme Jésus, aimer avec autant d'entêtement et refuser de réduire notre perspective seulement pour le monde physique? Pouvons-nous trouver le Bien/le Divin à tout moment pour qu'il soit amplifié et glorifié?

On est appelé sur terre pour aimer. L'Amour nous appelle à grandir, à entrer sans réserve dans la vie. Votre mission, si vous choisissez de l'accepter, est de vous aimer vous-même, d'aimer votre Âme, comme Dieu aime votre Âme. Puis, vous comprendrez et sentirez la clarté et le but pour lequel vous avez été parfaitement et spécifiquement conçu. Quand vous vous abandonnez à votre but, vous acceptez votre mission : libérer la voie et servir votre chemin unique de l'Amour. L'Amour pour l'Âme n'est jamais narcissique ; c'est l'Amour du Divin qui se révèle être notre côté exclusif de Dieu. Le cœur du désir de vivre est l'Amour éternel de l'Âme. L'Amour ne cherche pas une réaction, ne s'accroche pas à des attentes, n'a pas peur d'être déçu. L'Amour ne se préoccupe pas de la compréhension de l'ego de la réalité physique. L'énergie véritable de l'Amour brûle en toute confiance et indéfectiblement tous les sédiments qui s'accrochent à l'histoire, tandis qu'il nous largue dans le bourdonnement nu et brut de l'instant. La guidance de l'Amour est directe et toujours mariée à la Présence. Elle n'a rien à voir avec l'accomplissement des souhaits, mais elle offre ce qui est nécessaire au niveau de l'Âme à l'instant — tout en étant accompagnée d'un sentiment exaltant d'être pleinement vivant.

Quand on meurt, on ne part pas avec son auto et ses vêtements ou son plan de retraite. On emporte l'Amour et la conscience, qui sont l'accumulation des expériences incarnées, les dures leçons apprises et la joie. Le centre du cœur bat avec le désir d'être connu. Non pour être connu, reconnu et compris par le monde extérieur, mais pour une connaissance du Soi divisé dans la réalité globale et certaine du Soi non divisé. L'Âme aspire affectueusement à cette réunion — à ce retour à la maison cosmique — pour accueillir l'ego épuisé dans la réverbération chaleureuse de l'être entier. Lors de ce retour, la microgestion de l'ego du Divin et sa compréhension que l'univers est le résultat de la probabilité aléatoire ou un fait scientifique intéressant est démoli. L'expérience de la grâce pure est insoutenable pour l'ego, et l'Amour inébranlable derrière le voile de cet hologramme de la terre démolit toutes les croyances qui subsistent des hasards de « ce qui est» dans chaque moment. L'intérieur et l'extérieur se sont rejoints de nouveau pour danser. Le danseur devient la danse dans ce processus alchimique du dessus/dessous, du dedans/dehors. La conscience déplace le mantra troublant et insatisfaisant de l'esprit du «Est-ce bien réel?» en un salut profond et humble de l'ego vers la Divinité du Soi Dieu. Afin que ce salut métaphorique soit un geste fructueux par lequel ce processus psychospirituel puisse se produire, l'esprit doit être complètement reposé et ancré au sol, où ce n'est enfin pas plus important que la valeur du cœur. L'état d'abandon du Soi Dieu s'est maintenant produit lorsque le cœur prend sa place naturelle au centre — non seulement du corps physique, mais dans toutes les décisions.

Estimez ceci comme votre carte «sortez de prison» : on est incroyablement béni grâce à notre lien inhérent et organique de l'Âme éternelle. Se rappeler et reconnaître l'Âme sont des liens pour parcourir notre chemin dans la noirceur afin de retourner à la source originale de l'Amour.

Le voyage de l'Âme est de donner naissance à votre vrai Soi. C'est votre visage le plus authentique et tendre de Dieu, l'Âme attendue désespérément. Quand vous serez très calme, avec humilité et révérence demandez sincèrement à votre Âme : «À quoi t'attends-tu de moi? Que veux-tu que je sois?» Vous recevrez votre réponse. Le monde attend votre réponse dans l'Amour.

# RESSOURCES

## PARTIE 1 : COMPRENDRE L'ÂME

### Chapitre I : Se centrer sur son Âme

Les livres suivants sur l'Âme ont possiblement des définitions quelque peu différentes des miennes, mais j'ai perçu chez ces auteurs qui ont abordé le sujet de l'Âme, les mêmes significations et similitudes.

- *Le Soin de l'âme, un guide pour cultiver au jour le jour la profondeur et le sens du sacré*, par Thomas Moore (Montréal : Flammarion, 1994)

- *Le Siège de l'âme*, de Gary Zukav (Paris : Guy Trédaniel éditeur, 2007)

- *Your Soul's Plan: Discovering the Real Meaning of the Life You Planned Before you Were Born*, de Robert Schwartz (Berkeley : Frog Books, 2009)

### Chapitre 2 : L'Esprit et l'Âme

**Amma** : Un exemple incroyable d'une Âme féminine divine dans le monde est la professeure spirituelle et la «sainte qui étreint» Amma, une activiste incarnée et dévouée à la planète. Renseignez-vous sur son travail et voyez comment vous pouvez contribuer : www.amma.org.

**Angela Farmer** : Beaucoup parlent de la dimension féminine, mais peu exploitent le déroulement de cette énergie à travers leurs corps. La yogi Angela Farmer est un exemple formidable de l'énergie féminine incarnée, et l'on peut s'estimer heureux que ses enseignements nous soient accessibles. Du yoga comme vous ne l'avez jamais expérimenté ! Ses deux DVD sont offerts sur son site web : www.angela-victor.com.

- *The Feminine Unfolding: An Exploration of Yoga with Angela Farmer* [DVD], Claudia Cummins (directrice), Angela-Victor, 1999

- *Inner Body Flow* [DVD], Angela Farmer (directrice), 2005

**Livres :**

- *Conscious Feminity: Interviews with Marion Woodman*, de Marion Woodman (Toronto : Inner City Books, 1993)

- *Emptiness Dancing*, de Adyashanti (Boulder, CO : Sounds True, 2006)

## Chapitre 3 : L'ego et l'Âme

**Stanislav Grof :** Stanislav Grof, un de mes professeurs parmi les plus inspirants du Pacifica Graduate Institute, est connu comme le fondateur de la psychologie transpersonnelle. Son ouvrage sur la respiration holotropique est une façon puissante d'ouvrir l'ego aux expériences de l'Âme : www.holotropic.com.

- *Spiritual Emergency: When Personal Transformation Becomes a Crisis (New Consciousness Readers)*, de Stanislav Grof et Christina Grof (New York : Tarcher, 1989)

**Émergence spirituelle (Canada) :** Spiritualemergence. net (au Canada) est une assistance téléphonique pour les personnes traversant des crises spirituelles ou transformatrices. Vous pouvez les contacter par téléphone au 604 533-3545 ou par courriel au spiritual.emergence@ shaw.ca. Un service important pour les personnes qui ont des problèmes spirituels urgents, l'assistance téléphonique est assurée par des volontaires expérimentés et qualifiés et c'est une cause formidable à laquelle donner.

**Émergence spirituelle (États-Unis) :** Le réseau Spiritual Emergence Network peut vous diriger vers des thérapeutes spécialisés dans l'émergence spirituelle : www.spiritualemergence.info.

## Chapitre 4 : Le désir de vie par opposition au désir de mort

**Livres :**

- *Aimer, c'est laisser ses peurs derrière soi : 12 leçons pour vivre dans le présent et aborder l'avenir avec confiance,* par Gerald G. Jampolsky (Paris : Leduc. S., 2009)

- *The Luxury of Afterwards: The Christine Downing Lectures at San Diego State University 1995-2004*, de Christine Downing (Lincoln, NE :iUniverse, 2004)

## PARTIE II : RENCONTRER SON ÂME

### CHAPITRE 5 : Devenir humble

**Andrew Harvey :** Si quelqu'un peut aider à donner de l'humilité face au pouvoir supérieur de l'imperceptible, c'est bien Andrew Harvey. Après l'avoir interviewé, j'ai senti le pouvoir de son Amour pour le Divin vibrer à travers mon corps durant des semaines. Pour en savoir davantage, lisez *Radical Passion: Sacred Love and Wisdom in Action*, de Andrew Harvey (Berkeley : North Atlantic Books, 2012).

### Chapitre 6 : Le pouvoir de la prière

**Livres :**

- *Actes invisibles de pouvoir : quand nos choix créent des miracles*, de Caroline Myss (Paris : Véga, 2005)

- *Light the Flame: 365 Days of Prayer*, de Andrew Harvey (Carlsbad, CA : Hay

### Chapitre 7 : Voir ce qui est invisible

**Psychic Horizons Meditation School :** Je recommande vivement le programme de formation sur la méditation et la clairvoyance que j'ai suivi, si vous n'êtes pas loin de

San Francisco : Psychic Horizons Meditation School à San Francisco, www.psychichorizons.com

**Wake up :** Je vous suggère aussi fortement le documentaire pertinent, amusant et ancré *Wake up.* Dans ce film, Jonas Elrod vit son quotidien lorsqu'un bon ami meurt dans un accident de moto. Il s'ensuit une ouverture spirituelle grâce à laquelle il commence à voir les énergies et les esprits. L'histoire le suit, lui et son amie Mara, alors qu'il navigue entre les professeurs et les pratiques de médecine, de psychologie et de spiritualité modernes actuelles. Observez son évolution spirituelle courageuse. Visionnez le film de Jonas Elrod et Chloe Crespi, produit par Steve Hutensky (2010) ; le DVD produit par Walk the Walk Entertainment et Open Eye Productions et distribué par Beyond Words Publishing (2010). Pour en savoir davantage, allez au www.wakeupthefilm.com.

**Livres :**

- *Energy Anatomy: The Science of Personal Power, Spirituality, and Health,* de Caroline Myss (Boulder, CO : Sounds true, 2001)

- *Le pouvoir bénéfique des mains : comment se soigner par les champs énergétiques : un nouveau guide pour l'être humain : sa santé, ses relations humaines et la maladie,* par Barbara Brennan (Paris : Tchou, 2009)

- *Le secret de l'Âme : comprendre notre vraie nature grâce aux voyages astraux,* de William Buhlman (Varennes : AdA, 2001)

## Chapitre 8 : La méditation

**Le battement binaural** : Le battement binaural (les rythmes subliminaux, indétectables au niveau conscient) peut être bénéfique pour élever l'état du cerveau durant la méditation. Il existe différents styles, mais je vous recommande le CD *Theta Meditation System*, du Dr Jeffrey Thompson (Boulder, CO : Sounds True, 2001).

**Méditation guidée** : Au début, la méditation est souvent bouleversante. Apprendre à faire taire son esprit et à se détendre peut être troublant lorsqu'on est habitué à un esprit qui est occupé. Une excellente manière de débuter, c'est par la méditation guidée. Sur mon site web, www.ElisaRomeo.com, vous y trouverez des guides audio gratuits pour ce livre et pour d'autres que vous pouvez acheter, comme la méditation approfondie « Meet Your Soul ».

**Livres :**

- *Falling into Grace: Insights on the End of Suffering,* de Adyashanti (Boulder, CO : Sounds True, 2013)

- *Entrer au cœur du silence : prendre consciemment contact avec Dieu grâce à la méditation* (livre et CD), du Dr Wayne W. Dyer (Varennes, QC, AdA, 2006)

- *The Breathing Book: Good Health and Vitality through Essential Breath Work,* de Donna Farhi (New York : Henry Holt and Co., 1996)

- *Où tu vas, tu es : apprendre à méditer en tous lieux et en toutes circonstances,* de Jon Kabat-Zinn (Paris : J.-C. Lattès, 2012)

## Chapitre 9 : L'Âme parle : le journal de l'Âme

**Livre :**

- *Leaving my Father's House: A Journey to Conscious Feminity,* de Marion Woodman avec Kate Danson, Mary Hamilton et Rita Greer Allen (Boston : Shambhala Publications, 1992)

## PARTIE III : ÉVOLUER À TRAVERS LES BLOCAGES

### Chapitre 10 : L'orchestration de l'Âme

**Emily Kellow Graham :** Après avoir perdu sa fille à la naissance à cause de la trisomie 18, Emily Kellow Graham a contribué à l'éducation des femmes et aux changements de politiques de l'hôpital pour celles qui reçoivent une nouvelle si dévastatrice. Elle crée un ensemble de deuil à remettre aux familles qui ont perdu leur bébé et elle travaille à l'écriture d'un livre pour les enfants des familles qui vivent de telles situations. Apprenez-en davantage en allant au www.norainourfamily.org.

**Les nuits sombres :** Les livres suivants peuvent vous aider à comprendre la nuit sombre de l'âme. Pour des ressources supplémentaires qui s'attardent sur l'urgence spirituelle, voir « L'ego et l'Âme » (au chapitre 3).

- *La Nuit obscure,* de Saint Jean de la Croix, (Paris : Cerf, 1999)

- *Dark Nights of the Soul : A Guide to Finding Your Way Through Life's Ordeals*, de Thomas Moore (New York : Gotham, 2005)

- *Découvrir un sens à sa vie avec la logothérapie*, de Viktor E. Frankl (Montréal, QC : Les Éditions de l'Homme, 2013)

- *Spiritual Madness : The Necessity of Meeting God in Darkness*, de Caroline Myss (Boulder, CO : Sounds True, 2002)

- *Conseil d'une amie pour des temps difficiles : quand tout s'effondre*, de Pema Chodron (Paris : Pocket, 2003)

**Prévention du suicide :** Si vous avez des idées suicidaires, appelez le National Suicide Prevention Lifeline au 1 800 273-TALK. (Consultez leur site web pour trouver les centres de crise de votre région : www.suicidepreventionlifeline.org.) N'hésitez pas à nous joindre, appelez. Au premier centre de prévention du suicide où j'ai travaillé, un de nos meilleurs cliniciens est un homme qui a appelé le centre alors qu'il était très dépressif. Il est devenu un clinicien incroyable et depuis, il est très heureux. Accrochez-vous et demandez de l'aide. Tout ira mieux.

**Livre :**

- *Le code caché de votre destin : prendre en main son existence en élevant sa conscience de soi*, de James Hillman (Paris : Laffont, 1999)

## Chapitre 11 : Le fardeau de la preuve

**Gary Schwartz :** J'ai entendu Gary Schwartz donner une conférence alors que j'étudiais à l'Université de Washington. J'ai été fascinée par sa recherche et par sa mission de l'Âme consistant à établir un pont entre la science et le paranormal. Ses deux ouvrages que j'ai découverts sont un apport extrêmement précieux :

- *The Afterlife Experiments: Breakthrough Scientific Evidence of Life after Death,* de Gary E. Schwartz (New York : Atria Books, 2003)

- *The Sacred Promise: How Science is Discovering Spirit's Collaboration with Us in Our Daily Lives,* de Gary E. Schwartz (New York : Atria Books, 2011)

**Michael Talbot :** Ces livres de Michael Talbot sont un apport précieux pour désinhiber nos croyances de ce qui est possible et de ce qui ne l'est pas.

- *L'Univers : Dieu ou hasard,* de Michael Talbot (Paris : J'ai lu, 2001)

- *L'Univers est un hologramme,* de Michael Talbot (Paris : Pocket. 1997)

- *Mysticisme et physique nouvelle,* de Michael Talbot (Paris : Mercure de France, 1984)

**Fondation de recherche sur les expériences de mort imminente :** Un site web (www.nderf.org) qui compile les récits de personnes ayant vécu des expériences de mort imminente. Il est facile de passer de nombreuses heures à lire ces récits incroyables. C'est à ce moment que j'ai découvert le récit renversant d'Anita Moorjani. Anita se mourait d'un cancer, ses organes ne fonctionnaient plus lorsqu'elle a eu une expérience de mort imminente qui a guéri son cancer et qui a donné à sa vie un tout nouveau sens.

- *Mourir pour vivre : d'une expérience de mort imminente à la complète guérison du cancer,* de Anita Moorjani (Québec, QC : Le Dauphin blanc, 2012)

**Richard Tarnas :** Richard Tarnas est un professeur avec qui j'ai étudié au Pacifica Graduate Institute. Il a un esprit incomparable doublé d'une Âme incroyable. Ses livres couvrent la révolution copernicienne dans un contexte où il se demande pourquoi, dans la société moderne, on est désenchanté et si peu enclin à accepter le monde naturel de l'Âme.

- *The Passion of the Western Mind: Understanding the Ideas that Have Shaped Our World View,* de Richard Tarnas (New York : Ballantine Books, 1993)

**Livres :**

- *Entangled Minds: Extrasensory Experiences in a Quantum Reality,* de Dean Radin (New York : Paraview Pocket Books, 2006)

- *Extraordinary Knowing: Science, Skepticism, and the Inexplicable Powers of the Human Mind,* de Elizabeth Lloyd Mayer (New York : Bantam, 2007)

- *Quand l'impossible arrive : aventures dans les réalités non ordinaires*, de Stanislav Grof (Paris : G. Trédaniel, 2007)

- *La Divine matrice : unissant le temps et l'espace, les miracles et les croyances*, de Gregg Braden (Outremont, QC : Ariane, 2008)

## Chapitre 12 : L'Âme-nésie

**Le lapin de velours** : Pas seulement pour les enfants — cette histoire est un classique qui traite de ce qui est « réel » : *Le lapin de velours*, de Margery Williams (Paris : Casterman 1995)

## Chapitre 13 : L'or du fou

**Livres :**

- *A Holy Life: The Writings of St. Bernadette of Lourdes*, de Patricia McEachern (San Francisco, CA : Ignatius Press, 2005)

- *Jung and Tarot: An Archetypal Journey*, de Sallie Nichols (York Beach, ME : Weiser Books, 1980)

## Chapitre 14 : La peur des lutins

**Livres :**

- *A Master Class in Gremlin-Taming: The Absolutely Indispensable Next Step for Freeing Yourself from the*

*Monster of the Mind,* de Rick Carson (New York : William Morrow Paperbacks, 2008)

- *Apprivoisez votre gremlin : savoir déjouer son saboteur intérieur,* de Richard D. Carson (Genève : Jouvence, 2001)

## Chapitre 15 : L'ennemi est un bon professeur

Livre :

- *L'Art du bonheur,* du dalaï-lama (Paris : Robert Laffont, 1999)

## Chapitre 16 : Situations divines merdiques

Livres :

- *Listening to the Oracle: The Ancient Art of Finding Guidance in the Signs and Symbols All Around Us,* de Dianne Skafte, Ph. D. (San Francisco : HarperSanFrancisco, 1997)

- *Romancing the Shadow: A Guide to Soul Work for a Vital, Authentic Life,* de Connie Zweig et Steven Wolf (New York : Ballantine, 1999)

- *Owning Your Own Shadow: Understanding the Dark Side of the Psyche,* de Robert A. Johnson (San Francisco : HarperSan Francisco, 2009)

## Chapitre 17 : Traiter les traumatismes

**Pour les cliniciens :** Aux cliniciens qui traitent les traumatismes, je vous suggère le Seeking Safety Program de

Lisa M. Najavits, professeur de psychiatrie à l'école de médecine de l'Université de Boston. En appliquant ce programme à de nombreux clients en désintoxication, j'ai remarqué que plusieurs acquéraient différents outils pour donner une place saine et sûre à l'ego en dehors du récit traumatique et qu'ils apprenaient à créer des limites saines. Je vous recommande vivement ce programme bien conçu et respectueux, particulièrement pour les clients qui ont des problèmes de TSPT et de toxicomanie. Apprenez-en davantage au www.seekingsafety.org ou lisez *Seeking Safety: A Treatment Manual for PTSD and Substance Abuse*, de Lisa M. Najavits (New York : Guilford Press, 2002)

**The Foundation for Shamanic Studies :** www.shamanism.org

**Sandra Ingerman** est une thérapeute accréditée aussi bien qu'une praticienne surdouée. Je recommande son travail sans réserve. Apprenez-en davantage au www.sandraingerman.com

- *Recouvrer son âme et guérir son moi fragmenté : le chamanisme au secours de la psychothérapie*, de Sandra Ingerman (Paris : G. Trédaniel :, 2006)

- *The Beginner's Guide to Shamanic Journeying*, de Sandra Ingerman (Boulder, CO : Sounds True, 2003)

**Thérapies :**

- **Exploiter l'EFT :** Nick Ortner est un leader dans le champ de l'EFT. Sur son site web (www.thetapping-solution.com), il y a une vidéo intéressante sur la manière de commencer et l'information pour trouver un praticien dans votre région. Son livre s'avère une bonne façon de commencer : *La solution tapping : une technique révolutionnaire pour vivre sans stress*, de Nick Ortner (Québec, QC : Le Dauphin blanc, 2013)

- **IMO :** Si vous éprouvez une anxiété plus intense ou des attaques de panique paralysante, ou de TSPT, je vous recommande la méthode d'intégration par le mouvement oculaire (IMO).. Elle a été conçue par la Dre Francine Shapiro, qui, pendant qu'elle marchait dans un parc, a observé que les mouvements de l'œil semblaient diminuer les émotions négatives associées à ses propres souvenirs éprouvants. L'approche IMO s'est avérée être très efficace pour contrer les traumatismes. Pour trouver un clinicien, allez au www.emdr.com ou vérifiez le site de l'association internationale de l'IMO au www.emdria.org.

- **Le recouvrement de l'Âme chamanique :** Ayant assistée moi-même à ses ateliers sur l'entraînement chamanique, je suis en mesure de vous recommander Michael Harner, auteur de l'ouvrage extraordinairement populaire *La Voie du chamane : un manuel de pouvoir et de guérison* (Paris : Mama, 2011). Son site web fourmille de renseignements sur son programme de formation et de l'information pour trouver des conseillers chamaniques accrédités : www.shamanism.org.

**Livres :**

- *Coping with Trauma: Hope Through Understanding*, de Jon G. Allen (Arlington, VA : American Psychatric Publishing, 2004)

- *Guérir par-delà les mots : comment le corps dissipe le traumatisme et restaure le bien-être*, de Peter A. Levine (Paris : InterÉditions, 2014)

- *Réveiller le tigre : guérir le traumatisme*, de Peter A. Levine (Paris : InterÉditions, 2013)

## Chapitre 18 : Sentiment opposé à émotion

**Eugene Gendlin :** Le focusing est une incroyable technique esprit/corps qui diminue le stress tout en établissant la conscience de soi et la sagesse intérieure. Créée par le psychologue Eugene Gendlin, cette technique est populaire depuis les années 1980. Apprenez-en davantage en lisant *Focusing : au centre de soi*, de Eugene T. Gendlin (Montréal : Éditions de l'Homme, 2006).

## Chapitre 19 : Les crises spirituelles

**La gratitude :** La gratitude est l'un des meilleurs antidotes pour contrer les crises spirituelles. Le guide qui suit vous aidera à prendre votre dose quotidienne de « Vitamine G » : *Living in Gratitude: Mastering the Art of Giving Thanks Every Day: A Month-by-Month Guide*, de Angeles Arrien (Boulder, CO : Sounds True, 2013)

## Chapitre 20 : Spirale infernale

**Comprendre les types de pensées :** Voici un manuel formidable que j'ai utilisé avec des clients qui voulaient comprendre la différence entre la pensée blanc/noir et la pensée arc-en-ciel, établir des limites dans l'amour et comprendre les diverses étapes de la récupération : *The Don't Diet, Live-it! Workbook: Healing Food, Weight and Body Issues*, de Andrea Wachter et Marsea Marcus (Carlsbad, CA : Gurze Books, 1999).

**Livres :**

- *Obsédée de la perfection*, de Marion Woodman (Lachine QC : La Pleine Lune, 1996)

- *Les femmes, la nourriture et Dieu : mangez, changez vos pensées, et atteignez votre poids santé*, de Geneen Roth (Brossard : Un Monde différent, 2011)

## Chapitre 21 : Qui peut juger ?

**La codépendance énergétique :** Mon livre électronique de 2012, en vente sur mon site web, traite du sujet important de la « codépendance énergétique ». La codépendance énergétique est décrite comme suit : « Comment je me sens dépend de comment tu te sens. » Les personnes clairsentientes, empathiques ou sensibles risquent particulièrement de s'égarer dans cet enjeu. On apprend pourquoi on perd son énergie et comment établir des paramètres pour la santé énergétique afin de ne plus être drainé par l'énergie des événements ou par ceux qui nous entourent : *Authentic Intuition*, de Elisa Romeo (offert au www.ElisaRomeo.com).

## Chapitre 22 : Qui, moi ? Affirmer son autorité spirituelle

**Kumare** : Le cinéaste Vikram Gandhi crée un personnage fictif de gourou et finit par obtenir de nombreux disciples. C'est un très bon film qui souligne l'importance de préserver son autorité spirituelle. (C'est aussi fascinant de voir la façon dont Vikram devient victime de son propre jeu — son personnage «fictif» en vient à dégager une réelle sagesse spirituelle et un pouvoir de guérir son Âme, au-delà de sa compréhension, ce qui le transforme.) Apprenez-en davantage au www.kumaremovie.com (réalisateur : Vikram Gandhi, maisons de production : Future Bliss Films, Disposable Television ; distributeur de Future Bliss Films : Kino Lorber, 2012).

## PARTIE IV AFFIRMER LA VIE DE SON ÂME

## Chapitre 23 : Et alors... Quel est mon but ?

**Elisa Romeo** : Mon site web regorge de renseignements gratuits (articles et vidéos) pour découvrir et vivre plus profondément le but de votre Âme. (www.ElisaRomeo.com).

## Chapitre 24 : Discerner les miettes de pain dorées

**Livres :**

- *I Could Do Anything If I Only Knew What It Was: How to Discover What You Really Want and How to Get It*, de Barbara Sher (New York : Dell, 1995).

- *Live the Life You Love: In Ten Easy Step-by-Step Lessons,* de Barbara Sher (New York : Dell, 1997).

- *Le Code caché de votre destin : prendre en main son existence en élevant sa conscience de soi,* de James Hillman (Paris : Laffont, 1999)

- *Thomas Moore on Meaningful Work,* de Thomas Moore (Boulder, CO : Sounds True, 1997)

- *Que faire de ma vie ? : récits véridiques de plusieurs personnes qui ont su répondre à cette question fondamentale,* de Po Bronson (Varennes, QC : AdA, 2004)

## Chapitre 25 : La voie de la beauté

**Livres :**

- *L'art du bien-être extrême : transformez votre vie un mois à la fois,* de Cheryl Richardson (Varennes, QC : AdA, 2015)

- *Le Jour où je me suis aimé pour de vrai,* de Kim McMillen et Alison McMillen Sidgwick (http://www.enneagramme. com/ forum/index.php ?showtopic=1541, 2001)

- *Transformez votre vie,* de Louise L. Hay (Varennes, QC : AdA, 2010)

## Chapitre 26 : S'abandonner à l'Âme

**Livre :**

- *The Ectasy of Surrender: 12 Surprising Ways Letting Go Can Empower Your Life,* de Judith Orloff (New York : Harmony, 2014)

## Chapitre 27 : Tout est bien, tout est divin

**Livre :**

- *The Book: On the Taboo Against Knowing Who You are,* de Alan Watts (New York : Vintage Books, 1972)

# NOTES

1. Marion Woodman, *Conscious Feminity: Interviews with Marion Woodman* (Toronto, Inner City Books, 1993), 18-19.

2. Ibid., 116.

3. Adyashanti, *Emptiness Dancing* (Boulder, CO : Sounds True), 147-148.

4. Christine Downing, *The Luxury of Afterwards: The Christine Downing Lectures at San Diego State University 1995-2004* (Lincoln, NE : iUniverse, 2004), 65.

5. *Génération 90 (Édition anniversaire)*, réalisé par Ben Stiller (Los Angeles : Universal Studios, 2004.

6. Downing, *The Luxury of Afterwards*, 64.

7. Paula Reeves, *Women's Intuition: Unlocking the Wisdom of the Body* (Berkeley : Conari Press, 2011), 7-8.

8. S. B. Most et al., «How Not to Be Seen: The contribution of Similarity and Selective Ignoring to Sustained Inattentional Blindness», *Psychological Science* 12, no. 1 (janvier 2001) : 9-17.

9. Mihaly Csikszentmihalyi, *Flow: The Psychology of Optimal Experience* (New York : HarperPerennial, 1991).

10. John Welwood, *Pour une psychologie de l'éveil : Boudhisme, psychologie et chemin de transformation personnelle et spirituelle* (Paris : La Table ronde, 2003), 12.

11. Robert Augustus Masters, *Spiritual Bypassing: When Spirituality Disconnects Us from What Really Matters* (Berkeley : North Atlantic Books, 2010), 2.

12. «Evolutionary Mysticism» podcast with Andrew Harvey et Tami Simon, consulté le 6 juillet 2016, www.soundstrue.com/podcast/transcripts/andrew-harvey-php ? camefromhome=camefromhome.

13. Merriam-Webster Online, «Scientific Method» www.merriam-webster.com/dictionary/scientificmethod, consulté le 6 juillet 2016.

14. Edward Granville Brown, *A Literary History of Persia* (New York : Cambridge University Press, 2009), 299.

15. François Trochu, *sainte Bernadette Soubirous: 1844-1879* (Charlotte, MC : TAN Books, 1957).

16. Rick Carson, *Apprivoisez votre gremlin : savoir déjouer son saboteur intérieur,* (Genève : Jouvence, 2001).

17. C.G. Jung, *Aion: Researches into the Phenomenology of the Self* (Princeton, NJ, Princeton University Press, 1979), 217.

18. M. E. Seligman et S. F. Maier, «Failure to Escape Traumatic Shock», *Journal of Experimental Psychology* 74, no. 1 (mai 1967) : 1-9.

19. Marion Woodman, *Obsédée de la perfection* (Lachine QC : La Pleine lune, 1996), 32.

20. Ibid., 72.

21. Elisa Romeo, *Authentic Intuition: A Psychological and Energetic Guide to Find Your Purpose, Claim Your Life and Live with Joy* (e-book, 2012).

22. Caroline Myss, *Entering the Castle: Finding the Inner Path to God and Your Soul's Purpose* (New York : Free Press, 2007), 44.

23. *Le film Lego,* dirigé par Phil Lord et Christopher Miller (Los Angeles : Warner Bros., 2014).

24. James Hillman, *Le code caché de votre destin : prendre en main son existence en élevant sa conscience de soi* (Paris : Laffont, 1999).

ͻ

# INDEX DES EXERCICES

# REMERCIEMENTS

J'ai eu la chance d'avoir de nombreux admirateurs de mon travail et de mon livre. Tout d'abord, j'adresse mes remerciements à mes clients qui m'ont constamment inspirée. Votre volonté d'écouter et de suivre votre Âme est réconfortante et rassurante. Je vous remercie de me permettre de faire partie du voyage de votre Âme.

Je remercie aussi mes clients qui ont partagé leurs histoires incroyables et leur journal de l'Âme. (J'aimerais crier vos noms sur tous les toits !) Les passages de ce livre que je préfère sont ceux où l'on sent votre Âme à travers les pages. Votre courage et votre honnêteté contribueront à aider d'autres personnes à se connecter à leur savoir intérieur.

À Kasey Crown, une véritable Âme sœur, je te remercie de ton intégrité inébranlable, de ta vision et de ton cœur. Ta navigation dans le monde spirituel fait de toi non seulement une clinicienne avisée, mais une amie extraordinaire. Le monde est béni par ta présence.

À Jane Dobson House, merci pour ton humour cosmique, pour ta capacité de voler entre les royaumes et pour ta fidèle amitié. Je chéris nos longues conversations qui m'ont procuré des éblouissements extraordinaires.

Au Pacifica Graduate Institute (la faculté et les camarades) d'être un lieu où le sacré côtoie la pratique.

Je remercie Psychic Horizons, mon école de méditation, située à San Francisco. Merci pour vos enseignements de premier ordre, votre éthique irréprochable et de m'avoir enseigné que le travail spirituel peut être à la fois sérieux et hilarant.

Je remercie aussi mes professeurs si inspirants : j'ai été profondément choyée de travailler, d'étudier et d'apprendre avec eux — je vous en serai éternellement reconnaissante : Marion Woodman, Maureen Murdock, Dianne Skafte, Christine Downing, Stephen Aizenstat, Michael Conforti, Michael et Sandra Harner, Richard Tarnas et Stanislav Grof.

Je remercie Tracy Dickerson de m'avoir initiée au monde de l'invisible. À un moment crucial de ma vie, tu as été un guide fiable pour m'aider à comprendre qu'il y a beaucoup plus que la réalité physique.

À Joanna Pyle, une vraie exploratrice spirituelle. Ta sagesse et ton affection sont tout à fait ce dont on a besoin au moment opportun. Il y a quelques années, tu m'as regardée et demandée : « Qu'advient-il de ton livre ? » Je suis persuadée qu'à ce moment tu n'en étais pas consciente, mais cela a fait germer en moi la graine qui fait que je me suis posé la même question.

À Cheryl Richardson, merci pour ta persévérance intuitive et ton encouragement acharné pendant la conférence des auteurs de Hay House qui m'a fait pleurer devant l'auditoire, affronter mes peurs et déclarer qui je suis *réellement* à voix haute.

Aussi, à Reid Tracy pour m'avoir accordé ton temps et ta sagesse si précieux (acquis au cours des années en défrichant la voie et en restant ancré). Merci de suivre ton Âme et d'être un vrai défenseur de la guérison de la planète.

À Louise Hay. J'ai lu d'abord *Transformez votre vie* en entier debout dans la boutique de cadeaux d'un hôpital. J'ai été époustouflée par toute la grâce émanant de ce livre. Merci d'être une pionnière stimulante de l'Amour.

Mes remerciements vont également à Heather Bruce Allison de Heather B. Allison Photography. En plus d'être une photographe extraordinaire, tu es vraiment celle avec qui on a le plus de plaisir à faire des folies. Merci pour ta perception artistique, tes messages textes psychiques et ta grande amitié.

Merci à Jen Wasson de Wasson Design. Comment ai-je trouvé une si bonne amie qui est de tout temps ma designer préférée ? Je te serai éternellement reconnaissante pour ta patience et ton œil visionnaire. Tu as su tirer du fond de mon cœur la couverture du livre, les illustrations et mon site web et les offrir au monde dans une version améliorée qui dépasse mes attentes.

À Emily et Alex Graham, ainsi qu'à toute la famille Kellow. J'ai tellement appris de vous tous ! Emmy, je suis honorée de t'avoir comme amie et d'expérimenter ta sagesse, ta force, ton Amour et ta grâce dans ma vie.

Merci à Claire Bidwell Smith d'avoir répondu à une prière de l'Âme et de m'avoir encouragée à envoyer mon manuscrit à ton talentueux agent. Tes capacités de naviguer avec ta « psychopompe », ton sens aigu de l'observation et ton humour ancré font de toi une triple menace.

À mon équipe de rêve : Wendy Sherman, une agente extraordinaire. Tu es une vraie intermédiaire littéraire ! Je suis tellement reconnaissante de t'avoir rencontrée avec ton intuition si juste. À Patty Gift d'avoir suivi ton instinct pour une toute nouvelle auteure. Je me sens choyée de travailler avec une personne aussi talentueuse et qui est tout aussi dédiée à la conscience et à la gentillesse. Merci mille fois à mon éditrice chez Hay House, Laura Gray. Tu es à couper le souffle et tu es une éditrice fabuleuse. Merci d'avoir fait le ménage dans mon texte tout en conservant l'intégralité de mon message et de posséder les compétences organisationnelles dont je suis dépourvue ! Travailler avec toi a été formidable, et tu as rendu ce livre lumineux.

Sharon Romeo, merci infiniment pour ton encouragement et ton soutien de tous les instants à écrire ce livre et d'avoir fait en sorte qu'il voit le jour.

À ma mère, Mary Romeo, merci un million de fois pour ton incroyable soutien depuis ma tendre enfance. Sans ta façon d'être, ce livre n'aurait pas pu être écrit. Merci de m'avoir éveillée à questionner le monde tout en lui faisant confiance.

À mon père, Nick Romeo, merci d'incarner mon soleil opposé et de me montrer que je sais tout ce dont j'ai vraiment besoin. Merci pour tes plats italiens délicieux, ton amour, pour le rôle de père que tu as joué et pour avoir toujours fait de ta famille une priorité. Tu nous manques tellement !

Merci, Luca, de m'avoir fait naître quand je t'ai donné naissance ainsi qu'à mon livre. Je n'oublierai jamais que je chronométrais mes contractions pendant que j'écrivais l'introduction. Ton Âme a déjà le sens de l'humour.

Merci, Van, de m'avoir stimulé chaque jour à rester présente, à me calmer et à rester éveillée. Tu m'as enseigné que la vie sans la joie n'est pas du tout la vie. Je me sens si gratifiée d'être ta maman. Je t'aime pour l'éternité et encore plus. Et à Adam Foley, mon professeur spirituel et bien-aimé. Ce livre *n'existerait pas* sans toi. Le miroir de ton Âme est la forme de beauté la plus inspirante et la plus remarquable que j'ai connue. Merci d'aimer Sophia, de te battre pour elle et de la voir quand je ne le peux pas. Merci de vouloir ma liberté, souvent plus que j'en ai moi-même conscience. À mes yeux, tu es tout ce qui est beau. Je suis Amour pour Toi.

# À PROPOS DE L'AUTEURE

**Elisa Romeo** thérapeute du couple et de la famille, médium, auteure et conférencière. Sa pratique privée mondiale a connu un essor par le bouche-à-oreille et elle est composée de milliers de clients avec lesquels elle a travaillé grâce à la combinaison d'une formation en psychologie des profondeurs et à la capacité de communiquer directement avec l'Âme. Elisa sait non seulement que nous avons tous un but, mais que nous tenons tous à l'intérieur de nous le pouvoir divin qui appelle à l'accomplissement. Elle croit que chacun de nous possède des habiletés psychiques, un immense potentiel de guérir et des talents spirituels que la plupart d'entre nous ont oubliés depuis longtemps. Sa mission consiste à nous aider à nous connecter à notre Voix de l'Âme unique afin que nous entendions sa guidance, son pouvoir et son Amour. Elisa est reconnue pour parler le langage de l'Âme avec humilité, humour et une candeur bien ancrée.

**www.elisaromeo.com**